广东地区
民俗体育文化研究

GUANGDONG DIQU
MINSU TIYU WENHUA YANJIU

韩青松 著

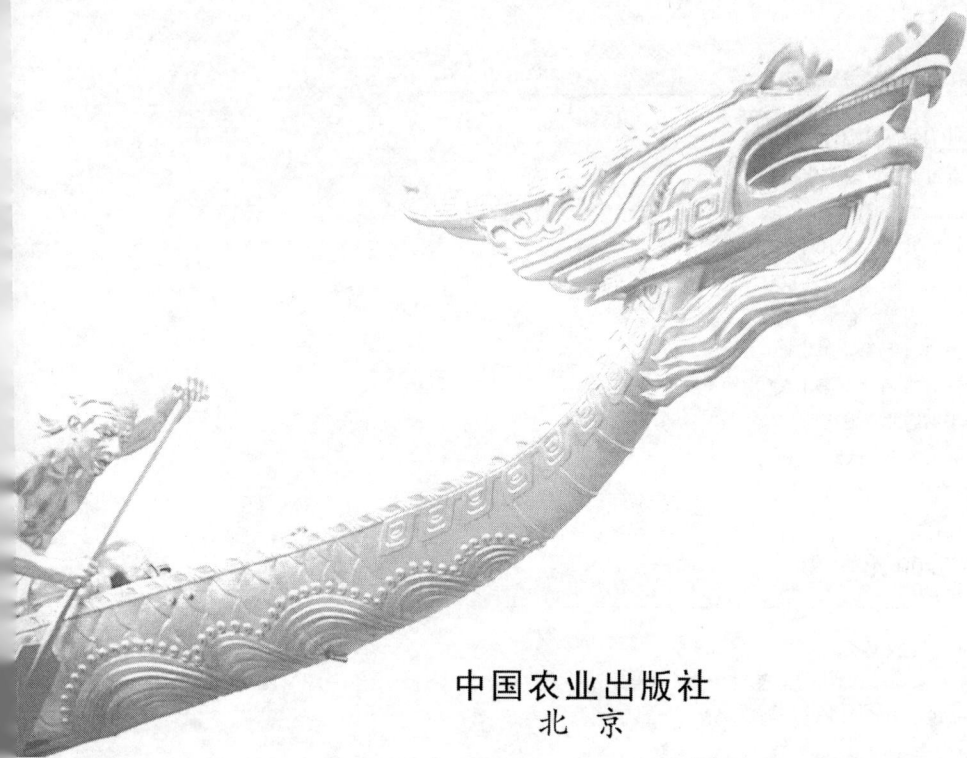

中国农业出版社
北京

图书在版编目（CIP）数据

广东地区民俗体育文化研究 / 韩青松著. -- 北京：
中国农业出版社，2025.4. -- ISBN 978-7-109-33246-1

Ⅰ. G852.9

中国国家版本馆 CIP 数据核字第 2025FC6811 号

中国农业出版社出版

地址：北京市朝阳区麦子店街 18 号楼

邮编：100125

责任编辑：潘洪洋　吴玥明

版式设计：王　晨　　责任校对：吴丽婷

印刷：北京印刷集团有限责任公司

版次：2025 年 4 月第 1 版

印次：2025 年 4 月北京第 1 次印刷

发行：新华书店北京发行所

开本：720mm×960mm　1/16

印张：10.75

字数：200 千字

定价：75.00 元

　　本书为 2021 年广东省哲学社会科学规划项目粤东西北专项"粤西濒危民俗体育文化挖掘、整理与保护研究"（GD21YDXZTY01）结项成果。

前 言

党的十八大提出"建设优秀传统文化传承体系，加强对中华优秀传统文化的挖掘和阐发。"党的二十大报告提出"推进文化自信自强，铸就社会主义文化新辉煌"，并将弘扬中华优秀传统文化置于中国式现代化进程中更加突出的战略地位，这为中华优秀传统体育文化的研究与发展指明了方向。民俗体育文化作为中华优秀传统文化的重要组成部分，在我国向着全面建成社会主义现代化强国的第二个百年奋斗目标迈进的新征程中，如何在中国式现代化战略指引下实现民俗体育的现代化发展，是新时代赋予民俗体育研究工作者的神圣职责和历史使命。

广东地区构建了以粤东、粤西、粤北以及珠三角等区域文化体系为主体的粤文化，这种地理空间上的不连续性却构筑了文化上的共性，是具有一定共性的文化景观构成的文化地理区域。广东地区得益于丰富的海洋文化内涵、厚重的土著文化底蕴以及开疆文化遗泽，已经彰显了它迥异于其他区域文化的个性与品质，是研究我国优秀民俗体育文化的天然土壤。

面对全球文化多元化的挑战，一个国家和民族的传统文化扮演着极为重要的角色，它代表着这个国家和民族的核心价值观和精神传承。中华传统民俗体育是我们祖先留下的珍贵文化遗产，也是世界文化宝库中的重要一环。它凝聚了历史的印记，承载着中华民族的丰富生活方式和风俗习惯，满足了人们多样化的需求。中华传统民俗体育不仅是中国古代社会的生产和生活状态的历史见证，也是记录了中国社会演变的一本重要历史书籍。

中华传统民俗体育有着漫长而辉煌的五千多年历史，现在正面临着全球一体化、现代化、信息化以及环境变化等多重挑战。现代化进程的加速推进，对许多传统体育文化的存在构成了巨大冲击，有些甚至面临着消失的风险。因此，保护和传承传统民俗体育变得至关重要，以确保中华传统民俗体育这一宝贵的文化遗产得以永续发展。

全书共八章：第一章民俗体育概述；第二章广东地区主要民俗体育项目类型；第三章广东省民俗体育文化代表性项目；第四章广东民俗体育徐闻藤牌功班舞经典个案研究；第五章民俗体育文化产业化发展；第六章民俗体育资源开发；第七章民俗体育文化的逻辑结构；第八章广东地区民俗体育文化的现代化传承路径。

本研究在选题、调研、撰写、修改等方面工作的顺利开展，得益于课题组成员的深厚学术积淀和研究团队的通力合作。在此，特别感谢各位同仁的辛勤努力和专业支持。最后，希望本研究能为广东地区民俗体育文化研究提供一种全新的研究视角，为广大读者深入了解和传承中华传统民俗体育文化，以及如何在流动、异质、多元的现代社会中找到更新的发展路径提供有益参考和价值借鉴。

目　录

第一章

民俗体育概述

第一节　民俗与民俗体育

一、民俗

"民俗"这个词也许被认为是一种显而易见的概念，因为每个人从出生开始就处于一定的民俗环境中，个人的成长受到当地文化和传统的影响，不断感知并遵守当地的风俗和礼仪。可以说，民俗为个体提供了人文关怀，自古至今，民俗活动一直是人类日常生活的一部分。

然而，"民俗"并非只是一种模糊的概念，它有其明确定义。"民俗"这个概念起初出现在 19 世纪中期的欧洲。最初，"民俗"一词指代的是传统的、古老的习俗，包括留存下来的节庆、无法追溯历史的歌谣、神话、传说、故事以及谚语等。根据《现代民俗学入门》一书的定义，"民俗"是指一个地域社会的居民从他们的生活或生产活动中产生并传承下来的生活文化，以及维持这种生活文化的思维方式。

我国的民俗学家钟敬文在他主编的《民俗学概论》中也提到，"民俗"即民间风俗，指的是一个国家或民族中广大民众所创造、享用和传承的生活文化。根据这些定义，我们可以总结"民俗"的核心特征，包括原初性、传统性、普遍性、非理性、乡土性、集体性以及口头传承性等。

"民俗"是生活的一部分，它代表了传统文化中与人们身心生活最密切相关的文化元素。它源自人类社会群体的生活需求，为人们的日常生活提供了服务。在中国的长期历史发展中，不同的民族逐渐形成了自己独特的文化元素，这些文化元素包括了民间流行的风俗和习惯。这些风俗和习惯由人民创造、传承，规范着人民的行为，深深植根于人们的行动、语言和思维之中。人们代代相传，愿意接受这种文化规范的保护。

我国地域辽阔，民族众多，自古以来就有"千里不同风，百里不同俗"的说法，这表明我国民俗内容广泛，民间习俗（也称为"事象"）繁多。尽管民俗现象种类繁多、千差万别，但它们有一些共同的规律：在时间上，民俗是由人们一代代传承下来的；在空间上，它从一个地区传播到另一个地区。民俗在传承和传播的过程中常常会随着时代变迁而不断改变，以适应新的地理环境、生活方式、资源条件等。民俗学家将这种现象称为"民俗的变异"。例如，在我国，过年时的"压岁钱"风俗在各地都很盛行，无论是在时间上还是空间上都存在一致性，而过年时的"吃"却有所不同，北方过年时流行吃饺子，南方过年时流行吃年糕。

二、民俗体育

我国几千年的传统社会以农耕生产为主要特征，形成了农耕社会。在这种社会形式中，民众心理上祈求神灵保佑风调雨顺，行动上通过击鼓、唱歌、跳舞等民俗活动方式庆祝丰收，从而催生了民间的民俗体育。

"民俗体育"这个专业名词在我国的体育史和志书中很少被使用。根据查阅的资料，至今仍然没有相对统一、明确的概念。权威工具书《体育科学词典》将民俗体育定义为"在民间风俗或民间文化以及民间生活方式中流传的体育形式，是顺应和满足人民多种需要而产生和发展起来的一种特殊的文化形态"。此外，我国的专家和学者也根据自己的视角、理解和经验，结合权威和传统的言论和观点，对民俗体育进行了深入探讨和争论。比较有代表性的专家和学者有涂传飞、陈志丹、陈红新、刘小平、王俊奇等。涂传飞和陈志丹提到，我国的民俗体育是由一定群体创造并传承的，融入到日常生活的风俗习惯中，具有集体性、模式化、传统性和生活化的特点，既是一种体育文化，也是一种生活文化。陈红新和刘小平认为，民俗体育是一个国家或民族的广大民众在日常生活中创造并传承的一种集体的、模式化的传统体育活动。王俊奇在前人研究的基础上，也在2008年对民俗体育的概念进行了阐述。他认为，民俗体育是指与民间风俗习惯密切相关，主要存在于民间节庆活动、宗教活动、祭祀活动中，世代传承和延续的体育文化形态，具有集体性、传承性和模式性的特点。当然，其他一些学者也给出了一些有见地、更细致的概念，这里就不一一列举了。众多学者给出的不同定义，丰富和深化了民俗体育的内涵，有助于人们更好地理解民俗体育的本质。

第二节　民俗体育的起源、特征与功能

一、民俗体育的起源

民俗体育作为一种独特的体育文化现象，在我国体育发展过程中扮演着重要角色。作为一种重要的文化载体，它承载着丰富的精神内涵。因此，了解、学习和研究民俗体育已成为当今体育界的研究重点和热点问题。要可持续发展民俗体育，我们必须追溯其起源。

自古以来，民俗体育活动与每个人息息相关，因为每个人在成长过程中都参与和观看过各种民俗体育项目，如踢毽子、丢沙包、玩花根等。这些活动扎根于特定民俗土壤，体现民俗风情，富含民俗精神。如今，人们将这些乡土民间活动统称为民俗体育活动。

民俗体育紧密联系着民间社会背景、经济发展水平、生活区域、风俗习惯、地理环境、宗教信仰和生产生活方式等。主要通过实践活动和口头传授方式传承下去。从民俗体育的起源和发展过程来看，实践劳动起决定作用，战争起推动作用，人们的社会生活内容（经济、社会心理、宗教仪式等）起丰富与更新作用。关于我国民俗体育起源的观点主要有：人类的劳动实践、军事战争、生活习惯、宗教祭祀、庆祝活动和娱乐活动等。

（一）劳动起源论

中华文明有着五千多年的历史，早期的人类主要以农耕为生，同时进行打猎、捕鱼、采摘等劳动。由于生产力低下，劳动形式相对简单。在物质生产和精神生活都十分简单的社会环境下，民俗体育活动主要是为了服务生活，如攀爬、跳跃、射箭等，以获取植物果实和猎物。那时，人们的物质生活相对贫乏，民间活动项目也相对较少。虽然民俗体育活动是人类社会活动的一部分，但并没有明确的开展形式和程序，也没有受到重视。它主要服务于生产劳动实践，因此，民俗体育的活动形式对劳动实践的依赖性很强。

随着社会的不断发展，人类发明了火和各种劳动工具，劳动形式也变得越来越复杂。从生产劳动实践中获得的认识、思想和感情等也逐渐变得复杂。早期为了生存而获得的技能也逐渐多样化，并且这些技能逐渐成为有目的、有意识的活动。例如，考古人员在北京山顶洞人居住过的洞穴遗址中发现了多种兽类的骸骨。我们可以推测北京山顶洞人已经具备一定的智慧和思想。他们在使用粗糙的木石工具进行狩猎时，还培养了奔跑追逐能力和协作能力。除了大量的动物遗骸外，北京山顶洞人遗址中还有很多被燃烧过的树籽。这表明人类需要爬树才能采集到树籽，从而逐渐掌握了攀缘的技能。燃烧食物说明北京山顶洞人能有意识地运用火，他们对食物的味道有了更高的要求。

如今，在一些少数民族聚居地仍然可以看到一种藤秋千。这种藤秋千很可能是从人类采集果实时抓住垂藤来回摆荡发展而来的。其他的劳动技能，如搏击，也与原始人徒手和野兽打斗的技能有关。位于云南省临沧市的沧源崖画，第七地点五区的画上就有两人与兽搏斗的场景。画中两人双臂展开，其中一人与兽搏斗，旁边一人双手持短棒，似乎在救援。人们的生产劳动方式是秧歌舞、采茶舞、板凳龙等许多民俗体育活动产生的直接源泉。宋代就有人们在农事中唱秧歌的记载，这表明秧歌舞起源于古代农业劳动。劳动人民在田间辛苦插秧时，以敲锣打鼓、相互对唱的方式来助兴。秧歌不仅给广大民众带来了欢乐，还是舒缓身心疲惫、提高劳动效率的好方法。后来，农民们在劳动之余自娱自乐的歌舞都被统称为"秧歌"。

从我国的社会变迁历程来看，民俗体育内容与生产劳动实践紧密相连，与生产工具和劳动力发展水平密切相关。因此，可以说民俗体育起源于劳动并在劳动中得到发展是一种可信的观点。

（二）军事起源论

在我国古代，部落或部落联盟很早就形成了，他们常常因为各种原因，如争夺财产、地盘、食物等，引发战争。五六千年前，许多部落联盟已在中华大地上形成，主要有生活在黄河中游及邻近地区的华夏集团、以泰山为中心的东夷集团和以洞庭、都阳两湖为中心的苗蛮集团。由于人口增长或自然灾害，这些集团逐渐向外迁徙。当华夏集团向东进发、东夷集团向西挺进时，东夷九黎部落首领蚩尤与炎帝相遇。蚩尤凭借强大的武力打败了炎帝。炎帝向黄帝求援，并与黄帝结成同盟，与蚩尤展开大战于涿鹿之野。在这个过程中，各个部落以"不畏强暴，勇猛顽强"的精神，奋力抵抗外敌入侵。在古代战争中，作战工具和战斗技能都很相似，所以人的身体素质在战斗中起着决定性的作用。因此，身体素质的训练受到了高度重视，许多民俗体育项目也在军事需求中应运而生。

如今，那些被认为源于军事的民俗体育项目仍在民间流传，例如傣族的单刀舞和棍舞。这些舞蹈既可以单人独舞，也可以双人共舞，与现代的耍枪棒或器械操有相似之处。这种舞蹈可能是古代军事训练中的武舞遗留下来的。羌族有一种古老的传统风俗舞叫"跳盔甲"，又名"大葬舞"。舞者们身着用生牛皮制作的铠甲，头戴插着野鸡翎和麦秆的皮盔，手持兵器。舞蹈内容包括跳圈、两排对阵等，舞者们肩上的铜铃也会发出阵阵响声。其他一些少数民族的舞蹈，如景颇族的盾牌舞和布朗族的刀舞，也都曾是战争预备役的武舞，它们不仅能强身健体，还能提高人们的意志力和作战能力。此外，人们还模仿战争中会用到的器械和用具，如石头、棍棒、木刀、木枪、钢枪、铁刀、箭弩、火炮等，创造出了许多民俗体育项目，如抛石头、顶杠子、抢山头、摔抱腰、宫天梳、鸡形拳、苗族神鞭等。

《后汉书》第 116 卷记载，在秦昭襄王统治时期（公元前 306 年—公元前251 年），秦、蜀、巴、楚等地区出现了白虎伤人的事件，导致超过一千人受害。为了应对这个事件，秦昭襄王发起了招募勇士的行动，成功地激励了各地壮士去猎杀白虎。在湘西的少数民族地区，当地的賨人（属于板楯蛮部落的一支）制作了白竹弓弩，成功地登上高楼射杀了白虎，为秦国消除了这一长期威胁，因此他们被视为秦国的英雄，并获得了秦昭襄王丰厚的奖赏，包括免除部分田租、允许娶多个妻子、对伤人者进行审判以及允许杀人者用赎金来换取生命。这些賨人后来将用于射杀白虎的白竹弓等工具传承下来，成为民俗体育活动中的一种器械。可以看出，一些民俗体育项目的起源和发展与军事有着密切的联系。

（三）生活起源论

民俗体育活动的开展与人们的日常生活紧密相联，而民俗体育的产生和传承则依赖于人们生活的基础条件、地理环境、民风民俗、生活习惯、生产方式、生活方式、思维方式、娱乐方式、宗教信仰、价值观念等因素。因此，民俗体育与人们的生活密切相关。其中，人们的娱乐活动和宗教祭祀活动是多种民俗体育项目产生的根源。随着生产力的发展和社会财富的增加，在生产劳动之余，人类的闲暇时间相对增多，休闲娱乐自然而然地成为人们生活内容的一部分。在人们的休闲娱乐活动中，民俗体育活动的内容不断丰富，而且获得了创新与发展，如高脚马。起初，人们将其作为雨雪天的短途交通工具。在雨雪天，人们穿的鞋常被弄湿弄脏，于是人们就制作出木板高脚或竹筒高脚踩着行走，避免了鞋被弄湿弄脏、脚被冻的情况。后来，人们在天晴时也踩着高脚马玩耍，或三五人踩着高脚马一起嬉戏比赛。慢慢地，高脚马被推广到更多的地方，越来越多的人把高脚马当作一种娱乐、比赛项目。高脚马渐渐演变成一种体育项目，并又发展出高脚灯、高脚戏。如今，高脚马已成为全国少数民族传统体育运动会的正式比赛项目。另外，由于民风民俗一旦形成就难以改变，如崇拜自然神、崇拜祖先等宗教祭祀风俗。因此，一些宗教祭祀活动也就成了各地的习俗，代代传承，满足了人们的精神需求、心理需求。如龙舟竞渡源于对龙图腾的一种崇拜，后来成为中华民族纪念屈原的传统祭祀活动，又演变为端午节的娱乐活动，是中国历史上一种具有浓郁传统民俗文化色彩的群众性娱乐活动。源于祭祀活动的民俗体育项目还有很多，如刺牛祭祖、茅古斯舞、铜铃舞、跳丧舞、梅嫦舞等。

人们的生活习惯和爱好是许多民俗体育项目产生和发展的直接原因。踩高跷是中国的传统民俗活动之一，据说起源于古人为了采集树上的野果而在自己的腿上绑两根长棍，从而发展出一种跷技活动。踩高跷俗称"缚柴脚"，亦称"高跷""踏高跷""扎高脚""走高腿"，是一种在民间盛行的群众性技艺表演项目，通常在一些民间节日里由舞蹈者在脚上绑长木跷进行表演。踩高跷技艺性强，形式活泼多样，深受人们喜爱。关于高跷的起源，有学者认为与原始氏族的图腾崇拜、沿海渔民的捕鱼生活有关。据《说丹朱》记载，在尧舜时代，以鹤为图腾的丹朱氏族在祭礼中要踩着高跷拟鹤跳舞。考古学家认为，甲骨文中已有近似踩跷起舞的象形文字。我国最早介绍高跷的文献是《列子·说符篇》："宋有兰子者，以技干宋元。宋元召而使见其技。以双枝长倍其身，属其胫，并趋并驰，弄七剑迭而跃之，五剑常在空中。元君大惊，立赐金帛。"从文中可知，早在公元前 500 年左右，高跷就已经流行。表演者不仅能用长木绑在脚上行走，还能跳跃和舞剑。

高跷可以分为高跷、中跷和跑跷三种。高跷在中国分布广泛，历史悠久。在汉魏六朝时期，高跷被称为"跷技"，在宋代被称为"踏桥"，清代以来被称为"高跷"。中国北方有高跷秧歌。现在，山西省各地的高跷高度不同，低的只有几寸，高的可以达到两三米。在山西芮城、新绛等县，高跷高达五六米，最常见的是一米多高的。山西高跷分为"文高跷"和"武高跷"两种。文高跷注重扭动和踩踏，而武高跷则以表演特技为主。

总的来说，中国许多民间民俗体育项目源自远古的劳动和军事活动，与民间的民风民俗、宗教、神话、传说等相互交织，反映了人们的日常生活内容，供人们在日常生活中娱乐消遣。同时，这些民间民俗体育项目也与自然环境和谐相处，与社会经济发展相适应，并在人们的日常生活中得以传承，满足了人们的多种需求。

二、民俗体育的特征

对民俗体育特征的研究是民俗体育研究的重要课题之一。本小节中，笔者对民俗体育项目中普遍存在的特征进行概括论述和抽象归纳，旨在从总体上认识和把握民俗体育的共性特征，同时也对其他个性特征进行归纳和研究。只有了解民俗体育的特征，我们才能科学准确地把握其产生、发展和演变规律，更好地区分其中的消极因素和积极因素，以及如何避免、化解消极因素，提倡、推广积极因素，使民俗体育得以发扬光大。

（一）共通性

在原始人类的生存和发展过程中，他们通过与自然的斗争学会了跑、跳、投、射、攀爬等运动技能。这些技能帮助他们在捕猎和捕鱼活动中提高身体的速度、耐力、力量和灵敏度等各项素质。尽管他们在很长一段时间里并没有对体育文化有清晰的理性认识，但他们在不知不觉中进行着体育活动。然而，基于相似的因素创造出来的体育项目，其形态、性质和目的都是相同的。

体育源于生活，与生活紧密相连。在原始社会中，人类在获得猎物或农作物丰收后，常常聚集在一起以游戏和舞蹈的方式庆祝。我们可以推测，民间体育是从跑、跳、投、射等动作中演变而来的，人们通过歌舞来表达内心的喜悦。有时，不同的民族或部落为了争夺领地或猎物而发生冲突，出现了棍棒、摔跤、投掷飞镖等打斗形式，这些形式后来被用于身体训练，以提高本部落人群的战斗能力。此外，原始人经常受到季节和环境变化的影响，因此他们通过体育舞蹈的形式祭祀天地，以获得自然的恩赐和保护，这形成了原始的宗教活动。从生产劳动、军事、游戏和狩猎中演变出来的运动技能和技巧，通过口头传承的方式传授给了后代。这些运动技能随着人类的进步得到了精雅化的发展，使人类逐渐摆脱了动物的野性，进化为文明的社会人。这些运动技能也逐渐发展成为具有文化内涵的民俗体育项目，如古代的射礼和成年礼中的射俗，驱鬼仪式中的傩舞，祭祀仪式上的赛龙舟，种族繁衍仪式中的抢花炮，以及各种节庆礼仪中的赛马、蹴鞠、棋类、摔跤等项目。民俗体育的起源和发展的共同特征使其在各民族之间得以快速交流和传播，从而逐渐形成了民俗体育文化。

（二）地域性

地域性是民俗体育在空间上表现出的特征。中国地域辽阔，南北跨度大，气候差异显著，自然环境和人文环境等也存在明显差异。不同地域人在生活内容、生活习惯、思维方式和运动方式等方面存在较大差异。通常以秦岭——淮河一线为界，将中国地域划分为北方和南方。北方地区纬度较高，气温较低，寒冷季节较长，积雪和冰层较厚，因此滑雪、滑冰和打冰嘎等冰雪项目比较普及。此外，北方地势平缓，草原广阔，空间相对宽敞，一些居民以放牧为主，人们普遍具有豪爽奔放的性格，崇尚勇武精神，摔跤、奔跑和赛马等力量和速度型项目比较受欢迎。南方地区气候湿热，地形以丘陵和山地为主。南方人清秀、细腻、稳重、内敛，善于思考，擅长心智类技巧性活动项目，如象棋、围棋、秋千、风筝、打陀螺、游水捉鸭和跳竹竿等。此外，即使是同一民俗体育项目，如舞龙，也显示出南北文化的地域性特征。北方的舞龙以武为主，强调龙的威武豪迈和气壮山河；南方的舞龙以文为主，突出龙的灵活敏捷和变化自如。各民族在特定的地域条件下形成了自己的民俗体育项目和文化，"千里不同风，百里不同俗"正是这种地域差异的体现。带有浓厚地域色彩的民俗体育活动盛行于民间，数千年来丰富了民间体育文化生活，展现了中原民俗体育文化、草原游牧民俗体育文化和南方水域民俗体育文化的运动内容，体现了各地人民的智慧与勇敢、民族的英武与矫健，更寄托了各族人民对人性完美的追求。

（三）民族独特性

中国是一个典型的多民族国家，民族差异性较大是一个客观存在的、不可忽视的事实，也是造成民俗体育民族独特性的主要因素。民族独特性可以理解为不同民族有世代相传的、富含自己民族特征的民俗体育活动。或者，同一民俗体育活动在不同的民族中具有不同的表现形式。影响民俗体育独特性的因素主要包括人们所处的社会环境、自然环境、文化心理、生活习俗和信仰等。例如，傣族人普遍信仰佛教，每年傣历六月（公历四月中旬）举行的泼水节是傣族最盛大的节日。届时，傣族人会向佛像献上供品，举办盛大的宴会，邀请僧侣和亲朋好友一起庆祝，并通过泼水的方式互相祝贺。此外，泼水节期间还有其他活动，如祭祀拜祖、堆沙、丢包、赛龙船、放烟花和歌舞狂欢等，其中孔雀舞表演最具傣族风情。回族信仰伊斯兰教，他们禁止食用猪肉、动物血液和自死的动物，他们的衣食住行、婚嫁和丧葬等方面的习俗都带有宗教色彩。在农耕劳作的间隙，他们会在田间地头或场院进行一些具有竞争性和趣味性的民俗体育项目，如掷子、拔腰、爬木城和打木球等。土家族的摆手舞是一种古老的舞蹈，它古朴优美，充满生活气息。朝鲜族人擅长歌唱和舞蹈，姑娘们喜欢荡秋千，小伙子则喜欢摔跤角力。

此外，彝族的传统火把节、纳西族的东巴跳、藏族的赛牦牛等都是体现各民族文化特色的民俗体育活动。同一类民俗体育项目在不同的民族中也各有特点，例如蒙古族式摔跤"搏克"、维吾尔族式摔跤"且西里"、彝族式摔跤"格"、藏族式摔跤"北嘎"和回族式摔跤活动都属于摔跤这一民俗体育项目，但它们在各自的民族中又反映了各自民族的特点，具有鲜明的民族差异性。民俗体育的民族独特性既展示了民俗体育项目的多样性和丰富性，又使这些项目保持了强烈的传承性。即使这些民俗体育项目脱离了特定的地域空间，它们仍然会保持本民族的独特性。

（四）依附性

民俗体育紧密地依附于民俗现象而存在，即与民众日常生活中的风俗习惯、节日庆典、礼仪仪式、社交活动、祭祀仪式、赛会竞技、婚俗传统等各种民俗现象密切相关。例如，湖南郴州板梁古村的"倒灯"从诞生之初就与正月十五元宵节紧密相连。它既依赖于节日而存在，又因为能够促进情感交流、增强集体意识、增添节日氛围而得以保留和传承，成为板梁人过元宵节不可或缺的民俗活动。依附于生产劳动和岁时节令的民俗体育表达了人们本真、真挚的情感，团结协作、共同发展的心声。春节是各个民族举行各种形式的民俗体育活动最为隆重的节日，人们盛装出席，以中国传统的"舞龙舞狮"为代表节目，尽情狂欢，男女老少共享快乐。龙舞华彩绚丽，腾跃蹦跳，再配以悦耳动听、喜庆欢腾的锣鼓声，场面非常壮观。人们欢呼雀跃，洋溢着祥和的氛围。

　　民俗体育活动紧密依附于生产劳动，是其产生和发展的重要推动力。这些活动既能表达人们朴素的愿望，又能展现人们的快乐情绪，如广泛流传的秧歌和采茶舞曲等民间自发性的活动。这些民俗体育源于人们的生产和生活，是人们在农耕过程中身心愉悦的自然表现。同时，依附于礼俗、信仰和崇拜等民俗现象的民俗体育活动也呈现出多样化的内容和形式。例如，婚俗礼仪类，有哈萨克族的"姑娘追"和布依族的"甩糠包"；信仰崇拜类，有彝族摔跤活动，最早起源于祭神、求雨和禳灾。火把节是彝族、白族、纳西族、基诺族、拉祜族等民族的传统节日，具有深厚的民俗文化内涵，被誉为"东方的狂欢节"。不同民族或同一民族的不同地区举行火把节的时间和目的也会有所不同。例如，纳西族火把节在农历六月二十五日举行，目的是免灾祈福；拉祜族火把节在农历六月二十四日举行，目的是除恶人、保平安。彝族撒梅人在每年的农历六月二十四日和二十五日都会点燃火把，彝族撒尼人的火把节在农历六月二十四日举行，彝族阿细人的火把节也在农历六月二十四日举行。在火把节期间举行的民俗体育活动还包括斗牛、斗羊、斗鸡、赛马、摔跤和歌舞表演等。

　　（五）娱乐性

　　娱乐性是民俗体育发展的重要特征，也展示了其原始特性。人们通过欢快、多样的身体娱乐活动方式来表达对乡土风俗的热爱。在远古的农耕时代，人们在浓厚的农耕生活中渴望每年都有风调雨顺的太平岁月，希望每年都能拥有丰衣足食的美好生活。民间民俗活动的目的是祈福求吉，寄托人们的信仰和祈愿，缓解生存的焦虑和不安。例如，安徽淮河流域具有代表性的民俗体育活动凤阳花鼓。明代田艺蘅撰写的《留青日札》卷十九记载："吴越间妇女用三棒上下击鼓，称之为三棒鼓，江北凤阳男子尤其擅长。"《帝乡纪略》明万历二十七年（1599年）刊本卷五"风俗"的前志记载："插秧时，远乡男女击鼓互歌，颇为混俗。"我们可以推断，凤阳原生态的民间风俗是击鼓讴歌，人们用以表达劳作时的愉快心情和祝愿。劳动人民通过古朴的民俗体育活动体验到身心的愉悦，而民俗体育活动则给他们带来乐趣和享受，成为他们劳作时精神、情感的寄托。

　　随着人类社会的发展，人们对民俗体育的需求不断增加，需求层次也不断提高。然而，科学技术相对滞后，使得民俗活动中的信仰与娱乐相结合，例如最初被认为具有驱邪作用的放风筝。当有人生病时，巫师会将病情写在风筝上，然后将风筝放飞，并切断绳子，希望疾病能随着风筝飘走。这是一种在古代具有巫术意义的户外活动，后来逐渐演变成今天具有娱乐性的民俗体育活动。一些少数民族的民俗体育活动，如我国台湾高山族的杵舞、壮族的采茶舞等，既与农耕生产内容紧密相关，又具有鲜明的民间艺术特色。这些活动气氛热烈，具有较强的娱乐性。

民俗体育源于生活，寄托着人们的生存愿望和对美好生活的向往。它逐渐发展成为人们强健体魄、沟通情感、提高生命价值、增强群体凝聚力的重要活动内容。民俗体育活动是人的活动，其最终目的也应该是帮助人们提升幸福感，有益于人的身心健康和全面发展。这正是科学发展观中"以人为本"的核心意义所在。

（六）传承性

各民族的民俗体育活动在历史的长河中得以延续和发展，传承性是其核心。这种传承性体现在创造和传承民俗体育活动的特定民族（社群），在长期奋斗和创新中所凝聚的独特的民族精神和心理，主要表现为共同遵循的信仰和核心价值观。那么，如何理解传承性呢？传承性是指民俗体育在不同时代的发展过程中仍然保持某些原始特质的属性，包括两个方面：一是指民俗体育在时间上的连续性，即历史的纵向连续性，它是一种可以世代相传的社会文化；二是指民俗体育在空间上的传播性，即横向传播过程，它可以在空间上传播和扩散。民俗体育的传承性特征使其能够代代相传并持续发展，不仅在本民族内部发展壮大，而且与其他民族的民俗体育文化相互影响、融合，从而衍生出更多形式和更丰富的民俗体育项目。例如，元宵节时玩龙灯已成为我国许多民族共同的习俗，早在宋代就有文献记载元宵舞龙、元宵彩灯的活动习俗。宋代词人辛弃疾在《青玉案·元夕》中写道："东风夜放花千树，更吹落、星如雨。"这首词描绘了信州府元宵舞龙灯的情景。这里的"夜放花千树"指的就是元宵放灯（又称"观灯"）。宋代夏竦在《上元应製》诗中写道："鱼龙曼衍六街呈，金锁通宵启玉京。""鱼龙漫衍"也是指玩龙灯。凤阳花鼓源于凤阳本土，是当地最经典、最具民俗传统特色的体育项目。在明朝时期，凤阳人就以敲花鼓这种娱乐方式来表达对生活的热爱和享受。

后来，自然灾害和战争等不可抗拒的力量改变了明朝凤阳人和平、安定的生活，迫使淮河两岸的花鼓艺人背井离乡，四处流浪，靠卖唱乞讨为生。这种变化对其他曲艺产生了一定的影响，花鼓与许多地方的歌舞艺术相互融合，创造出具有不同地方特色的新形式，丰富了中国的花鼓文化。例如，在浙江温岭地区，《凤阳花鼓》被改编成《天皇花鼓》；晋南花鼓是凤阳花鼓与山西当地歌舞艺术相结合而形成的新形式，被称为"祁太秧歌"等。从吴越地区的腹地向南，就到了百越地区，其中闽越人传唱凤阳歌也非常普遍，比如福州当地最流行的一首《真鸟仔》，其原曲是外来小调《凤阳花鼓》。

传承性使民俗体育能够穿越历史的长河流传至今，并保持其自身的活动规律和惯性。它使民俗体育能够维系民族或群体的凝聚力和共同意识，体现了民俗体育固有的生命力、吸引力和发展能力。

（七）变异性

变异性体现了民俗体育的"发展变化观"，通常可以理解为民俗体育在时间和空间的变化中表现出自身的渐进变化，以及与其他艺术形式的融合发展。这种变化在一定程度上改变了民俗体育原生态的本质特征。实际上，民俗体育的变异性特征是其文化得以保存和发展的内在动力。民俗体育的变异性和传承性都表现了其动态特征，即在传承过程中产生变异，并在变异后继续传承。因此，民俗体育能够与时俱进地满足人们的需求，丰富人们的精神生活。

导致民俗体育发生变异的因素包括本土人民的风俗、信仰、文化和生活方式等，同时国家的政治、经济、科技和传播媒介等社会因素也与民俗体育的变异密切相关。我们仍然以淮河流域凤阳地区的民俗体育现象凤阳花鼓为例进行说明。在安徽凤阳，凤阳花鼓被视为展示本土民俗体育原始面貌的经典项目，被当作民间瑰宝。明太祖朱元璋出生于凤阳，对凤阳花鼓情有独钟，因此他曾采取一系列优惠政策来善待宗社乡民，使凤阳花鼓进入发展的鼎盛时期。然而，随着自然灾害和战乱的频繁发生、人口迁徙和朝代更迭，凤阳花鼓的发展表现出了变异性特征。不仅其表演形式、唱词和道具等方面发生了较大变化，而且其他地区的艺术形式也逐渐受到凤阳花鼓的影响。

最初，凤阳花鼓的表演主要出现在民间农事联欢、喜事庆典和节庆活动中。表演者通常为一对夫妻、兄妹或姑嫂，一人击鼓，一人敲锣，对唱小调，并辅以舞蹈，展现出浓厚而质朴的乡土气息。在清朝乾隆年间（1736—1795年），原本由两人演唱的凤阳花鼓被改编成六到八人甚至更多人参与的歌舞表演。同时，锣鼓也从身背腰鼓的形式逐渐简化为双条鼓。在几百年的传承过程中，凤阳花鼓的传播形式从最初的现场表演逐渐转变为通过电影、电视和网络等途径进行传播。当凤阳花鼓在不同地区传播时，它与其他地区的文化艺术相互融合，例如在上海地区，原本流行的崇明山歌（四句头山歌）和凤阳歌等民歌小调传入后，二小戏（男女二人载歌载舞的艺术形式）逐渐流行起来，其艺术形式、内容和风格都与凤阳花鼓相似。其中一首《十二只花鼓》唱道："头一只花鼓圆丢丢，小女淘米（唠）有人留。娘向依因能繁难？打翻（个）白米借掸帚。"

如今，民俗体育承载着丰富的人文底蕴。随着国家非物质文化遗产保护政策的出台，民俗体育迎来了新的发展机遇，创新因素不断为民俗体育的发展注入强劲动力，使其变异性特征更加明显。

（八）健身性

《体育科学词典》对民俗体育的定义是："在民间风俗、文化和生活方式中流传的体育形式，是为了满足人们的多种需求而产生和发展起来的一种特殊文化形态。"这明确了民俗体育是一种"体育形式"，与其他体育活动不同的是，它的活动场所在"民间"。我国早期的民俗体育与原生态的乡土农耕生活以及人们的精神信仰关系最为密切，它是人们在生产劳动、丰收和节庆等活动中进行的生活化体育活动，表达了人们在劳作和生活中体验到的快乐情感和在宗教仪式娱神活动中体验到的精神慰藉。秧歌舞、采茶舞、杵舞等都是对农耕生产劳动的模拟，体现了人们对生活的热爱之情以及对主体审美的提炼和体验。集体性的大型民俗体验活动通常在节日举行，例如我国许多地方庆祝端午节的重要仪式就是举办龙舟大赛。龙舟大赛既是传统项目也是经典项目，举办龙舟大赛已经成为人们的习惯。龙舟大赛的参赛队伍往往代表了各个宗族、村社和地域的威望和实力，各地会挑选十几名年轻男子组成龙舟队参加龙舟大赛，以最先到达目的地者为胜利者。

在龙舟大赛期间，周边几十里的居民都会聚集到江河湖畔观看比赛。人们敲锣打鼓、欢呼助威，场面非常壮观，节日气氛十分浓厚。有些地区则喜欢举办摔跤活动。摔跤活动最早的目的是祭祀神灵、祈求雨水和消除灾难，表现形式庄重肃穆，充满神秘的祭祀色彩。人们在平日里会在田间地头进行娱乐性的角斗，而在传统节日如密枝节和火把节时，则会举办正式的摔跤活动。如今，民俗体育活动在各地中小学生和学龄前儿童中广泛开展，例如掷沙包。这项活动可以由单人练习，也可以双人或多人一起进行，能够提高儿童的灵敏度和协调性，同时也能增强学生的反应能力和力量素质等，有助于促进儿童心肺功能的发育。

民俗体育以人体为载体进行活动，运动主体的身体建构是其本质特征。通过各种形式的民俗体育活动，人们能够增强体质、增进健康、培养各种心理品质，同时还能获得更多的精神享受和安慰，提高对环境的适应能力。

（九）交融性

民俗体育起源于传统的民间活动，深深植根于民间文化，与人们的日常生活紧密相连。它丰富了人们的健身和娱乐方式，给人们带来心理慰藉，承载了人们的希望和祈愿，深受民众喜爱。在历史发展过程中，战争、自然灾害、统治者的命令以及少数人的主观意愿等因素导致各民族的人们进行大规模或散乱的迁移和移居。据专家初步考证，三国时期，古徽州地区的居民来自六个方面：第一部分是早在秦朝之前的土著居民，属于三苗族；第二部分是秦始皇时期迁入的"大越徙民"；第三部分是秦末吴芮部将率领的后来滞留徽州的"百粤之兵"以及汉将陈婴拥兵浙地滞留于徽的汉兵；第四部分是春秋战国时期，因楚汉相争和中原战乱而举家迁至徽州的北方居民；第五部分是为逃避赋役陆续迁到徽州的中原居民；第六部分是因留恋徽州美丽的山水而选择在此定居的人。

人类的迁移和移动导致了不同地区和民族间生活方式的相互影响和模仿，从而促进了文化的交流、融合和渗透。具有地域特色的民俗体育项目在不同部落和民族之间自然地交融和发展。《战国策·赵策二》记载了战国时期赵武灵王推行"胡服骑射"改革，将西北少数民族的骑射引入中原，改变了中原人的服饰习惯。这一改革促进了各地区，尤其是中原汉族与各少数民族之间的经济和文化交流，拉近了彼此的心理距离。中原地区的舞狮子、舞龙灯、打腰鼓、打陀螺、踢毽子、拔河、放风筝等民俗体育活动也逐渐被西北民族所接受。此外，民族之间的通婚也是促进民俗体育交融发展的重要因素。通婚后，人们的生活习俗、文化习俗、娱乐习俗和信仰习俗等方面达到深度交融和渗透，民俗体育项目也得到彼此接受，如黄帝部族的干戚舞、中原部族的击扎等活动逐渐在各民族间传播。

中国素有"礼仪之邦"的美称。在发展过程中，中华各民族相互学习、求同存异，共同创造了丰富多样的民俗事象和民俗体育文化。中国的民俗体育文化呈现出由简单到复杂、由单一到多元的融合发展趋势，展现出强大的生命力。如今，它已成为一种极具感染力和艺术表现力的独特文化形式。

三、民俗体育的功能

民俗体育是在人类社会生产和生活实践中产生的一种社会现象，具有现实功能。其作用对象和服务群体包括个人、群体和整个社会。民俗体育的基本功能包括娱乐、信仰、强身健体、传承、社交和人的社会化等。随着社会、经济、文化和全球一体化的发展，民俗体育的功能日益多样化，不断衍生和完善。其衍生功能包括政治、教育、经济和文化等，并且越来越显著。只有全面了解民俗体育的功能，我们才能有针对性地发挥、创新和利用其功能，有效地保护和传承民俗体育，使其更好地为人类的全面发展和人类社会的进步服务。

（一）娱乐功能

人们在不自觉的自然状态下表达内心的幸福，这是民间体育娱乐功能的最初表现。在农耕社会中，人们的日常生活与农田劳作密不可分，而在劳动过程中，人们获得了快乐情感的最原始体验，这成为劳动人民直接感受快乐的方式，也是民间体育最根本的功能。这里所说的"原始体验"指的是一种自然状态，没有经过特别修饰，是存在于民间的、自然而然的乡村氛围，以其纯粹的形态存在，不受外部影响而保持不变。人们在欢快的劳动中，通过身体感受内心的愉悦和幸福。例如，中原地区的人们在田间劳作时表演凤阳花鼓等活动。原始体育形式是为了自我娱乐而存在，而非仅仅关注体育性质。它是随意的且不受规范约束，是为了参与而不是观赏，是由传承而非创新而来。举例来说，土家族的巴山舞和纳西族的东巴舞等，都是原住居民在日常生活中不自觉地从事的活动，这些朴实、贴近生产和生活的民间体育活动表达了原住居民真实而朴素的幸福情感。

社会的演进和向前发展是不受个体意志控制的，随着时代的推移，民间体育也经历了变化和发展。人们参与民间体育的方式已从无意识转变为具有目的性和自觉性，例如摔跤。摔跤作为最原始的民间体育之一，在汉族、回族、满族、蒙古族、彝族、藏族、俄罗斯族、哈萨克族、维吾尔族等多个民族中都有存在。在 2017 年 8 月 14 日，青海海南藏族自治州共和县举办的少数民族传统体育运动会上，少数民族运动员在藏式摔跤的比赛中展示了他们的摔跤技巧（摔跤既属于民间体育，也属于民族传统体育）。摔跤是一项搏斗运动，已成为藏族人在庆祝节日、集会或丰收后的喜爱项目之一。摔跤选手通过智慧和力量的较量，全力以赴，脸上洋溢着愉悦和满足。摔跤运动员的激烈比拼为比赛场地带来了欢声笑语，观众们纷纷鼓掌、欢呼、呐喊。这种方式让每个人都能在身体上感受到平等的愉悦，表现出了精神上的欢乐和满足。如今，民间体育活动已成为人们有意识、有目的地获得快乐和调整身心的一种方式，强调了休闲娱乐的整合功能。

（二）信仰功能

从古至今，民俗体育活动与人们的信仰、文化观念密切相关，呈现出一种持续的传统行为。举例来说，元宵节的舞龙舞狮、清明时的踏青、端午节的划龙舟、中秋节的舞火龙、重阳节的登高等活动已经成为多个民族传统节日的庆祝仪式，男女老少都积极参与，为节庆增添了欢乐的氛围。古代的信仰仪式通常是人们祭拜祖先和庆祝农业丰收的方式，这些仪式能够表达人们的希望和欢乐之情。在早期的农耕社会，科学知识相对有限，人们对自然界的神秘和自己的渺小感到无知，因此对于丰收和气候的祈祷只能通过神明的庇佑来实现，而巫师的仪式表演通常是这种祈愿的典型方式。一些知名的信仰类民俗体育活动包括福建莆田湄洲的妈祖民俗体育活动。如今，妈祖是中国沿海地区和东南亚华人社群中最有影响力的海上女神，其文化核心价值是道德、善行、友爱、和平。妈祖民俗体育活动是妈祖文化不可或缺的组成部分，它有助于传承妈祖精神、保留民族文化、团结全球华人社群，同时也促进了经济发展。这样的活动在中国大陆、港澳台以及华人聚集的地区非常普遍且活跃。

此外，云南南涧彝族自治县的虎街山神庙举行的大祭仪式"十二兽神舞"中，十二位身穿虎皮的巫师代表兽王，带领十二神圣的兽类登场，象征着纪日、纪月和纪年的神明出现。兽王威风凛凛，跃跃欲试，追逐其他兽类，而这些兽类则四处逃窜，只有虎神兽留下，令人们心怀崇拜与敬畏，相信虎神兽能够保佑他们平安。其他如彝族的虎图腾崇拜、蒙古族的雄鹰崇拜、纳西族的金蛙崇拜、傣族的孔雀崇拜等信仰类民俗体育活动也将特定的动物视为族人的守护神，以确保他们的幸福、平安、健康和顺遂。此外，一些活动如放风筝来驱散疾病、祭祖和丧葬时用以赶走恶灵的"巫术"，以及感谢神明的磨秋等，都是人们通过民间体育活动来表达他们的精神信仰。

总体来说，从宗教信仰的角度来看，人们普遍通过宗教仪式和信仰来在心灵层面找到慰藉，将希望摆放在民俗活动中，期盼健康、兴旺、丰收、和平等各种精神愿望得以实现。可以说，人们的宗教信仰对于民俗体育活动产生了深刻的影响，并且在推动民俗体育的发展方面发挥了关键作用。

（三）健身健心功能

民俗体育是通过身体运动来反映人们的生存状况和精神信仰，呈现其朴素的本质。早期人类生存条件简单，主要以基本的运动方式如行走、奔跑、跳跃、投掷和攀爬来满足生存需求。这些生存技能逐代传承，同时在与自然和野兽的争斗中，人们逐渐掌握了采摘、捕鱼、狩猎和搏斗等技能。尽管这些技能看似简单，但它们确实增强了人体的多种素质，如敏捷性、耐力、力量和速度，提高了身体机能，加强了人类的自然属性。劳动塑造了人类，而人类在劳动实践中创造了越来越复杂的民间体育活动形式，如秧歌、采茶舞、花鼓灯、放风筝、摔跤、抢花炮、打草球、叼羊、骑射、划船、赛龙舟、珍珠球等。这些活动多种多样，具有地方特色，有些直接使用生产和生活工具，例如用板凳表演的板凳龙和用扁担打击的打草球。

举例来说，打社火是一种传统的民间舞蹈，主要在南京市溧水区柘塘镇及周边地区流传。它有助于锻炼人的爆发力和有氧耐力。又比如，马灯舞是一种在溧水区明觉镇东泉前堡自然村一带流传的表演形式，它有助于提高人的柔韧性和协调性。另外，板凳龙在江西省奉新县万庄村很流行，舞龙队伍由龙头、龙身、龙尾以及鼓手和吹号角的人组成，需要超过一百人。板凳龙的表演时间长、巡游路程远，有助于锻炼人们的力量、速度、灵活性和耐力等多种素质。此外，舞龙的技巧性很高，需要团队协作、意志力和奉献精神等品质，才能顺利完成表演。

现代的舞龙表演采用了一系列复杂的动作，包括奔跑、跨跳、起伏、左右摇晃等基本动作，还增加了创新性的高难度动作，例如劈叉、双人重叠和滚翻等。这些高难度动作要求表演者具备更高的身体素质，因此他们需要花费更多时间进行训练以达到要求的水平。在锣鼓的伴奏下，观众欢庆的氛围中，大龙活力四射地飞舞、腾跃、欢快地蹦跳，有时还进行高危险性的动作，如重叠和滚翻，这会引发观众的欢呼和喝彩声。舞龙表演中不断出现高潮迭起、精彩纷呈的场面，观众们也跟着节奏快乐地蹦跳、手舞足蹈，增强了节目的喜庆气氛。通过这种愉悦的方式，人们不仅得到了身心的调节，还促进了人际关系的和睦与团结。

集体性的大型表演活动对身心的调节功能明显，而小型的民俗活动也体现了民俗体育对身心的调节功能，如中国古代的追傩活动。追傩是一种祭祀仪式，最初旨在驱逐恶鬼，后来演变为"驱疫鬼"仪式，以消除疾病，同时也带来了娱乐的功能，关注个体身心健康。民间的许多民俗体育活动通过身体活动的锻炼直接提高人的健康水平，同时"娱神"和"娱人"的活动满足了人们的精神需求。

民俗体育在人类的演化和发展过程中传承了运动技能和劳动技能，增强了人类在自然环境中的适应能力。共同的心理需求和兴趣促进了人类的和谐共处。民俗体育以人的生存、健康和发展为基础，受自然环境、地理、气候和社会规范等因素的影响，最大程度地展现了个体的特点，实现了个体的身心和谐，帮助人们获得自主感、满足感。

（四）传承功能

中国是一个多民族国家，拥有悠久的农耕文明历史。由于习俗、人文生态、地理环境和气候的多样性，各地的民间风俗和生活方式千差万别，人们的活动方式也非常多样化。在生产和日常生活中，人们创造了各种各样的活动和娱乐方式，呈现出丰富多彩的景象。

从自然地理环境的角度来看，生活在高山地区的狩猎民族发展出了叼羊、骑射、摔跤等粗犷豪放的体育运动；而生活在平原地区、以农耕为主的民族则在劳动之余创造了抢花炮、打草球、舞龙、舞狮等细腻、婉约的运动形式；生活在水域地区、以渔业为主的民族则发展出了赛龙舟、珍珠球等水上运动。

民俗体育满足了人们多样化的需求，并在历史的积淀中得以产生和发展。如今，人们将各地丰富多样的运动和游戏总称为"民俗体育"。这些民俗体育活动紧密地与生产劳动、民间礼仪、节令季节、宗教信仰等活动相结合，以物质或文化的形式存在。经过几千年的发展，这些活动通过口头传承、习俗和信仰等方式，在民间得以传承，至今仍然是人们庆祝、祭祀和祈愿等活动的重要表达方式。

随着时间的推移和空间的变化，人类自身也经历了改变。因此，民俗体育活动不仅在内容上发生了变化，而且在形式上也得以传承和丰富，使得这些传统活动更加完善。

龙舟竞渡，又被称为"赛龙舟""划龙船""龙船赛会"等，是一项古老而传统的中国民间民俗体育活动。这项活动具有浓厚的传统文化元素，已经成为各地端午节的重要传统活动之一。龙舟竞渡的流行与中国人对龙的崇拜有关。龙在中国和东亚地区的古代神话中被视为神秘的生物，具有长长的鳞片，通常被用来象征吉祥和幸运，是中华民族和东亚民族传统文化中最具代表性的形象之一。龙的传说和相关文化非常丰富。

在古代，中国人将龙视为水神和虹神，认为它在春分时升天，秋分时潜入深渊，有呼风唤雨的神力，能带来好运和消除灾难。龙舟竞渡最初是一种用来祭祀和祈福的仪式，而后来发展成了纪念屈原的传统体育运动，在汉代成为重要的民俗活动。

与此同时，中国其他民俗体育项目也有着较好的传承。海洋民俗体育反映了渔民的性格和爱好，广泛的群众性使它们得以传承。比如，锡伯族因为世代相传家家都会拉弓射箭，培养出许多优秀的射箭运动员。哈萨克族、蒙古族和藏族牧区的孩子从小就开始骑马，成为娴熟的骑手。生活在海岛的人都会游泳和划船，还会参与一系列海岛民间民俗体育项目，如搏击风浪、捕鱼、织网、抛缆绳、攀绳索、船头套缆、捡泥螺、搬重物接力等。

总体来说，民俗体育是中国在几千年农耕文明历史中积淀下来的珍贵乡土文化遗产。它起源于早期人类对神灵的崇拜、祭祀和庆典活动，依靠口头传统的方式进行传承。随着科技的进步，这些传统体育活动也发生了变化，但它们依然保持着共同的民俗精神，促进了人类社会的进步和稳定，同时也保留了其本质特征。

（五）社交功能

社交行为是指个体与他人互动、交往以改变人际关系的行为方式，它通常用来衡量个体的心理健康和社会适应能力。民俗体育则是以礼俗和娱乐为主要形式，为人们提供社交机会，满足不同的社交动机和心理需求。例如，恩施土家族女儿城的传统相亲活动被称为"女儿会"，它是一种独特的风俗习惯，代表了土家族的浓厚文化，有时也被称为"东方情人节"或"土家情人节"，是土家族自己的七夕节。女儿会的历史可以追溯到明朝末年，已有400多年的传承。这一喜庆而典雅的活动为土家族青年男女提供了认识和结交的机会，其独特之处在于以歌曲为纽带，鼓励自主选择伴侣。女儿会至今仍然是土家族妇女寻找幸福的重要方式。自1995年以来，恩施土家族苗族自治州开始将女儿会打造成当地特色文化项目，如今它已经发展成为一个综合性民族盛会，融合了传统节日、民俗文化、经济商贸、旅游休闲等元素，使该地区成为古老的巴文化、楚文化、土司制度文化和土苗民族文化等多元文化的融合中心。另外，中国各地还有类似的采茶舞传统，如三门石马采茶舞、崇左采茶舞、玉林采茶舞、杭州采茶舞、开化采茶舞，以及赣南山区采茶舞等，它们也是多个民族之间的民间传统歌舞表演。

三门石马采茶舞起源于元末明初，兴盛于清代和民国时期，至今仍然传承不衰。这一传统活动在每年新春和元宵佳节都会举行，用来庆祝丰收，祈愿风调雨顺，国泰民安。崇左采茶舞主题围绕壮族人民的生产、生活和爱情展开。采茶舞通常由当地居民组织采茶队来演出，其中扮演的角色包括茶公、茶娘、歌伴、书生或财主等。在中华人民共和国成立之前，茶娘角色由男演员扮演，但之后，妇女也开始参加采茶队，茶娘的扮演角色由女演员接替，同时每个表演队伍的规模也从最初的约 5 人增加到 20～30 人，演出场地也转移到了大舞台上。

玉林采茶舞是玉林市民间的自娱性舞蹈，通常结合了歌唱和舞蹈元素，由一名男演员和两名女演员表演。在春节期间，几乎每个地方都会传统地演唱和跳舞，这一传统几乎无处不在。杭州采茶舞则是浙江省杭州市茶乡的传统歌舞，内容丰富，舞蹈动作优美。尽管各地的采茶舞可能有些微差异，但总体上都与采茶劳动紧密相关。不同地域、亲缘关系和行业关系的人通过参与采茶舞，认同了茶文化的价值观念。这与社会学家吉登斯的观点一致，他认为传统是一种载体，可以传递个体和集体的认同，而认同则具有深刻的意义。民俗体育通过各种共同参与的活动，搭建了人们之间相互认识、情感交流、思想沟通和心理联系的桥梁，促进了人们之间的社交和信息传递。这有助于人们找到精神共鸣，培养心理共鸣，以协助更多的人融入社群和社会，从而促进各个民族的团结和繁荣发展。

（六）人的社会化功能

人的社会化是指个体从"生物人"转变为"社会人"的过程。在这个过程中，个体学习群体和社会的文化，发展自己的社会性，并融入群体中。民俗体育通过劳动、仪式、娱乐活动等方式，以及口头传授、说教沟通、行为影响、情绪感染等手段，达到传授生存技能、培养社会行为规范、建立共同价值观、融入群体活动和角色认同等目的，最终促进人的社会化。例如，远古农耕文明时期的跑、跳、投、攀爬、射击、骑马、角力游戏等直接体现了人类的生活技能和谋生手段，人们在劳动和活动中进行直接传授和习得。一些游戏可以是个人的、小团体的或大型的，如掷沙包、踢毽子、龙舟竞渡等。这些游戏要求参与者共同遵守规则，能够很好地规范人的社会行为。

仪式在民俗学和人类学中是最古老、最普遍的社会现象之一，是原生态民俗体育在民间呈现的普遍方式，如婚俗礼节仪式、祭祀仪式、驱鬼仪式、祭奠仪式等。人们通过惯例或在选定的日子里运用形体语言和器物等举行仪式，实现人们共同的民俗生活愿望。例如，蕴含古老闽南民俗文化的"三公落水操"仪式，流传于福建省漳州市长泰区岩溪镇地区，现已成为福建省省级非物质文化遗产代表性项目。三公落水操是为了纪念文天祥、张世杰、陆秀夫为国捐躯而举行的仪式，颂扬了三公的崇高气节。今天的三公落水操蕴含了叶氏宗族认同的族群文化，经历了多年的社会历史变迁，仍能以原始形态呈现在现代人的眼前，成为相对稳定的仪式形式。它是岩溪珪塘叶氏族人信仰观念的一种表演性的实践活动，已经成为珪塘村落心理和行为的集体习惯。在晋南地区即山西省南端的临汾、运城地区，社火表演历史悠久、项目繁多，其中的翼城花鼓已被列为国家级非物质文化遗产。

"社火"是一种古老的民俗活动，源自晋南地区的乡村传统，通常在春节期间举行。它的主要目的是通过模仿各种神明和火神的表演，祈求平安、丰收和顺利。这一传统活动随着时间的推移，不断丰富了其内容和形式，涵盖了各种表演，如踩高跷、跑旱船、舞龙、舞狮、扭秧歌、抬花轿、腰鼓、武社火、花鼓和花棍等，甚至还融入了歌舞和秦腔艺术等元素。社火表演逐渐成了一项娱乐和健身的活动，吸引了各个年龄段的人，包括男女老少。

这一传统不仅在社会中广泛传承，还在各级学校中得到推广。它不仅成为儿童们的健身娱乐项目，还帮助他们了解传统文化，传承民间传统文化。举例来说，在 2008 年的运城盐湖区元宵节社火表演中，中小学生表演了包括花棍、扇舞和花鼓等多种节目。

民俗体育活动是一种多元化的文化体验，它融合了信仰、娱乐、杂技和艺术元素，在中国数千年的历史中扮演了重要的角色。这些活动吸引了广大民众的参与，有助于构建社会秩序、传扬民族精神、增强社会凝聚力、树立社会新风尚，同时也有助于促进人类的社会化进程。

（七）政治功能

政治与体育事业之间的主要互动方式是通过制定和发布体育政策。这些政策实际上反映了国家对体育领域的政治立场和关切。2011 年，国务院发布《全民健身计划（2011—2015 年）》，国家明确提出传承发展民族民间传统体育。重视民族民间传统体育项目的发掘和传播推广工作，弘扬民族传统体育文化。这表明了国家将民俗体育和民间传统体育提升到了国家政策的层面，并给予了高度关注，为这些领域的发展提供了新的机会。

从政治的角度来看，推动民俗体育活动有助于维护社会稳定。例如，一些集体性的传统运动项目，如舞龙、舞狮，以及端午节的龙舟竞渡，都是中国大地上人们共同享有的民间传统。这些活动代表了人们共同的愿望，并在欢乐的氛围中促进了社交和生活的愉悦。这种集体参与的体验有助于塑造社会规范，引导人们遵守社会规则。在某种程度上，这种方式比单纯依赖法律来维护社会秩序更加有效。正如我国著名法学家梁治平所指出，在旧社会，法律并不是维护社会秩序的主要手段，而是靠长者的权威、教化以及乡村社区内共识的遵循来保障。

从历史的角度来看，在中国的朝代历史中，民间传统体育在不同时期发挥了重要作用，既作为受欢迎的娱乐活动，也被某些政治力量用作塑造舆论的工具。举例来说，安徽凤阳地区的凤阳花鼓在明朝时期蓬勃发展，成为广受欢迎的民间传统体育表演，备受人们喜爱。然而，到了明朝末期，凤阳花鼓却被用来为起义军收买人心。起义军提出了一系列口号，如"均田免赋"，获得了广大民众的支持，同时改编了歌谣，诋毁了明朝皇帝朱元璋的政绩和名誉。这些改编后的歌词中充满政治目的和浓厚的政治色彩。类似的情况也出现在清初，反清复明势力在努力恢复明朝汉族政权时，清兵攻打南明鲁王朱以海，也使用花鼓队来大肆宣扬，蛊惑人心、拉拢情感，以达到反对朱元璋的目的。

近年来，中国政府进一步深化农村改革，扎实推进乡村全面振兴，促进新型城镇化发展，公共体育设施建设得到了显著改善。传统民俗体育活动逐渐发展成为民众日常休闲、运动健身与文化娱乐的重要载体。这一现象的形成既源于社会经济发展带来的闲暇时间增多与全民健康观念增强的双重驱动，也得益于全球化与信息化持续推进过程中，现代竞技体育通过视听媒介对乡村社群形成的文化渗透效应。中西体育文化之间的互动和融合也成为发展趋势。在这个文化博弈中，将具有地方性和民族性的传统民间体育元素融入广场舞和健身操中，有助于发挥中华民族传统文化的魅力。民间传统体育活动的回归使农村居民能够在日常生活中找到更多的归属感，而参与这些活动也有助于增强他们对民族文化的自信心。同时，发展民族民间传统体育活动也有助于《全民健身计划（2021—2025年）》的实施落地，为体育强国建设注入活力。

（八）教育功能

体育作为教育的一部分，民俗体育在教育方面发挥了重要的作用，主要涵盖了技能培养、礼仪传承、尊重长辈和关心幼儿的价值观培养、伦理和道德教育、宗族传统和风俗的传承，以及培养爱国主义情怀等方面。这些方面共同促使个体由一种"天然属性的个体"逐渐向"社会属性的个体"发展和转变。教育学研究还表明，个体完全脱离人类社会是无法真正具备人类特质的。因此，将体育视为教育过程和社会化过程的一部分更为适当。

民俗体育与教育密切相关，它在改善个体的身体健康、精神状态、智力水平、情感表达以及社会关系等方面扮演着重要的角色。它对塑造现代人的价值观、思维方式、情感表达方式和生活方式都具有深远的影响。例如，爬杆、采摘、打石子、摔跤、骑马、格斗、射箭等劳动技能的习得是民俗体育最初的教育功能之一。这些技能代代相传，提高了人们的生活质量、生产能力和技术水平，增强了整个人类社会的生存能力。举例来说，蒙古族至今仍然保留并传承着摔跤、赛马和射箭这些"男儿三艺"传统。

婚礼习俗也是一个充分展示民俗体育教育功能的领域。不同民族和地区的婚礼仪式具有各自独特的特点，这些仪式有助于传承文化和价值观。比如，甘肃土族的婚礼仪式包括娶亲时女方妇女守门，拒绝男方进入，男方需要冲破这一阻力才能进入。在相持阶段，男方的娶亲人和女方妇女对唱才能进入，这一传统加强了互相了解和尊重的重要性。

在早期学校教育尚未普及的时期，民间教育的一种主要形式是举办民俗体育活动，比如板凳龙等。这些活动通常需要村民们自愿参与，但并没有固定的书面规定。人们只能根据记忆，以及过去的传统和习惯来组织这些活动。这种"以前的模式和习惯"成为大家共同遵循的价值观和行为准则。此外，还有一些易于组织、灵活性较强的民俗体育项目，比如掷沙包、打陀螺、沙滩下棋、沙滩自行车、绕岛赛船、踢毽子等。这些比赛通常没有具体的规则，也没有裁判，人们只是按照默认的惯例参与，互相承认比赛结果，胜负明确，所有人都遵守这些习惯。这些约定俗成的惯例对参与者具有强大的伦理道德约束力，对人们的行为准则起到了规范作用。

我国历史悠久，民族众多，地域广阔，不同地区和民族有着各自独特的生活习惯。在参与民俗体育活动的过程中，人们体验到集体荣誉感，感受到团队精神，在愉快的氛围中学习各种技能。民俗体育以身临其境、耳濡目染的方式为人们提供多样化的教育体验。

（九）经济功能

从经济角度看，发展民俗体育旅游经济是激活地区经济的重要方法。这包括着重建设生态旅游设施以及提升文化旅游体验，这是推动民俗体育在经济中发挥作用的主要策略。人们积极参与竞技性强的民俗运动项目，如抢花炮和珍珠球，这些活动汇聚了人群，促进了经济和商贸的交流与发展。在农村经济发展中，民俗体育表演，特别是少数民族地区的民俗体育表演，成为重要的乡村旅游资源，吸引游客，增加了乡村旅游的吸引力。此外，民俗体育活动带动经济已经成为各地旅游节的主要举措。举例来说，凤阳县旅游局主办的"中国·凤阳花鼓文化旅游节"通过主题活动"敲凤阳花鼓，唱经济大戏"，推动了凤阳花鼓从地方传统活动向文化产业的转变，将其打造成知名的文化品牌，提高了旅游节的知名度，推动了地方经济的增长。另一个例子是"民间庙会搭台，经济唱戏"，这是开发民俗体育旅游资源的另一种方式，也能获得更好的旅游经济效益。南京夫子庙，也被称为"南京孔庙"或"南京文庙"，是中国最大的传统古街市，拥有壮观的古建筑群，广受国内外游客欢迎。南京的民俗体育项目通常与秦淮河有关，如秦淮河上的龙舟竞渡和金陵"三帮"龙舟。南京还将景点旅游与民俗体育相结合，创建了民俗体育品牌——新四十景，充分利用了民俗体育资源来吸引游客。妈祖文化的起源地位于福建莆田的湄洲岛。湄洲岛以妈祖文化为基础，打造了"文化搭台，经贸旅游唱戏"的模式，成功推广了妈祖文化旅游品牌。妈祖民俗体育旅游经济圈以"妈祖文化体系"为纽带，将其与国际性的民俗体育旅游相融合，形成产业化发展。

民俗体育旅游可以被看作是激发区域经济增长的有力工具。它不仅促进了跨越国界的民间体育文化交流，还推动了妈祖文化和体育产业的蓬勃发展，从而助推区域经济的规模扩大和质量的显著提升。这种发展模式将民俗体育旅游资源与当地景区相结合，打造了独具特色的区域性民俗体育旅游经济。基于这个基础，可建立旅游经济圈招商引资平台，扩大市场，推进融资项目，刺激食品和餐饮业的增长，从而以多样化的方式实现经济收益，创造收入和就业机会。在这一全产业链的发展中，政府和开发商寻求经济效益，从业者追求文化提升、经济实力和信心的增长，而游客则寻求文化体验。在民俗旅游经济发展过程中，一方面受到看不见的市场力量的引导，另一方面也受到政府组织和文化政策引导的推动，这种动力确保了民俗体育旅游经济在未来拥有广阔的发展前景。

（十）文化功能

《"十四五"文化发展规划》提出，文化是国家和民族之魂，也是国家治理之魂。传承弘扬中华优秀传统文化和革命文化，坚守中华文化立场，坚持创造性转化、创新性发展，赓续中华文脉，传承红色基因，建设中华民族共有精神家园，凝聚中华儿女团结奋进的精神力量。中华文化作为源远流长的文化传统，不仅有助于中华民族在面对各种挑战和变化时保持韧性和定力，还为全人类的进步做出了重要贡献。文化是经济社会发展的重要组成部分，对于经济社会的协调发展提供了强大的精神力量。

民俗文化在丰富社会主义文化、增强民族自信心、激发民族精神方面发挥了关键作用，同时也为实现全面建成小康社会和构建社会主义和谐社会提供了思想支持和精神动力。传统民族节日属于口头传统文化，其中的民俗体育通过音乐和舞蹈等艺术形式，深刻地触动了人们的情感，传递了特定象征意义的民俗文化，这种文化一直受到民族社群的认同，并在地域文化中逐渐形成了文化传承的传统。文化传承模式反映在人们的价值观和行为规范中，同时也在人们的实际活动中发挥作用。

举例来说，南京的民俗体育不仅是金陵文化的一部分，更是一种独特的亚文化，具有各种文化特征，如娱乐性、健身性、竞技性和原生态性。以瑶族的长鼓舞为例，这是一种集民俗、体育、舞蹈、音乐于一体的群众性文娱活动，常在传统节日、丰收庆祝、乔迁喜庆和婚礼等场合举行。长鼓舞的击鼓动作生动地表现了生产和生活的各个方面，如建房造屋、耕田种地，甚至模仿禽兽的动作，形象直观，富有生活气息。舞蹈动作则模仿了上山下岭、穿越溪流、砍伐树木、斗龙斗虎等场景，形象生动，让人一看就能理解。这种文化贯穿于瑶族人的日常生活，真实地反映了他们在生产斗争、生活习俗、思想感情和理想愿望等方面，呈现出瑶族独有的文化风格，为他们传统精神的传承做出了贡献，同时也增强了民众的文化认同感。

另一方面，具有特定地域文化氛围的民俗体育文化通过各地的民俗体育运动表达了人们的思维、行为、沟通需求和语言习惯等方面的特点。这种文化通过体育与民俗动态的有机结合，以及人们在体验中产生的亲身感受、生活体验和对地方情感的表达，实现了多民族传统文化的相互交融和渗透，丰富了民族传统文化的内涵，凸显了文化在提高民族凝聚力和创造力方面的重要性。总体而言，我国几千年的民俗体育文化以其群众性、集体性、娱乐性、仪式性和观赏性等特点吸引了广大民众的参与，成为增强民众心理凝聚力、维护民族团结与稳定的一种有效途径。这种文化深厚的内核展现了古老的民俗文化魅力，通过潜移默化的宣教功能融入了民族文化，成为民众社会生活的一部分，同时也承载了丰富的民族精神，满足了民众在享受乐趣、沟通交流方面的需求。

第三节　民俗体育文化保护和传承的价值与意义

民俗体育文化在中国的传统文化中扮演着重要角色，古代中国劳动人民为满足生产和生活的需求，创造了丰富多彩、形式多样的各种民俗体育活动。这些体育活动不仅反映了民族心理特质，还代表着一个民族特有的传统文化，不论是汉族的体育文化还是少数民族的体育文化，都是民俗体育的具体表现。这些文化传统被认为是中华民族非物质文化遗产的一部分，这类遗产是各族人民世代相传、与日常生活紧密相连的传统文化表现形式和文化空间。它们既是历史的见证，又是极具珍贵和重要价值的文化财富。

国家积极鼓励和支持对民俗和传统民间体育项目的挖掘、整理和提升。党和国家一直以来都高度重视文化遗产的保护，特别是非物质文化遗产的保护，这为整理和保护民俗体育文化提供了历史性的机遇。同时，如何根据中国的民俗体育文化的独特特点来进行传承和保护，是新时代亟需研究的问题。

一、民俗体育的外显价值

（一）对构建和谐社会的价值

深入贯彻落实党的十七大精神，推动社会主义文化大发展大繁荣，其中积极保护和发展非物质文化遗产是其中的一项重大战略方针。党的十七大报告强调，中华文化是中华民族生生不息、团结奋进的不竭动力，要全面认识祖国传统文化，取其精华，去其糟粕，使之与当代社会相适应、与现代文化相协调，保持民族性，体现时代性；加强对各民族文化的挖掘和保护，重视文物和非物质文化遗产保护，做好文化典籍整理工作。民俗体育深深扎根于特殊的民俗土壤中，源自各民族的生活生产实践、节日节令、宗教信仰、婚丧礼仪等活动中，是一个国家或民族的基本标志，具有悠久的历史，是人类宝贵的文化遗产和精神财富，是中华民族传统文化的重要组成部分。每种民俗体育项目，像拔河、荡秋千、抖空竹、推铁环、斗拐等都有其深刻的文化内涵与寓意，是体现人民大众智慧的结晶。因此，积极保护民俗体育、传承民俗体育文化，不仅可以丰富我国传统文化的内容，还有助于促进和谐社会传统文化的发展与繁荣。

同时，民俗体育受年龄、运动水平、规则的限制相对较小，因此参与者可根据自身需要有针对性地选择项目或灵活运用相关规则。民俗体育活动注重培养人们积极参与、勇于探索、乐于创新的积极心态。不重竞技，不重胜负，关注审美性、共娱性、参与性，无论输赢，都被看作是对人生的磨砺，对生活的热爱，对人格完善的促进，体现了以和为贵的和谐原则，以及先人后己、先社会后个人的集体主义观念和重视人伦的责任意识，展现了"天人合一"的生态观，是一种人与自然和谐共生的智慧。因此，保护与传承民俗体育有利于形成公平、公正、竞争、积极向上的社会氛围。

民俗体育有助于增强社会凝聚力。例如，一些传统活动，如舞龙、舞狮、踩高跷、秧歌舞和龙舟竞渡，通常以村庄或城镇为单位进行。在这些活动中，参与者不仅有一定的竞争心态，还对集体有极强的荣誉感。在比赛过程中，团队成员之间的默契和协作关系通常决定着整个团队项目的成功与否。即使是旁观者，也不会置身事外，而会自发或不自觉地融入社群中的某个团队，为他们的比赛或竞技活动加油助威。这种团队成员之间的相互协作和情感交流，以及活动的趣味性，对于团队凝聚力起着至关重要的作用。这些传统节日活动既增强了人际互动，又强化了社群的荣誉感，从而增进了社会的集体认同感。

在许多地区，每当节日期间或大型庆典举行时，都会有各种民俗娱乐活动。有些仪式性的活动规模宏大，气氛热烈，吸引了众多参与者。这些从娱乐性质到仪式性质的体育活动，为民众提供了一种精神上的满足感，成为村庄和城镇社区的居民在日常生活中追求心理平衡的一种方式。它们也是维系社区内广大民众共同文化情感的一种重要纽带。通过这些定期的活动，社区居民在情感上实现了对社群和文化的认同，将社区中不同个体凝聚成一个统一的整体。同时，参与表演活动也有助于提升社区居民的自信心、自尊心、凝聚力和亲和力。

（二）民俗体育的形式传承

非物质文化遗产是一个民族传统的精髓和生命脉络，它具有决定性的文化特征，同时也激发了人们的创造力。全球范围内，越来越多的地方都积极参与联合国教科文组织的《保护非物质文化遗产公约》的实施，表现出对这一遗产的热情不断增加。在保护和复兴非物质文化遗产的过程中，民俗体育文化逐渐受到了更多的重视和保护。

民俗体育文化紧密融合了民族精神，代表了一个民族的文化特色，是传承民族优秀传统的象征，也是民族精神的核心组成部分。然而，在全球经济一体化不断发展的背景下，尤其是在今天社会迅速发展的时代，许多民俗体育文化正面临着消失或濒临消失的危险。每个民族及其独特的文化都有其历史精神和人文传统，而文化在不同时代和不同地域会表现出各种不同的形式。民俗体育作为一种文化现象，逐渐脱离其他社会文化的束缚，发展成为一种独特的文化形态，综合展示了各种民族文化特征，它的形成离不开广阔的民族文化背景。因此，民族文化为民俗体育提供了适宜的土壤和发展空间，而民俗体育则丰富了民族文化的内涵。民俗体育的发展源自不同时代各个民族的生产和劳动实践，并真实反映了不同地域和不同民族的文化特点。它既是民俗文化的传承和延续，又在时光的洗礼和各种新文化的影响下，逐渐摆脱了原本的民族文化群体，以独立的文化体系存在，成为民族文化的一种具体表现形式。然而，这种独立并不是完全脱离，而是以一种相对独特的方式，以动态的肢体动作和符号为基础的存在。它既是一个独立的体系，又能够从一个侧面反映出民族文化的核心内涵。

同样，民俗体育活动作为一种文化范式，深植于民族文化心灵深处，具有强大的生命力和稳定的结构形式，代代相传。民俗体育活动不仅包括肢体活动，还涉及与地方风情、乡土文化相关的文化符号和象征偏好。例如，在舞龙和舞狮的表演中，涉及装束、舞蹈路线、道具的选择等，这些都与当地民众的生活实践相关，暗示了地方社区在劳动和生活中积累的实际经验和自然智慧，以不同方式展现了地方民俗文化的内涵。因此，从社会文化的角度看，民俗体育作为中国传统文化的一种具体表现形式，其保护和传承能确保中国传统文化内涵的丰富性、完整性和优秀性。

（三）民俗体育的精神传承

中国民俗体育文化拥有悠久的历史和丰富的内涵，包含着深刻的人文价值。它体现了一系列重要的思想和道德观念，如勤奋进取、包容宽厚、尊崇礼仪和道德，这些价值观影响并熏陶了中国人的情感，同时也有助于维系中华民族的凝聚力。这些代表着中国传统文化的符号根深蒂固地扎根在每个中国人的心灵深处，它们是人民生命创造力的文化象征，也是民族精神的家园，对于增强文化认同至关重要。

保护和传承中国民俗体育非物质文化遗产，具有重要而深远的意义，它有助于传承和发扬民族卓越的文化传统，增强民族团结和国家统一，增强民族自信心和凝聚力，推动社会主义精神文明建设。

中国民俗体育不仅仅是一种身体活动形式，它蕴含着整个民族的精神、智慧、信仰和价值观。作为文化的一部分，它通过口口相传和身体示范将千余年的物质文化和精神文化传承下去，促进了民俗文化的传承和发展，同时也促进了后代的身体健康和智力发展。民俗体育活动不仅是身体技艺的展演，更承载着中华民族的集体记忆与智慧，是中华文明数千年来对生命意义、伦理秩序与宇宙认知的深层密码。保护和传承中国民俗体育这个"活态文化基因库"，是文化延续的必然要求，更是现代社会可持续发展的重要命题，有利于构建乡村公共空间，增强文化自信和社会凝聚力。

（四）民俗体育文化的教育价值

在民族的生存和发展过程中，除了生产物质财富之外，还必须承担着保持民族人口稳定和文化传承的使命。个体成员从年幼时就需要培养适应生态环境和社会生存的技能，将生产和生活的知识与技能传递给下一代，这是维持民族整体存在的必要条件。由于集体生活和生产需求，各民族的教育活动从远古时代就具有了社会性。早期人类在狩猎技术、劳动经验、生活习惯等领域的相互交流与传授中，注重培养身体活动能力，这往往是早期人类教育的核心组成部分。中国的民俗体育，作为一种具有丰富历史背景和多元活动内容的文化类型，在儿童教育、劳动教育、道德培养以及审美兴趣培养等方面发挥着不可或缺的作用，从而实现了社会文化价值的传承。

各种体育活动是锻炼身体和心智的有效手段。儿童在参与不同体育活动的过程中，是他们积累经验和获取知识的机会。成年人参与或观看大型表演、进行晨练项目如秧歌和太极扇等，能够实现身心的双重锻炼，对日后的体育生活和社会生活都产生积极的影响。在中国的民俗体育中，有许多活动为儿童教育提供了良好的条件。比如，幼儿参与老鹰捉小鸡等活动既有趣又愉悦，有益于身心健康；跳房子等活动培养下肢动作的精准性和力量耐力；斗拐等活动锻炼竞争与对抗能力，以及腿部肌肉力量；滚铁环等活动培养耐心和技巧；舞龙、舞狮等适合成年人参与的大型团体表演项目，有助于锻炼上肢力量和团队合作精神；参与棋牌类活动则有助于培养良好的思维方式，提高分析和解决问题的逻辑思维能力。参与这些民俗体育活动不仅满足了各种群体的娱乐需求，还提升了参与者的体力和智力，培养了民众参与社会生活所需的伦理和审美素养，体现了民俗体育对大众教育的重要价值。

二、民俗体育文化的内在价值

(一)民俗体育促进体育形式多元化

体育的跨文化理解和发展需要各国和民族具有广阔的眼界，认真研究本国文化和外来文化在体育领域的内涵，同时深刻了解和认同本国的体育文化。此外，需要精心规划如何实现本国体育文化多元化的目标，使其逐渐完善。只有这样，我们才能在全球化的文化环境中展示本国体育文化的独特性，争取更广泛的发展空间。

"体育文化"意指一个社会范畴内的人们通过长期的体育实践所创造的物质和精神财富的总和。现在我们强调保护非物质文化遗产和传承中华优秀传统文化，并不代表要一刀切或文化的单一化，更不是模仿西方的竞技化体育。相反，保护和传承民俗体育文化应更加多元化，与不同文化相互融合。强调多元化并不意味着模糊或淡化民俗体育文化，而是要使体育文化更加丰富多彩，各具特色，以满足现代社会的不同需求，既可作为健身方式，也能带来心灵的愉悦，同时满足休闲娱乐的需求。民俗体育与竞技体育、学校体育一样，包含多种不同的运动形式，包括相关的知识和技能。保护和传承民俗体育文化有助于促进体育形式的多元化。

参与民俗体育活动可以满足广大人群提高全面运动技能的需求。人的各种运动技能的培养很大程度上依赖于身体素质的发展，包括协调性、灵活性、柔韧性以及速度等方面的提升。通过积极参与多样化的民俗体育活动，个体可以学习和磨炼相应的基本运动技巧，这有助于显著提高身体素质水平。此外，这些活动也能有效地刺激人体神经系统，促使不同部分之间建立更加复杂的联系，从而培养出多层次的运动技能。民俗体育活动的丰富多样性不仅充实了大众健身的内容，还拓宽了锻炼的领域，为人们提供了更多选择的机会。通过掌握这些技能，个体可以逐渐培养出相应的运动技能，这些技能在长期锻炼的过程中容易形成运动习惯。这些习惯有助于人们建立更加科学、合理和健康的生活方式，培养树立终生健身的目标。

民俗体育项目的多样性包括角力、跑跳、技巧和棋牌等多种类型，覆盖了人体运动能力的各个方面。这些项目通常没有年龄、性别、地域等限制，且可以根据需求调整运动强度，以满足不同群体锻炼身心的需求。因此，保护和传承民俗体育对于促进各种体育形式的多元化具有积极的作用。

（二）民俗体育促进民众身心健康

体育运动是一项有助于人们在身体和心理层面获得全面锻炼的健康娱乐活动。根据世界卫生组织的定义，健康不仅仅是没有疾病，还包括身体、心理和社会各个方面的健康状态。它基于机体的组织、器官和系统运作稳定，并能够适应物质和精神环境，同时遵循健康生活的科学规律。换句话说，真正的健康涵盖了机体健康、心理健康、社会适应良好和道德健康这四个方面。随着经济社会的迅猛发展、生活方式的改变，以及交通和通信工具的便捷化，人们的固有运动能力受到了削弱，体力劳动减少，这在一定程度上导致了疾病的蔓延。民俗体育活动具有出色的健身和娱乐功能，可以帮助人们减轻现代生活压力。此外，民俗体育满足了不同人群的体育价值取向。

民俗体育的价值和意义主要体现在以下几个方面：一些民俗体育项目，如抖空竹和放风筝，锻炼强度可以根据个体需要进行调整，不仅能缓解由生活方式带来的精神疲劳，还能满足不同人群对身体健康的生理需求。此外，一些民俗团体表演项目，如舞龙、舞狮和秧歌舞，场面壮观，伴随着锣鼓声和强有力的节奏，动作优美。这些活动是中华民族自强不息精神品质的展示，参与其中可以培养人们的兴趣和爱好，塑造不屈不挠、勇往直前的奋斗精神。此外，它们也有助于培养人们的协作和团结精神，增强集体主义观念。最重要的是，这些活动可以促进社区的物质文明和精神文明建设。随着社会的不断发展，人们的生活水平提高，闲暇时间增多，参与体育活动的人数不断增加，因此，在乡镇和社区中开展民俗体育活动具有重要的意义。它不仅有助于传承和保护民族文化遗产，还为物质和精神文明的双重丰收作出贡献。

（三）民俗体育具有娱乐价值

与学校体育和竞技体育相比，民俗体育注重的是娱乐性和随意性。娱乐是一种不以功利为目的的活动，人们通过娱乐来获取快乐，包括生理和心理层面的满足感。最初，娱乐并非为了娱乐他人而存在的，而更多的是一种情感宣泄，人们在情绪高涨时才会进行娱乐活动。在早期人类社会中，民俗体育项目逐渐形成了一种娱乐形式，而不像竞技体育那样强调竞争性，它们作为祭祀、健身和社交的一种方式，没有严格的规则。随着社会的发展，传统节庆中的体育活动的娱乐性质逐渐成为深层次的民族文化心理，现在它们几乎完全以娱乐民众为中心。民俗体育项目从强调强身健体、保家卫国等角色逐渐演变为强调"自娱"和"娱人"的价值，成为现代人们生活中不可或缺的娱乐方式，包括节庆、度假和休闲活动。

胡小明在他的文章《娱乐促健康》中提到，农耕社会文化中的身体娱乐具有与自然环境融为一体的特点。中国传统文化强调的"游"是一种悠闲、愉快的身体活动状态，是增加体验的重要方式。从某种意义上说，这种传统生活态度源自古代自然经济，也是追求生命意义和健康长寿的一种特殊方式。根植于中国传统文化中"天人合一""仁爱"等哲学观与伦理传统，东方文明孕育出独特的健康娱乐精神体系，这种文化内核是中国传统民俗体育的精神根基，将为丰富现代人们休闲娱乐方式，提升中华传统体育文化影响力提供未来指引。

参与民俗体育活动对参与者来说，是一种身体和精神的双重锻炼，通过全身协调，能够充分表现内心的驱动力和情感，而观众也可以通过观赏来获得健康休闲和身心调节的方式。特别是在参与自己擅长的项目时，人们可以体验到一种微妙的快感，满足现实生活中无法得到的成就感和尊重的需求，从而实现心理平衡。此外，民俗体育活动还有助于缓解工作和劳动中的紧张情绪、脑力疲劳和情感混乱。观赏大型民俗体育表演项目，如舞龙和舞狮，展现出高难度、美丽和谐的表演，给人们带来无与伦比的美的享受，满足精神需求，同样也是一种有效调节身心的娱乐形式。

（四）民俗体育有利于全民健身活动的开展

民俗体育活动拥有丰富多样、容易实施的特点。这些民俗体育活动代表了古老的文化传统，延续了数千年的历史，有些甚至可以追溯到古代时期。它们是中华民族传统文化的珍贵遗产之一。民俗体育项目种类繁多，动作形式多变灵活，各个地区都有丰富多彩的体育活动传统，遍布于各种地理和社会环境中。有的适合在平坦的场地上进行，有的适合在田野中开展，还有一些适合在水上进行。很多项目几乎不受场地和器材的限制，可以在任何时间、任何地点进行。每个传统体育项目都有独特的地域和民族特色。有些强调娱乐性，有些注重速度，有些讲究技巧，还有一些强调力量和竞技对抗。不论是哪种体育项目，都有益于身体健康和情感调节。它们是全民健身活动的重要组成部分，容易普及，丰富了全民健身计划的内容。

此外，民俗体育还具有就地取材、易于实施的特点。在我国，体育经费有限，体育场馆和器材不足，难以满足广大人民进行体育锻炼的需求。一些地区经济相对滞后，地形多山，人口贫困，体育投资不足，无法短时间内改变这种情况。因此，我们需要根据实际情况，因地制宜地开展群众性体育锻炼活动。

多数民俗体育项目几乎不受场地和器材的限制，可以随时随地进行。一些项目的练习强度可以根据个人需求进行调整。这使得民俗体育适用于经济欠发达地区，可以根据当地情况开展一系列经济实用且易推广的群众性体育活动。这些活动融入了当地生产和生活环境，简单易行，人们容易参与，很受欢迎。许多民俗项目对场地和器材要求不高，技术难度低，只需一块平地或一片草坪，甚至可以使用日常生活工具和自然资源作为器材。在当前经济条件下，民俗体育的推广具有重要意义。它们可以在少量资金投入的情况下得到广泛普及，符合我国当前的国情，并有助于在全国范围内推行全民健身计划。因此，推广和普及民俗体育对于全民健身计划的推进具有重要的社会价值。

发展民俗体育的益处还在于扩大体育参与者规模，促进全民健身计划的实施。因为民俗体育活动具备生活趣味，深受大众欢迎，大众参与的意愿和积极性高，所以它具备广泛的社会基础和全民性质，有着广泛的选择范围，适合各个年龄层人群。许多民俗体育项目不受年龄、性别和体质条件的限制，人们可以根据自己的年龄、健康状况以及兴趣，自行选择适合自己的运动项目来锻炼身体。此外，一些民俗体育活动既具有竞技性又充满娱乐性，成为跨越地域的全国性民俗体育项目，其中一些活动非常简单，适合自娱自乐，同时也有助于健身，并具备较高的审美价值。这些活动已经逐渐从乡村和偏远地区走入城市，成为城市居民和职工的日常休闲娱乐和健身方式。在我国的各大城市，我们都可以看到人们在公共场所进行"抖空竹""扭秧歌"等活动。民俗体育项目种类繁多，风格各异，供大众选择的范围广泛，因此吸引了更多人参与这类活动。这表明，民俗体育活动以其独特的文化特点和价值逐渐被社会各阶层所认同和接受，超越了地域和文化的限制，逐渐成为城市和乡村地区的居民以及职工群体体育活动的重要组成部分，对于扩大体育锻炼的人群、增加体育参与人数以及推动全民健身计划的实施具有重要意义。

第二章

广东地区主要民俗体育项目类型

第一节　妈祖民俗体育

一、妈祖信俗概况

2006年5月20日，妈祖信俗经国务院批准列入中国首批国家非物质文化遗产名录，表彰其在传承中华文化方面的杰出贡献。2009年9月30日，联合国教科文组织将妈祖信俗列为世界非物质文化遗产，使其成为中国首个世界级信俗类非物质文化遗产。2010年，国家提升了湄洲妈祖文化节的地位，将其定为国家级庆典。这一系列的荣誉表明了妈祖信俗在全球信俗文化领域的卓越地位，成为中国非物质文化遗产的骄傲。

福建莆田湄洲妈祖民俗信仰被认为是世界妈祖信俗的中心，因为它具备全球独一无二的特色和影响力。妈祖信俗在中国的信俗类民俗活动中具有代表性，它敬仰海神，反映了沿海居民对海洋的敬畏，以及期盼海神保佑带来福祉和安全的信仰心态。从防灾的角度看，崇拜海神也是几千年来海滨社区对抗海洋灾害、寻求心灵安慰的一种方式。

海神信仰可以根据不同来源划分为五种类型，包括动物图腾崇拜与早期的海神、人兽同体的海神、人神同形的海神、由人鬼转化成的海神，以及其他形式的海神信仰。在海神信仰体系中，龙王和妈祖被认为是全能的神明。

中国的妈祖信仰起源于北宋时期，随后迅速传播开来，涵盖了经济、政治、宗教、民俗、军事、外交、文学、艺术、教育、科技、华侨、移民、医药等多个领域。宋代学者陈宓的诗句表达了妈祖为保护他人生命，无私地把救人当作自己的责任，积极行善，救助生命的高尚行为。这反映了妈祖信仰对生命的关怀和庇护。妈祖信仰源自民间传说，后来经历了历史化和神化的过程，最终演化成为广泛传承的妈祖信仰。

关于妈祖的传说很多，是历代百姓所编织出来的故事。这些传说主要通过口口相传的方式在民间传播，同时也以小说、戏曲、歌舞、诗词、纪念品等多种形式传播。妈祖的原名是林默,又被称为林默娘。她出生于宋太祖建隆元年(960年)农历三月廿三,去世于宋太宗雍熙四年(987年)九月初九。她的生辰日农历三月廿三,升天日九月初九,现在这两个日期被用来进行祭祀。妈祖在世时以拯救海难、治病救人、预测天气和保护船只等善举而著称,她羽化后被当地居民神化,成为他们期盼神灵庇佑和庇护的对象。于是,当地人建立祠庙来祭拜妈祖,这便是妈祖信仰的由来,此后逐渐演变为一种常规的民间信仰和传统习俗。

在妈祖短暂的27年寿命中,她表现出热爱劳动、关心人民、敢于挺身而出、帮助危难之人、抵御灾难和疾病、保卫国家和庇佑民众的品质。妈祖去世后,人们将她视为一位充满慈悲和博爱、能够消除灾难和困厄、祛除疾病和促进生育的多格神。特别是在航海领域,传说妈祖经常穿着红衣在海上飞翔,救助那些遭遇海难的人,保护商船的安全航行,拯救受困的渔民。随着时间的推移,妈祖的"神力"范围逐渐扩大,无论是商人还是手工业者都相信妈祖能够帮助他们渡过困难时刻。

妈祖信仰是一种以中国东南沿海为核心的海神信仰,她在神话传说中还被称为"天上圣母""天后""天后娘娘""天妃""天妃娘娘""湄洲娘妈"等。在历史上,她曾多次受到国家的祭祀,包括宋、元、明、清等不同时期,共达36次。人们将她的生辰日视为"圣日",在这一天,人们前往天后宫或妈祖庙燃香祭拜,以祈求妈祖的庇佑,保佑航行顺利,国泰民安,事业成功,免受灾难侵扰。通过这些仪式,人们希望在心灵上获得慰藉、宁静和满足,增强面对挑战的信心和勇气。此外,每家每户都会准备祭品,人们也通过演出、游神等活动来祈求风调雨顺,平安兴旺。总之,人们希望通过妈祖的信仰和相关活动传承她的博爱、扶危济困、勇敢无畏、不屈不挠的精神,以及尽孝的价值观,将妈祖文化传承下去,传递给后代。

随着历代皇帝的崇拜和褒封,妈祖由民间神升为官方的航海保护神,神格越来越高,传播面越来越广,自福建传播到浙江、广东、台湾,由蒲邑(现山西隰县西北)一带走向内陆,北上天津,西进四川。妈祖信俗也随着中国人的足迹传遍世界各地,在日本、泰国、马来西亚、新加坡、越南等20多个国家有信众2亿多人,妈祖信仰圈成为东亚海洋经济及社会结构形成的历史见证之一。海外华人同样建庙祭祀妈祖,根本目的是铭记祖先。妈祖信仰从产生至今,经历了一千多年,聚集了中华民族的传统美德和崇高的精神力量。妈祖信俗是信众对乡土及乡土文化的回归与瞻仰,是华人华侨的精神家园。

今天,中国政府高度重视妈祖信俗的发展与文化建设。早在1988年6月,福建省人民政府开辟湄洲岛为省级对外开放旅游经济区;1992年10月,湄洲岛被国务院批准为国家旅游度假区；2004 年 6 月，民政部批复同意成立"中华妈祖文化交流协会"；2009 年 5 月，国务院出台《关于支持福建省加快建设海峡西岸经济区的若干意见》，首次提到妈祖文化在促进海峡两岸交流中的重要作用。这些政策与措施的提出与实施有利于海峡两岸同胞的交流与合作，有利于推进祖国统一大业。

二、妈祖民俗体育项目概述

（一）妈祖民俗体育及其传播概况

妈祖民俗体育，源自妈祖信仰集中的地区，是一种传统的身体活动习惯，通过代代传承而来。中国古代文献中记载了丰富的妈祖祭祀活动，表现出人们对妈祖信仰的高度重视。早在元代，就有了祭祀妈祖的民俗活动，包括歌舞表演，城里的官员和普通民众都参与其中，体现了对妈祖信仰活动的热情。

随着对外经济和文化交流的不断增加，妈祖信仰传播到海外，妈祖民俗体育也随之传播到世界各地。这一传播过程中，内容得以不断丰富，并与当地的民俗和运动元素相融合，呈现出新的表现形式，满足了人们对娱乐、锻炼和心理满足的需求。

郑和七下西洋的历史时期，船员们在面对海上的种种危险时，妈祖信仰成为他们的精神支柱，帮助他们克服困难，以求平安。这也让妈祖信仰在东南亚国家如马来西亚、印度尼西亚、新加坡和菲律宾扎根，成为当地庙会、节俗、表演和艺术的一部分，成为中国与东南亚文化交流的重要历史见证。2003 年，马来西亚的雪隆海南会馆恭请莆田湄洲妈祖祖庙金身巡幸槟城、柔佛和马六甲等地，举行了盛大的妈祖千秋寿诞大典。现在，妈祖庙在欧洲和美洲也有分布。

在中国，妈祖民俗体育与其他民俗活动一样，主要依附于信众集聚地区的生产、节令、祭祀和信仰活动。妈祖闹元宵、妈祖诞辰和妈祖升天是妈祖民俗体育活动的高潮时期，人们通过游行、庆祝、祈祷、表演和海上活动等方式庆祝，现场热闹非凡。妈祖民俗体育已经融入人们的日常生活，成为一项重要的文化遗产。

（二）妈祖民俗体育的主要内容

妈祖被沿海渔民尊奉为海洋女神。自宋朝以来，妈祖信仰一直备受民众推崇和信仰，甚至传扬至国外。妈祖信众创立了多种纪念海神妈祖的活动，这些活动与庙会、祭祀、节庆、民间艺术等多种形式相结合，内容极为丰富多彩。例如，在妈祖诞辰庆典、天下妈祖回娘家、妈祖文化旅游节等活动中，人们会表演妈祖舞蹈、舞龙、舞狮、腰鼓、踩高跷、车鼓、木偶戏等多种富有娱乐和观赏性的民俗体育项目，使节日氛围格外热烈。妈祖民俗体育活动的品类很多，下面做简要介绍。

1. 妈祖舞

妈祖舞是妈祖故乡湄洲岛民间举行的传统庆元宵活动，或称"妈祖元宵""闹妈祖"，是湄洲祖庙及湄洲岛各行宫在正月初六至十八之间闹妈祖时表演。人们怀着赤诚之心，以自己的肢体语言诠释着对神的崇敬之情，以表达对妈祖海神显灵护船、拯救海难等的感激之情，也期望妈祖在新的一年里能带给人们平安健康，期望来年风调雨顺。妈祖舞经过上千年的演变，已成为莆田地区的春节习俗，后来经妈祖信众的推广，流行于我国福建等地区以及菲律宾、新加坡等国家。耍刀轿、摆棕轿是妈祖舞的重要内容，是各种妈祖节庆仪式中不可缺少的运动性表演类项目，也是各种妈祖信俗活动中最吸引人的娱神娱人项目。过去，耍刀轿、摆棕轿有其固定的、传统的仪式结构与规范动作，且表演者均为男性。这主要基于两个原因，一是在闽地的其他仪式中，祭奠活动不允许女性参与，怕冲去神性的保佑，祭祖仪式即如此；二是长期出海打鱼和货运的船工主要是男性，当地人认为这些男性平安地往来于海上是因为他们受到了妈祖神的保佑，这种保佑不仅让他们得到了丰富的物质生活资料，而且也使他们获得了精神上的安慰。因此，那些海民要用他们亲历的舞蹈感谢妈祖给他们的恩惠，感谢神给予他们力量。今天，耍刀轿、摆棕轿仍是妈祖信俗的核心礼仪内容之一，是创造于民间又传承于民间的传统项目，是妈祖信俗非物质文化遗产中的重要内容。

（1）耍刀轿。在进行妈祖舞表演时，耍刀轿是在抬妈祖神像出宫的过程中表演的传统民俗活动项目。妈祖神像走出宫庙，绕境巡安，传播和平和博爱精神——这是妈祖信众的信赖之魂、依赖之根。耍刀轿的表演人员分为四部分：抬神像人员、陪神像人员、"乩童"、锣鼓队。耍刀轿主要表现的是"妈祖赋予陪神斩妖除恶的举动"。"乩童"代表神，具有驱妖避邪的作用。活动仪式由两部分组成。活动的第一部分由"乩童"在神像巡境过程中坐在刀轿上表演。"乩童"头戴古代将军冠帽，身着红色战袍，一手拿令旗，一手持宝剑，坐在靠背、扶手、脚蹬各安三把利刀的轿子上。待其坐定，四个精悍青年后生抬起轿子，向村子走去。表演过程中，"乩童"须稳坐在刀轿上，背靠三把利刀，并赤脚踩踏座下的三把利刀，同时将手上的两面三角令旗在胸前交叉，以令旗开道指路。此时，"乩童"舞蹈开始，其动作主要为"前俯后下板腰""左右拧身挥动令旗宝剑""上起和重坐下挥旗"。刀轿上的利刀是一种驱邪斩妖的神器，"乩童"手上的令旗代表神明力量。到了村子广场（目的地）之后，"乩童"和抬陪神的各组青年后生共同表演舞蹈的第二部分。在激烈的锣鼓声中，"乩童"和两位持福灯笼的长者位于广场中间，与抬陪神的青年轮流面对面舞蹈。六人一组的抬陪神青年后生以一手叉腰、一手抬轿的舞姿轮流下场，均以蹲裆步面对中央的"乩童"，并以福灯笼为中心迅速呈逆时针方向连续绕场数圈，同时做抬轿动作。绕圈的次数少则四圈，多则五六圈，全凭力气和兴致。在鼓乐的伴奏下，表演使人对神产生敬畏和崇拜之感，表演者欢快的跳跃动作加上服装颜色之美又使人心情愉悦、精神振奋。整个活动将信众对神的敬仰、"神"给予人的关爱表现得淋漓尽致，体现出祭事性和娱乐性的融合。

（2）摆棕轿。摆棕轿也是妈祖舞的一种形式，用来祈求妈祖赐福、驱邪。摆棕轿是福建莆田地区一种古老的民俗活动，也是元宵节期间当地最常见、最热闹的传统娱乐活动之一。人们围在燃烧的篝火（火堆）边，表演者抬着用棕料做成的轿子（每座棕轿上贴有神符，各村的棕轿上都会放上一尊本村供奉的菩萨）在锣鼓声中绕境巡游，一次又一次地将轿子高举又降下，一圈又一圈地快跑疾跳，围观的人群也随着强烈节奏呐喊助兴。据当地的老人说，各地的棕轿舞各有不同，有抬着棕轿不停地摇摆的，有沿街巷快速奔跑的，有把棕轿绞在一起绕火堆连续转圈的，还有抬棕轿跳过烈火以表达"新年火旺旺"之愿望的。熊熊烈火，滚滚烟尘，表演者摆得快、转得猛，互不服输，观看者不停地呐喊助威，整个活动人声鼎沸，气氛异常活跃。

2. 妈祖出游

妈祖出游的寓意是通过绕境来驱除邪气，在新的一年中庇护合境黎民。妈祖在各地分灵的情况不一样，妈祖出游的时间也不同，多集中在元宵节、农历三月廿三、农历九月初九、国庆节等时间。妈祖出游的习俗盛行于妈祖的故乡莆田和莆田周边及沿海一带。一般而言，妈祖宫庙会占卜一个吉日，选定一个或数个福首，组织一支包括仪仗队、清道夫、彩车、马队、车鼓队、腰鼓队、乐队、銮舆等的巡游队伍，进行绕境。巡游过程中有彩车、跳舞、作鼓等表演，乐声阵阵，鞭炮隆隆，锣鼓喧天，欢声雷动，气氛热烈，一片太平盛世、国泰民安的景象。信众在自家门前摆好香案接驾，并到街巷迎驾，各设敞棚陈列供品。当妈祖銮驾出现时，他们跪拜、作揖、放鞭炮、燃篝火，有的还给妈祖"挂盟"，更多的人则是在妈祖巡游路途中驻足等候，夹道欢迎、拜妈祖。出游队伍甚长，见头不见尾，井井有条，悠闲文雅。

湄洲祖庙的妈祖金身出游活动原来只在湄洲岛内举行，一般要到黄昏才回宫，宫中自有接驾的仪式。如果境内村庄多、路程远，湄洲祖庙一般就会预先问卜好要驻跸在哪个宫庙，然后在黄昏时驻跸，第二天再开始出游。1997年初，妈祖金身千年来第一次去我国台湾巡游，历时100天，巡游19个县市，驻跸35座分灵庙，行程万余里，朝拜的信众达上千万人次。此后，妈祖出岛巡游成了新俗，湄洲妈祖金身又应邀赴金门、澳门巡游。

2009 年，祖庙妈祖在莆田市全境巡游，每次出游都引起轰动。妈祖巡游让更多的人了解了妈祖文化并参与到了传承妈祖文化的活动中来，也让妈祖文化成为海峡两岸之间以及海外侨胞和祖国联系的一条纽带。

今天，妈祖出游是莆田的特色文化习俗，是农民在农事休闲时开展的一种较大规模的群众性文化娱乐游行。上至八旬老者，下至五六岁的稚童，男女均可参加。千人列队，一路旌旗飘扬，鼓乐喧天，观者夹道，十分热闹。出游队伍有大锣、大灯、彩旗、横批、旗牌、宣传牌、古铜器、龙虎旗、执事、放事、花担、十音、八乐、车鼓队、军乐队、看马队、弄龙、弄狮、八班、皂隶、神卒、旗牌官、高官、矮吏、香亭、神轿以及各种彩驾队伍。一路上，人们载歌载舞，共庆升平。

3. 木偶戏

木偶戏，古称"傀儡戏"。学术界普遍认为木偶艺术源于汉，兴于唐，有着深厚的群众基础和世代传承的特点。表演木偶戏时，演员在幕后一边操纵木偶一边演唱，并配以音乐。根据形体和操纵技术的不同，木偶可分为布袋木偶、提线木偶，杖头木偶、铁线木偶等。

就我国现在的情况而言，历史最悠久、种类最多、形态最生动、内容最丰富的木偶戏当属福建的木偶戏。明代莆邑状元柯潜的《重修陈庐园记》可印证唐末五代期间泉州傀儡戏的流行，其中有北宋初年任泉州清源军节度使的陈洪进（字济川，祖籍仙游枫亭）"显德中……归里修祭，作傀儡郭部戏，观者如堵"的记载。其时，莆田、仙游均属泉州清源军所辖，可见，弄傀儡作为祭祀仪式中的戏乐演出在当时的闽中和闽南已流行成风。

在闽南人的社会生活中，木偶戏不仅是文化生活的一部分，而且是宗教或民俗生活不可或缺的重要组成部分，与闽南人生命中的生、老、病、死的生命仪式密切相关。闽南地区民众对于木偶艺术在社会生活的现实需要促进了此地区木偶戏的繁荣与发展。如前台二人、后台三人的木偶班社"农家班"，其赛愿酬神、新婚吉庆、禳灾祈福，普度超亡四大类演出极其活跃。叶明生在《闽南傀儡戏与闽南人社会生活关系探讨》一文中指出，农家班是闽南及泉州表演傀儡戏最大的群体，分布于闽南城乡各地，其主要服务对象是农民，不仅在祠堂祭典、庙会社火、大型墟市、行业庆典等大型社会场合演出，且满足广大民众一年四季禳灾祈福、喜庆赛愿、婚丧喜事等演出需求，这是闽南傀儡戏生存和发展的源泉。荷兰人伦纳德·鲍乐史于明万历三十年（1602 年）所著的《荷兰东印度公司时期中国对巴达维亚的贸易》一书中也说道，由厦门启航，海员们从木帆船上的神龛中取出海上女神妈祖的塑像，列队携至寺庙并献上祭品，以祈求航行一路平安。这种对寺庙（指妈祖宫）的礼拜经常伴随着木偶戏的演出。时至今日，木偶戏仍流行于莆田市各地及兴化方言区，一直为莆田人民所喜闻乐见。2010 年 11 月 25 日，木偶戏入选莆田市第三批非物质文化遗产名录。

莆田木偶戏的精髓当属莆仙戏，其在莆仙地区的俗称为"柴头仔戏"。供木偶戏演出用的戏台一般高 60~100 厘米，戏台长宽均约 4 米，呈正方形，也有的戏台台宽 2.3~2.7 米、台深 3.3 米。戏台右边为表演区，左边为乐队演奏区，台上铺草席一条。舞台后方设置一道屏幕，上绣吉祥图案，后来增至 3~5 道，色彩各异，或画有厅堂、宫殿、水府等典型场景，演出时根据剧情需要随时变动。屏前为表演区，人物从左右两侧登台表演。仪式戏是莆仙木偶戏中最具特色的宗教性剧目，包括尊者戏（即目连戏）、愿戏、北斗戏、彩戏等不同题材及仪式表现形式的剧目。

第二节　舞　龙

一、龙文化简介

"古老的东方有一条龙，它的名字就叫中国；古老的东方有一群人，他们全都是龙的传人……"这是享誉华人世界的著名作品《龙的传人》中的歌词。这首歌曲首先由台湾著名歌手李建复演唱，再经香港歌手张明敏演绎，传遍中国，家喻户晓，也深受海外侨胞的喜爱。龙是中华民族（即大多数华人）的图腾、象征，"龙的传人"也成为中华民族的别称。龙文化在我国有着悠久的历史，是中国文化的突出符号，有着重要的地位和影响，且经过历代的创新发展，至今依然深受中国各族人民的喜爱。在炎黄时代，龙就成为中华民族各部落联盟的共同图腾。秦汉以后，龙成为帝王的象征，历代皇帝都自称为"真龙天子"，还把龙字用在帝王使用的东西上，如龙袍、龙椅、龙床等。自古以来，人们认为"龙的出现，是天下太平的征兆"，所以龙被人们视为天下最大的吉祥物。同时，龙又是一种神秘的宝物，常常"神龙见首不见尾"。尽管如此，人们对龙的形象依然描述得很清楚，龙能走、能飞、能游泳、能兴云降雨，还能显能藏、能巨能细、能长能短，春分时飞上天，秋分时潜于渊。

我国智慧的劳动人民独创了"龙"的精神文化，龙的形象已深入社会的各个角落，寄托着广大劳动人民的美好愿望，象征着各族人民勤劳勇敢、奋发向上的精神，因而"龙的传人""龙的国度"也获得了世界的认同，龙的影响力遍及文化的各个层面。在我国的民俗中，以"龙"这一人文动物为主题的活动有很多，如元宵节舞龙（舞龙灯、耍龙灯）、二月二龙抬头吃龙须面、端午节赛龙舟，还有龙图画、龙书法、龙诗歌、龙歌曲等，都是长期流行的民间文化。在民间的具体民俗活动中，舞龙运动因其喜庆、欢快、吉祥的象征性和赏心悦目的技艺性而成为了一种独特的运动形式，是我国民俗体育项目中的典型代表，是我国宝贵的文化财富。今天重新审视，便可发现这项鼎盛不衰的民俗体育蕴藏着无穷的思想光芒和情感力量，它凝聚着中国人千百年来创造的艺术精华，记载着人与自然、人与社会之间纷繁而和谐的关系。

二、舞龙运动的起源与演变

舞龙运动是我国非物质文化遗产的一部分。关于舞龙运动的起源，不同的学者持不同的观点。从查阅到的资料来看，关于舞龙运动起源的两种观点主要有两种：一是民间的求雨祭祀活动孕育了舞龙运动；二是图腾演变成龙的形象，再演变成舞龙运动。

关于舞龙运动源于民间求雨祭祀活动的观点，祖晶认为，舞龙的目的首先是祭祀、祈求福祉，这是各种民间龙舞产生的主要起因。黄河洪、凌为患，史不绝书。在生产力落后、人们靠天吃饭的农耕社会里，人们的认知水平和科技水平低下，他们希望能有一种神奇的力量来消灾免难，祈求风调雨顺、五谷丰登，龙就是人们构想的具有这种神奇力量的崇拜物。在我国民间舞龙求雨的祭祀活动中，最早用于求雨的当属应龙。在神话传说中，应龙是长着翅膀的龙。它有蓄水的本领，曾为黄帝效力，助黄帝争夺天下，还曾协助大禹治水。因而在旱情严重的年月，人们就用泥土做成应龙的模样，用地上的"应龙"感应天上的"真龙"，以求天降大雨。李英、杨爱华经过研究认为，从商代其他祭祀舞蹈高度活跃发展的事实中，或许可以推测，商代也许是中国舞龙运动最早的酝酿期，商代充满动感的求雨祭祀活动就是舞龙运动雏形出现的理想土壤。陈艺轩在其著作《中国龙舞》中明确表示，商代已经有了关于做"土龙"求雨的明确记载，《甲骨文合编》记载："其作龙于凡田，有雨。"李雄锋认为，众多研究表明，舞龙最早可能起源于商代，当时舞龙与祭龙祈雨有着密切的关系。综上所述，舞龙运动起源于民间的祭祀求雨活动，与我国古代农耕社会人们的生活形态、意识形态比较吻合。在古代民间，龙是"九江八河五湖四海行雨之神"，在有水旱灾害的年份，民不聊生，无助的人们通过巫术向神灵祈祷，祈求风调雨顺、五谷丰收。巫师作法，模仿"主宰风雨的龙"进行舞蹈，满足人们祈雨的心愿。舞龙祈雨慢慢开始流行，并得到推广，到汉代已具相当规模，正如西汉董仲舒在《春秋繁露》中描述的那样，汉代人春旱求雨舞"青龙"，炎夏求雨舞"赤龙"或"黄龙"，秋季求雨舞"白龙"，冬天求雨舞"黑龙"。

图腾演变成"龙"的形象，那"龙"又是怎样演变成"舞龙"的呢？资料显示，西汉文帝刘恒（公元前 203 年—公元前 157 年在位）铲除诸吕之乱后，天下太平，百姓安居乐业。每年正月十五，文帝都穿着便衣出宫，与民同乐。时有以龙灯为首的闹花灯活动，也称"舞龙灯"，日久成为民俗，世人又称之为"元宵节"。此俗延续到宋代，情况益盛。宋孟元老在《东京梦华录》中记载了北宋首都汴京（开封）的元宵节情况："正月十五日元宵，大内前自岁前冬至后，开封府绞缚山棚，立木正对宣德楼，游人已集御街两廊下。奇术异能，歌舞百戏。"其中的"奇术异能，歌舞百戏"就包括舞龙。当时，龙身上点烛的被称作"舞龙灯"，不点烛的被称作"舞龙"或"舞布龙"。由此可知舞龙这门民间舞蹈的历史积淀是何等深厚。

对于舞龙运动的起源，至今没有资料证明其唯一性。舞龙运动千百年来在华夏大地上传承，更多地反映的是民族精神的传承。舞龙运动作为一项重要的民俗体育活动，已超出了体育的范畴，成为华夏民族一种内在的文化，由一代代人延续下来的，相互联系、相互支撑的精神内聚力量。纵观舞龙运动的发展历程，中国舞龙的发展经历了"祭祀求雨活动——民间民俗信仰——现代竞技舞龙"这一发展过程。

三、舞龙运动的表演形式

在荧屏上或是在现实生活中，我们时常能看到各种形式的舞龙表演。在条幅飞扬、锣鼓喧天的热烈氛围中，一条被装扮得绚丽多彩的巨龙在人们眼前腾跃而出，翻滚飞舞，气势磅礴，甚是雄浑豪壮，引得人们爆发出阵阵的掌声与喝彩声。龙，是典型的华夏文化传承的载体；舞龙，是华夏民族共同的助兴运动项目。舞龙又称"龙舞""玩龙灯""龙灯会""耍龙""间龙"等。它在超越社会形态、文化传统、图腾崇拜的同时，已由一般的祭祀表演活动逐渐发展成为一种集娱乐、节庆、健身与竞技等多种功能于一体的文化体育活动，开始走上规范化、科学化、竞技化、国际化的发展道路。舞龙运动因其气势磅礴、雄浑豪壮、寓意吉祥的特点，受到华夏儿女的喜爱，经过几千年的发展，舞龙在我国民间已是遍及大江南北、人人知晓的民俗活动项目。龙文化因其强大的民族凝聚力、文化传统性，使得各族人民及海外侨胞对龙文化产生了强烈的心理认同感，使舞龙活动不断获得创新发展。如今，舞龙是各种节日、喜庆活动中雅俗共赏的必演项目。

龙是我国古代传说中的一种身体长有鳞、有角的动物，能走、能飞、能游泳。但是，龙到底长啥样？龙的本事有多大？没人能说得清。龙的形象经过几千年的口头传说和传播，被描绘得充满神性和灵气，承载着民族的精神、气节与血脉。舞龙运动经过几千年的传承、创新和发展，已成为内容丰富、形式多样、表演技巧高超并带有浓郁民族色彩的体育竞技运动项目。舞龙运动在民间的传承与演变中表现出强烈的时代感与实践性，表达了劳动人民的心理诉求与价值取向，诠释着人们对欢乐、幸福生活的庆祝与期盼，寄托着人们对美好生活、和平盛世的追求与向往。

舞龙作为龙文化的外在表现形式，是我国民俗体育项目中最宝贵的部分之一，遍布华夏各地。据统计，截至 2023 年，被收录到我国国家级和省（直辖市/区）级体育非物质文化遗产名录的项目共 1 557 项，其中舞龙类的项目近300 项。我国不同民族和不同地区的人们赋予了舞龙活动不同的区域民俗特征，且舞龙活动还与当地的民风民俗相融合。可以说，流传于民间的舞龙运动形式数不胜数、方法各不相同。人们根据龙体外形的连续性、龙体的制作材料等不同标准对龙进行分类，不同形式的龙，其表演形式也各不相同。

（一）依据龙体外形的连续性进行分类

按此方法，舞龙活动中的龙可分为三种：断头龙、段龙和全龙。

1. 断头龙

断头龙，即龙头与龙身分离的龙。2008 年，断头龙被列为国家级非物质文化遗产。浙江兰溪断头龙是民间舞蹈中的男子群舞，流传于水亭畲族乡，具有比较典型的地域节庆文化特色，是较有代表性的断头龙表演形式。1965 年兰溪断头龙参加浙江省会演获演出一等奖；1988 年元宵节时参加浙江省"华星杯"舞龙大奖赛，获演出一等奖。兰溪断头龙的整条龙由龙珠、龙头及七节龙身组成，每两节龙身之间相隔 2.3 米，以龙肚布相连，龙长 16.7 米；共九人参与表演，龙头一人，龙珠一人，龙身七节，每节各一人。表演时，当龙珠和龙头打头、龙身跟着一起表演时，整条龙好像自然连接在一起，龙身随龙头和龙珠走出各种队形；当龙头和龙珠单独表演、龙身构成阵图做陪衬时，头身又自然分开，龙头和龙珠的表演不受修长庞大的身躯的牵制，在道具运用上更为灵活，在动作设计上具有独创性，营造出一种"形断而神不断"的美感。龙头和龙珠均可单独表演高难度的动作，龙身每换一个阵图，龙头和龙珠就舞出一个套路，显得灵活自如、变化多端。龙头、龙珠、龙身中可点燃红蜡烛，夜间起舞时千姿百态、色彩斑斓，现场气氛热烈，场面很是壮观，令人目不暇接。

2. 段龙

段龙因龙身分段、不连接而得名，每一段龙身都由竹篾制成骨架，外糊布料或彩纸，加以彩绘而制成。演出现场，演员们身着喜庆服饰，手拿龙具，龙身节节相离，形断而神连，运作套路变化丰富，动作优美而富有技巧，成为展示活动中的一道亮丽风景，也让现场观众感受到了传统文化的独特魅力。2015

年，段龙舞被选入江苏省非物质文化遗产代表作名录。江苏省昆山市陆家镇素有"龙舞之乡"的美称，当地的段龙舞最负盛名。段龙舞表演以跑阵为主，演绎出担龙、曲线对龙、扣地龙、伏地舞龙、摇身对龙、腾龙、拜地舞龙等多种形态。段龙时而飞舞在云天之上，时而游弋于波涛之中。段龙舞最精彩的看点是形断而神连，套路变化丰富。多年来，段龙舞在传承和发展中不断吸收中华龙舞文化的精髓。从2013年开始，段龙舞与现代舞蹈相结合，创造出更加丰富多彩的龙舞形式，赋予段龙舞新的内涵和生命力。

3. 全龙

全龙即龙头、龙身、龙尾接连在一起的龙，具有代表性的就是江苏省直溪巨村的直溪巨龙，是国家级非物质文化遗产。直溪巨村的舞龙至今已有600多年的历史，因源于巨村，且龙身大而长，故又称"巨龙"。巨村舞龙的龙最初以稻草为材料扎制而成，清末时逐步改为以竹篾扎制，骨架外裹以龙鳞状的布皮和灯饰作为制作材料。龙身也逐步加长，由15米至30米乃至200多米，需100多人协同表演。巨村舞龙整场表演由"游龙""串八卦阵""翻小花""翻花""舞三步""疏舞""坐舞""过仙桥""罗汉盘龙""长龙翻身"等18道程序组成，舞者要通过跳、钻、游、叠、戏、盘等基本套路和串阵、翻花等过渡动作表现蛟龙腾渊的威武身影和风采。舞者动作矫健、艺技娴熟，舞姿变化多端。所有的舞蹈动作都在龙的游动中进行，显示出"形变龙不停，龙走套路生""人紧龙也圆，龙飞人亦舞"的艺术效果。总体而言，巨村舞龙造型生动，转换巧妙，动作间的衔接和递进十分紧凑。巨村舞龙的龙身特别长，但动作灵活，整体表演都在铿锵有力的锣鼓声中进行，各个套路之间紧密相连，环环相扣，雄浑强悍，气势磅礴。

（二）依据龙体的制作材料进行分类

根据龙体制作材料的不同，舞龙活动中的龙可分为布龙、人龙、草龙、香火龙、板凳龙、纸龙、竹子龙、木龙、纱龙、百叶龙、绣球龙、鸡毛龙等。

1. 人龙

人龙，即龙由人组成，分为龙头、龙身和龙尾，由大人和孩童结合而成，规模可大可小，节数多少不等。龙头是人龙的精髓，往往由一个壮汉身负两个或三个小孩组成。若是一个壮汉身负两个小孩，则两小孩形似龙的上、下颌；若是一个壮汉身负三个小孩，则三个小孩分别代表龙角、龙眼、龙舌。龙身是龙的主体部分，由人相继倒卧分节连接而成，即龙头之后为龙柱，龙头与龙柱、龙柱与龙柱之间仰躺一小孩作为龙肚，龙肚头搭于后节龙柱的肩上，双脚则搭于前节龙柱的肩上，龙柱双手握住前节龙肚的肩和后节龙肚的双脚，最后一节龙柱肩上的龙肚也称"龙尾"。表演者穿上黄色或青色服装，龙就变成黄龙或青龙。目前，人龙中的非遗项目有湛江人龙舞（国家级）、佛山市人龙舞（国家级）、佛山杏坛人龙舞（省级）。湛江人龙舞盛行于广东省湛江市东海岛东山镇，融入了古海岛群众娱龙、敬龙、祭海、尊祖、奉神等多种风俗，形成了自创一体、独具一格的龙舞表演形式和人龙精神。湛江人龙舞有起龙、龙点头、龙穿云、龙卷浪等独具特色的表演程式，表演者练就了快速托人上肩的稳健动作和步法，队形流畅多变。舞龙时，表演者按照锣鼓的节奏舞动，龙双眼闪闪发光、昂首前进，龙身左右翻滚、动感十足，龙尾上下举摆、轻便灵活。整条长龙腾舞戏珠、左盘右旋、摇头摆尾，粗犷而又威武逼真，显现出独特的海岛色彩和浓厚的乡土气息，被誉为"东方一绝"，至今仍是东海岛乃至雷州半岛经久不衰的民间风俗和大型广场娱乐活动的重要组成部分。其他地区的人龙也显示出久远的民俗传统性，如湖南永州一带的民俗体育项目"瑶族人龙"。瑶族人龙既是瑶族独特的民族文化，也是瑶族宝贵的舞龙历史遗俗。历史上，瑶族是一个不断迁徙的民族。在长期的游耕生产时期，遇到节庆节日、庆祝活动、祭礼活动时，瑶族人民都要隆重地舞人龙以示庆祝，龙在鼓、喇叭、唢呐、锣等乐器铿锵有力的伴奏下，时而快速穿梭，时而盘旋迂回，时而走圆形，时而走"之"字形，时而曲线行进，似游龙狂舞，又似乌龙绕柱，将游龙的神态表现得淋漓尽致、栩栩如生。时至今日，舞人龙在瑶族相沿成俗，经久不衰，成为瑶民实现神圣认同的重要载体，成为瑶民的一种信仰。

2. 草龙、香火龙

据《中国舞蹈词典》，草龙又名"草把龙""稻草龙""香火龙"，为民间舞蹈，龙舞形式之一，流行于全国各地。因龙形道具用稻草、柳枝、黄荆或青藤等扎制而得名。以稻草扎龙，祈求的是五谷丰登。舞草龙呈现了以农耕生活为主、以农业为主体的我国民间稻作文化及龙崇拜思想传承的一贯性。完整的草龙一般由龙头、龙身、龙尾组成。编织者先编一条长长的草帘，一头反折一层做两个弯角翘起，形似"龙头"，也可用青藤或柳枝等材料扎制成龙头；中间每隔几米扎一小捆椭圆形禾草，用竹竿串起、绳子固定做"龙身"；编到最后草帘分三个又略往上翘起，表示"龙尾"。再单独编扎一圆形草团作为"龙宝"（龙珠），整条原生态草龙就编扎成功了。随着人们审美观念的提高，人们又给草龙进行了一些装饰，挂上彩纸，使其更美观、逼真。有的地方的草龙很特别，虽然也以草为材质，但只有龙头，没有龙身和龙尾，如湘西南的会同县的苗族草龙，表示"神龙现首不显身"。

民间舞草龙的习俗历史悠久，但各地的方法有所不同。如在广西阳朔县兴坪镇，每年只有在正月十三到正月十五这段时间才舞草龙，且在晚上才舞。龙身有十五节左右，每节都插有点燃的香，舞动时，点燃的香似流星般闪烁，非常漂亮。最后，人们将草龙拿到河边烧掉，表示送龙回龙宫。特殊情况下，遇到灾害、虫害，或者久旱不雨时，人们也扎草龙去河边焚烧，祈求龙王消灾、降福或降雨。有的地方在中秋时舞草龙。夜色降临时，农民高擎香火草龙，狂奔飞舞在晒场、田野，皓月当空，火龙腾云驾雾，其景象也十分壮观。正宗的舞草龙仪式颇为复杂，整个表演过程分为祷告、行云、求雨、滚龙、翻尾、取水、返宫七个小段。其中，求雨是重头戏，男女共十二人参与表演，农村妇女装扮的信女四人，三人分别手捧神台、红烛、香炉，一女双手合十于胸前，步履节奏缓慢，面部神态虔诚。舞珠人为男性，农村青年形象，表情庄重，手握龙珠竿笛子，动作自然。其余七名舞龙男子装扮同舞珠人，分别执龙头、龙身、龙尾。会同苗族的草龙舞比较有特色，是只舞龙头的舞蹈。其他龙舞的表演是若干人共同舞动一条龙，而苗族的草龙舞则由若干表演者舞动的龙头组成一条龙。表演模式不固定，可根据表演场地的大小、表演人数的多少及伴奏的有无，采用单人舞、双人舞或群舞的灵活方式进行。

草龙舞表演者的服装具有极其独特的原生态艺术魅力，具体分为三类：表演原生态草龙舞时，表演者头戴稻草编织成的精致的草帽，身穿用稻草编织的衣、裙，脚绑草鞋；喜庆丰收时表演草龙舞，表演者则穿苗族服装；登门送财或儿时游戏表演草龙舞时着装不限。苗族草龙舞的原生态音乐主要以打击乐为主：大鼓一个，大锣、小锣各一面，大钹、小钹各一套，进行大型表演时则需多套打击乐班。2016 年，龙舞（会同草龙）项目入选为第四批湖南省省级非物质文化遗产代表性项目名录。

3. 板凳龙

板凳龙是用一条一条的板凳串联而成的龙灯，在我国流传和分布较广，全国各地都有，白族、土家族、蒙古族等少数民族地区开展较多。板凳龙由龙头、龙身和龙尾三部分组成。龙头由竹篾扎制而成，外面裱纸，再绘上色彩鲜艳的龙鳞；龙身的制作方法大致相同，由板凳、灯笼、红蜡烛制作而成，每条板凳上都扎着花灯（替代龙体），花灯上都画有人们喜欢的花、草、树、鸟等图案。板凳龙有多种舞法，以独凳龙、多凳龙舞法等为主。独凳龙，即将一条家用普通花条板凳装饰成彩龙，由一至三人合着鼓点，有节奏地舞出各种花样。一人玩时，两手分别执前后腿；两人玩时，一人执前两腿，另一人执后两腿；三人玩时，前两人各执一腿，后一人双手执两腿。多凳龙，由九人或九人以上舞，每人各举一凳，两人举宝珠逗引龙行进，表演者一边舞动手中的板凳龙，一边不断变换队形和姿势，以表现出龙戏水、龙摆阵、龙蹿珠、龙抱宝、龙配风、闹龙宫、跳龙门、龙归果等不同场面。晚上出灯时，龙身里面点上蜡烛，形成一条长长的灯。2006 年，浦江板凳龙列入首批国家级非物质文化遗产名录。其他比较有名的板凳龙有大田板凳龙、安仁板凳龙等。

4. 纸龙

纸龙也是我国古老的舞龙类型之一，有 400 多年的历史。扎纸龙、舞纸龙是广东省深圳市龙岗区平湖社区的一种传统民俗，五彩纸龙是河南省濮阳市清丰县的省级非物质文化遗产。纸龙以竹篾制成骨架，用宣纸（后用牛油纸）做龙头、龙身、龙尾，因此被称为"纸龙"。其中，龙头由口含龙珠的嘴部、前额、后脑、角、手柄等部分组成，制作难度最大。龙身和龙尾所蒙裱的纸上绘有龙的鳞片，鳞片上贴有金色和银色纸。舞龙正式开始前，经过村中德高望重的老者点睛后，龙头摆动，龙目闪闪发光，龙鳞熠熠生辉。纸龙舞表演一般在节庆、庙会、集会时进行。虽然是纸龙，舞起来并不轻松。纸龙里面是空的，动起来会兜住风，比较重，要求表演者配合协调、舞技精湛。也有在晚间表演舞纸龙的，人们在纸龙腹内的骨架上点燃蜡烛，舞动过程中蜡烛不离，龙体色彩斑斓，造型各异，甚是美观。

5. 绣球龙

绣球龙由龙头、龙体、龙尾三部分组成，共十二节（闰年时为十三节），每节代表一个月，每节由两个绣球样的圆球组成，故名"绣球龙"。绣球龙的表演一般是红绿二龙舞动，两条龙共二十四节，代表二十四个节气。随着时代的发展，绣球龙的制作材料、工艺也在不断改进，早先由藤皮编成的单层圈架作为龙的骨架，现已演变成用竹皮、钢丝制成的双层圈架；圈架的外面早先用纸糊，然后涂上红、黑、黄、蓝等色，现在改用红绿绸布制作；早先内置的蜡烛现改为照明灯泡。绣球龙的表演形式分踩街和撂场两种，踩街即边行进边舞蹈，撂场即在街头、院落、空场表演，组字摆图。其中，撂场是绣球龙灯舞的主要表演形式，表演时各节随龙头舞动，表演内容有二龙出水、二龙逗宝珠、二龙戏水、龙马献图、跃龙门、月亮门、龙门阵、大过桥、抄连环、金龙盘玉柱、摆字、吐字等二十多种，表演套路多根据上古传说演绎而成，既有巨龙腾飞之势，又突出龙灯的特色，极具观赏性。绣球龙灯表演摆字时，在打击乐的伴奏中，表演者采用站在桌凳上、双腿直立、蹲在地上等形式，由引舞的舞球人指挥而完成，通过形象逼真的摆字表演，明示表演的寓意与内涵，寓教于乐，凝心聚力。1999 年 12 月 20 日凌晨，绣球龙在天安门广场参加庆祝澳门回归活动，"庆回归"组字表演获全国龙灯舞一等奖。

6. 鸡毛龙

鸡毛龙是一种非常有特点的民间艺术，因制成的龙通体以鸡毛装饰而得名，又被称为"凤羽龙"。江苏无锡惠山区鸡毛龙的制作方法是将清洗晒干后的鸡毛 8 根一扎、18 扎一排，横竖交错，千针万线缝在龙身上。湖南常宁石盘萧家的鸡毛龙都是当地人手工自行制作的，由龙头、龙简、龙杆（龙把）、龙圈、鸡毛龙鳞片、龙背、龙肚、龙尾组成。当地人会将色彩鲜艳亮丽的鸡毛插入杆筒内，一条龙身的鸡毛龙鳞片不少于 2 000 片，构成"龙的骨架、鸡的羽毛、鱼的鳞片"。凤羽龙一般是双龙表演，称作"龙凤呈祥"，据传龙有驱牛鬼邪神的本事，而凤有治百病、祛瘟疫的威灵。在元宵节、婚嫁等重要活动场合，在具有地方文化色彩的热闹的锣鼓声中，神采奕奕、盘旋翻滚的龙张口旋身，回首望凤，凤则展翅翘尾，举目眺龙。凤羽龙舞还时常与字灯联合进行表演，"钟鼓乐调佳，鸟声弄来音秀丽。龙凤呈舞瑞，花色飞去风景新"。随着字灯的不断变换，龙也变换出多种姿态，为村民庆贺，呈现一派祥和、喜庆的景象。

龙是中华民族所敬奉的图腾，自古以来，炎黄子孙就以浓厚的兴趣拥抱厚重的龙文化。在龙文化中，舞龙运动承载着民族精神，在各个历史时期得到传承、发生演变，民间普遍将其作为一种祭祀活动，通过其祈神庇佑、赐福、保平安，带来幸福。虽然我国各地的地貌、气候、民俗习惯等存在较大差异，人们对龙的崇拜不同，舞龙运动的表现形式也不同，但人们的文化价值诉求是相同的——龙文化彰显的是华夏文明的精髓，是中华民族的民族文化符号和精神图腾。流传于民间的舞龙运动经过人们的不断加工、创新，已发展成为我国最典型、最具代表性的民俗活动之一。今天，在党和政府的重视下，舞龙项目在民间得到了良好的传承和发展，具有很强的时代感与实践性，展现出龙的魂魄和龙的神韵，是中华文明和中华民族多元一体的文化象征。

第三节　龙舟竞渡

龙舟竞渡又称"赛龙舟""划龙船""龙船赛会"等，是历史悠久、民俗文化色彩浓郁、具有健身性和娱乐性的民俗体育项目，是我国龙文化的重要组成部分，现已成为一项赛制完善的竞技运动项目。

龙舟竞渡是中国民间的传统水上娱乐项目，可能起源于原始社会末期。随着历朝历代民间习俗的改变，龙舟竞渡文化历经自然性、自发性、节律性、创新性的文化模式发展，传播效应和影响规模越来越大。我国现已形成具有地域体育文化特色的民俗事象——"南人竞渡"。在国外，龙舟竞渡已遍及东南亚、太平洋海岛等地区，已成为有 70 多个国家参与的国际性运动项目。1984 年 5 月 16 日，国家体育运动委员会将龙舟竞渡列为正式比赛项目，正式形成竞赛规则，还规定了比赛的组别、项目、竞赛场地、设备、器材、裁判员的资格和职责、运动员的参赛资格和条件等；将龙舟竞渡的竞赛形式分为直道竞速、环绕赛、拉力赛，以计时评判成绩。1984 年 10 月，广东佛山举行了全国首届"屈原杯"龙舟赛。1985 年 6 月 6 日，中国龙舟协会在湖北宜昌正式成立。

一、龙舟竞渡的起源

龙舟竞渡是我国优秀的民族传统体育项目和民族文化遗产，龙舟运动随着时代的发展与时俱进，傲然走出了国门，走向了世界。历经几千年的龙舟竞渡不仅繁荣了我国的龙文化，还使龙文化这一民间民俗传统在中华大地上熠熠生辉。这一切均与龙舟竞渡起源的神秘性、民俗性、民间意识形态的浓厚性有关。关于龙舟竞渡的起源，迄今为止，依然是众说纷纭，主要有以下几种说法。

（一）生产劳动说

远古时代的人们为了生存，在农耕之余会采集野果、捕鱼、猎物等，这是生活内容的一部分。据云南省博物馆的李伟卿研究员叙述，从晋宁到江川，有滇池、阳宗海、杞麓湖、抚仙湖、星云湖，是典型的高原湖泊区。人们在湖畔常可以找到很厚的螺壳堆积层，这说明远古时期滇池地区的居民曾以渔捞业为主要的生活来源。在捕捞活动中，人们"争先恐后"的水上劳动成为竞渡的原始雏形。在水网密布的南方，"陆事寡而水事众""以船为车，以楫为马"是竞渡活动的萌芽状态。随着社会的发展、舟船的普及，渔民们寓娱乐于劳动生产之中、丰收凯旋之后，日久天长，竞渡形式日趋多样化，竞渡习俗日趋成熟化、日常化。

（二）图腾崇拜说

龙图腾是中华各民族共同信仰的吉祥物，古越族及南部水居民族更是把龙图腾作为祖先兼保护神来加以崇祀，他们在每月初五这一天，都要举行一次大的图腾祭。在古代，从帝王到普通百姓都对龙怀有虔诚的敬仰之心。帝王以真龙天子自居，视龙为守护神，以龙袍、龙椅、龙柱、龙榻等龙系列的装饰品显示朝廷的威严、增强朝廷的威慑力，以统治王朝。记录西周周穆王西巡史事的《穆天子传》记载："天子乘龙舟鸟舟，浮于大沼。"这一场景描绘了帝王乘坐的船呈龙形行于水上的情形，表现出帝王对龙图腾的崇拜与敬仰。普通百姓更是希望获得龙图腾的庇佑与保护，"龙主雨水"一直是人们固有的观念，史书中也多有记载，如《管子·形势》写道："蛟龙，水虫之神者也。"《吕氏春秋·有始览》中有"龙致雨"等的记载。汉代以后，无论人们观念中的龙如何发展，"龙为水物、生水、与雨水相关"这一基本性质始终都没有改变。在自然界发生旱涝灾害时，人们举行各种仪式，祈求"龙神"消灾降福，保佑风调雨顺、五谷丰登。龙舟是人们表达对龙图腾的崇拜之情的物质载体，如清嘉庆版《宁波府志》记载："八月各乡祠庙为会祀神，以龙舟竞渡，谓之报赛。"

（三）军事战争说

军事因素充斥于竞渡活动中，致使早期的竞渡舟与当时的战船形态一致，船身狭长，船上的桡手较多。在汉末，三国时期，巴陵地区一直是军事上的重要地区。当地的战争多为水军之战，刘表、曹操非常重视水军的操练，而赤壁之战则呈现了水军战役的军事实况。据《三国志》记载，赤壁之战中，东吴军"取蒙冲、斗舰数十艘，实以薪草、膏油灌其中……又豫备走舸，各系大船后"。关于"蒙冲"，《释名·释船》称："外狭而长曰蒙冲，以冲突敌船也。"关于"走舸"，《通典》称："走舸，舷上立女墙，置棹夫多，战卒少，皆选勇力精锐者，往返如飞鸥，乘人之所不及。"我们从这里可以看出，"蒙冲""走舸"都与竞渡舟类似，且有船形狭长、桡手众多、航速极快等特点。此后，后世的水军战船多模仿竞渡舟而制造。东吴舟船事业的发展为我国民间竞渡的兴起创造了前提条件。唐宋之后，大量龙舟被用来作战、训练水军，是龙舟竞渡盛行的重要原因。

（四）祭祀祈福说

古人迷信，把农历五月当作恶月、毒月，认为五月万事皆不吉利。《太平御览》引东汉董勋《问礼俗》曰："五月俗称恶月，俗多六斋放生。"民间传说在农历五月初五这天，阴阳之气相争，阴气胜出，邪祟、鬼魅、百毒、瘟疫将随着酷暑的到来而慢慢猖獗，于是五月又被称为"恶月"，因此要用各种方式备灾除恶，而端午正是九毒日之首。在这一天，中国有许多避邪驱毒的民俗，如喝雄黄酒、插艾草等。民间还有"烂五月"之说，因为在农历五月，衣物、木料、葬制品很容易受潮、霉变、腐烂，这其实是因为五月气候温热多雨，有时还会乍暖还寒。因为五月气压低、湿度大、气温高。针对"恶月""毒月"，民间有五月五日龙舟竞渡的习俗。《长沙府志》中有"端午……坊市造龙舟，竞渡夺标，俗以为禳疫"的记载。因此，龙舟竞渡很可能就源于人类征服自然、崇仰神龙的一种宗教性的民俗活动，带有相当的迷信色彩。《武陵竞渡略》又载："桃符、兵罐二物，船人临赛抑之以祈胜。非也。桃符能杀百鬼，乃禳灾之具；兵罐中所贮者米及杂豆之属。"文中提及的桃符应该与后来出现的禳灾观念相关，目的就是借龙舟竞渡来娱神，以驱毒逐疫。

（五）人物纪念说

一些传说认为，竞渡源于纪念勾践、伍子胥、曹娥、屈原等英烈人物，且从文献记载中可见其端倪。《越地书》中有龙舟竞渡"起于越王勾践"的记载，《荆楚岁时记》有"斯又东吴之俗，事在子胥"的说法，民间还存在竞渡源于纪念孝女曹娥的传说。说竞渡源于纪念屈原的文献较多。《隋书》是最早记载竞渡习俗的正史，其《地理志》载："屈原以五月望日赴汨罗，土人迫至洞庭不见，湖大船小，莫得济者，乃歌曰：'何由得渡湖？'因而鼓棹争归，竞会亭上。习以相传，为竞渡之戏"。《荆楚岁时记》称："五月五曰竞渡，俗为屈原投汨罗日，伤其死，故并命舟楫以拯之。"林河先生认为："端午竞渡与屈原投江有渊源关系，倒也切题。很可能因纪念屈原之说在全国流传后，竞渡才盛行起来。"爱国诗人屈原的英勇就义行为使龙舟竞渡习俗流传并盛行于古时楚、越、吴三国，也使端午节赛龙舟、吃粽子成为一种广为流传的民间习俗。民间以龙舟竞渡祭奠屈原，从追悼上升为纪念，使屈原、端午、龙舟成为一脉相承的整体，也让龙舟活动演变为上至宫廷下到民间的端午习俗。直至今日，我国各地依然沿袭这一习俗。

二、龙舟竞渡竞赛方法

（一）龙舟比赛器材和标准

（1）龙舟制作。龙舟的制作较为简单。一般说来，龙头大多用整木雕成，不管是专业龙舟还是业余龙舟，竞渡前才装在船上，它是区别各队龙舟的主要标志；龙尾也用整木雕成，刻满鳞片。龙舟的装饰，包括旗帜和船体上的绘画以及锣、鼓、神位等。

（2）龙舟标准。标准龙舟（22人龙舟）的总长18.40米（含龙头、龙尾），舟长15.50米，舟宽1.10米（中舱最宽处），因龙舟制作材料不受限制，龙舟本身重量不设统一标准。但要求同一次赛事使用的所有比赛龙舟最重与最轻的差距不得超过5千克（含龙头、龙尾和舵桨）。每条龙舟必须配有规格一致的龙头、龙尾、鼓和鼓架。龙头、龙尾的造型可自行设计，但必须与龙舟接口严密贴合。鼓面直径48厘米，高度45厘米，设在第一划手前面，面对舵手。此外，还有小龙舟（12人龙舟）。

（二）比赛方法

赛龙舟分为民间比赛和正式比赛。

（1）民间比赛。民间比赛时龙舟的龙头、龙尾都装饰成龙的形状，其大小因地而异，龙船的形状、重量也不一样，比赛时，以龙头的颜色和划船者的头巾与服装的颜色为准，分为黑龙、黄龙、白龙、青龙、红龙，比赛距离根据场地情况由组织者确定，在规定的距离内，以先到达终点者为胜。

（2）正式比赛。第九届全国少数民族传统体育运动会龙舟竞赛规程规定，龙舟竞赛包括标准龙舟和小龙舟两个项目。标准龙舟比赛有男子直道竞速（250米、500米、800米、1 000米）、女子直道竞速（250米、500米、800

米、1 000 米）、男女混合直道竞速（250 米、500 米、800 米、1 000 米）、环绕赛（男子 5 000 米、女子 5 000 米）；小龙舟比赛有男子直道竞速（250 米、500 米）、女子直道竞速（250 米、500 米）和男女混合直道竞速（250 米、500 米）。

参加标准龙舟比赛的男、女队，每队设领队 1 人、教练员 1 人，运动员 24 人（包括划手 20 人，舵手 1 人，鼓手 1 人，替补队员 2 人）；参加小龙舟比赛的男、女队，每队设领队 1 人、教练员 1 人，运动员 14 人（包括划手 10 人，舵手 1 人，鼓手 1 人，替补队员 2 人）。在男女混合项目中，标准龙舟比赛女子划手不少于 8 人，舵手和鼓手性别不限；小龙舟比赛女子划手不少于 4 人，舵手和鼓手性别不限。运动员必须能够着装游泳 100 米以上。标准龙舟和小龙舟比赛分为预赛、半决赛和决赛三个赛次，最终以时间先后顺序来判定名次。

第四节　珍珠球

一、珍珠球的起源和发展概况

珍珠球也叫采珍珠，满族语叫"尼楚赫"，是一项竞技性和趣味性很强的集体项目。洁白无瑕的珍珠在古代被认为是富贵身份的象征、宗教虔诚的象征和女性贞节的象征，因此佩戴珍珠饰品便成为古代满族的习俗。采珍珠是古代部分满族的传统生产方式之一。据考证，远在 300 多年前的努尔哈赤时期，居住在松花江、牡丹江及嫩江一带的满族采珠人，为欢庆自己采珍珠时的收获，模仿采珍珠的生产劳动过程，创造了采珍珠游戏。据传，最初采珍珠游戏是在河里进行的，后来转到岸上。他们把猪膀胱吹足气后系紧口当球，以传、投等动作投入抄网内为胜。后来，这种以游戏方式模拟在水中捞取珍珠的活动便发展和演变成为具体的采珍珠游戏。16 世纪末期，随着满族人入关，采珍珠这一游戏被传到了汉族和其他少数民族聚居的地方。

1984 年，经过北京市民族传统体育协会体育专家的挖掘和整理，以满族采珍珠游戏为原型，在篮球技术、规则的基础上，结合排球、足球等其他一些运动技术、规则的特点，形成了一项新兴的少数民族传统体育竞赛项目，并把采珍珠游戏正式命名为"珍珠球"，被北京市民族传统体育运动会列为正式比赛项目。1986 年第三届全国少数民族传统体育运动会上，北京队进行了珍珠球表演赛。1991 年第四届全国少数民族传统体育运动会被列为正式比赛项目。从此珍珠球这一古老的满族传统体育项目在世人面前焕发出勃勃生机。

二、珍珠球基本技术

珍珠球运动技术是指，在珍珠球比赛中为达到一定攻防目的而采用的专门动作方法的总称，是珍珠球比赛中常见的动作类型和组合变化形式的总和，是进行珍珠球活动和参加比赛的基础。其内涵是以手脚运动为基础，以控制球和支配球为主要争夺手段，以一对一为基本攻守对抗形式，通过投手和抄网人默契配合，以投球得分为最终目的的攻守对抗性技术系统。珍珠球基本技术可分为进攻技术和防守技术两大部分，其中移动技术和假动作在攻、防两大技术体系中都广泛运用。

（一）移动技术

珍珠球移动技术是指在比赛中运动员的位置、方向、速度变化时所运用各种脚步动作方法的总称，它是珍珠球比赛的基础。移动技术是珍珠球各个位置或区域的运动员应具备的基本技术。在进攻时，队员通过移动可以摆脱对手，完成选位、切入、接球，或者合理地完成传球、运球、突破、投球等持球技术，以及战术配合以争取进攻的主动。在防守时，通过脚步移动，队员可以抢占有利位置，扩大防守面积，防止对手摆脱，并及时、果断地进行抢球、打球和断球等，以争取防守的主动。因此，在教学和训练中，要抓好各种脚步移动训练，特别是关键性的变换身体重心和控制身体平衡的训练，即保持正确的准备姿势，控制好身体重心和身体各部分的协调配合。移动技术的主要内容有：起动、跑（变向跑、变速跑、侧身跑和后退跑等）、跳（单脚跳、双脚跳）、急停（跨步急停、跳步急停）、转身（前转身、后转身）、假动作（进攻假动作、防守假动作）以及防守步法（跨步、侧滑步、前滑步、后滑步、横滑步、后撤步、碎步、攻击步、绕前步、绕后步和交叉步等）。珍珠球运动与篮球运动在移动技术的动作要领和练习方法方面有着相似之处。

在珍珠球比赛中，由于队员区域和分工的不同，表现出各个区域队员脚步移动的差异性。水区队员的脚步移动可以采用篮球运动的移动技术及其练习方法，得分区和封锁区队员的脚步移动由于规则和场区的限制，主要采用前滑步、后滑步、交叉步、急停急起、急停起跳、侧跨、后跨、后仰起跳以及组合脚步移动技术。

（二）持球技术

持球方法有两种，一种是单手持球，另一种是双手持球，这里主要介绍单手持球。五指自然分开，用五指的合力，依靠手指手腕力量拿住球。持球时掌心要空出，手腕不要过分紧张，以免影响球出手的速度。

（三）运球技术

运球是珍珠球运动中一项最基本的技术，是持球队员在原地或移动中，用单手连续拍按从地面反弹起来的球。这是珍珠球比赛中个人进攻的一项技术。要求两眼平视，五指自然分开，以肘为轴，手心向下，用力向前下方拍击，球的落点在身体侧前方，球的反弹高度在胸腹之间。如果向前直线运球，拍在球的后上方；如果向左或右变向时，拍球的部位有所改变，要拍在球的右或左侧后方。

（四）传球技术

传球是珍珠球运动中进攻队员之间有目的地转移球的方法，传球的好坏直接影响比赛的成绩和团队配合的质量。珍珠球比赛中很少运球，而是多用各种传球技术组织进攻和调动防守。传球有原地传球、跑动传球和跳起传球。从传球出手的部位来讲，可分为头上、肩上、体侧、低手、反手、头后、背后、胯下等。

（五）接球技术

接球是与传球紧密衔接的重要进攻技术。准确熟练的接球技术，不仅能减少传球失误，而且能为顺利完成下一个连续进攻动作做好准备，从而加强个人的攻击能力。接球的手法主要有双手接球和单手接球两种。

（1）单手接球。要求五指自然分开成勺形，向来球伸出，当球触手后，手臂顺势回收缓冲，然后直接挥臂射球或成单手持球姿势。

（2）双手接球。要求接球时，两眼注视来球，两臂向来球伸出主动迎球，五指自然分开稍向上翻，手掌向前成半球状，当球触及手指的瞬间，两臂迅速随球向后回收缓冲把球接住，同时保持身体平衡，以便接下一个动作。

（六）投球技术

由于珍珠球体积小，抄网队员活动范围大（得分区、端线及其边线以外的空间），使得水区队员的投球点多、面广，方式多样，从而创造了更多的得分机会。投球是珍珠球运动中最重要的一项技术，它是进攻得分的唯一手段。强有力和富有战术配合的射球，不仅能使对方难于防守而直接得分，并且能有效地影响对方的反击，破坏对方的进攻，取得主动权，所以说一个球队投球能力的强弱是衡量该队水平高低的重要标志。下面介绍几种基本的投球技术：

（1）高抛球。抛射的球通过封锁区的高度一般在 3.6 米左右，落点在端线左右，常用单手肩上投高抛球、勾手投高抛球，是投球的重点技术。

（2）中平快球。强调手腕和手指控制球的能力，射球时对准抄网手肩前的网位。

（3）边线界边跳投。持球队员与抄网手同侧边线外跳起腾空配合，射点有反弹、平快和高吊，反弹投球技术难度较大。

（4）反弹球。反弹球高度在抄网队员的膝关节以下，采用拨、推和投三种技术。投球技术要求：隐蔽性要好，欺骗性要好，准确性要高。

（七）抄网技术

可分为正手技术和反手技术（以下以正手为例）。

（1）抄高抛球。采用侧身站立，尽可能扩大抄球控制面，使抄网面与来球成直角，并抄球的高点。大多时采用单脚和双脚助跑起跳抄球。

（2）抄中平快球。移动错位和时差错位，给出网位，向上和向左右平伸抄网，主动向空挡方向要球，引导投球队员将球抄中。

（3）抄边线界外空中球。同侧移动，空中给出网位，向界内抄球，将水区队员射出的平快球抄入网内。

（4）抄反弹球。反弹球得2分，故抄反弹球技术十分重要。抄球时，使网面朝斜下方抄反弹球的低点得分，要"三先"。即：先预判、先移动、先下手。

（八）防守技术

防守技术是指防守队员合理运用脚步移动和手臂（含器械）动作，抢占有利位置，干扰对方传、接球，阻挠对手的进攻意图及行动，并以抢断球为目的的方法。在比赛中，它与进攻技术有着同等重要的作用。水区队员的防守技术和练习方法与篮球和手球的防守技术及方法相同。封锁区队员防守时应正面半蹲身站位，多采用滑步、交叉步和侧身跑技术，将抄网队员置于2名持拍队员之间，当来球弧度高、速度快时，采用单拍上捅方式改变球的路线，破坏对方抄网。当来球弧度平时，采用单拍封挡、双夹接球。当来球反弹时另外采用单拍挡和挑，破坏对方抄网。

另外，2名持拍队员要注意配合，组成更大的防守面积。当1名持拍队员防高点时，另1名持拍队员防低点，在规则允许的范围内影响抄网队员的视线；当1名持拍队员防前点时，另1名持拍队员防后点以及防止持网队员反拍抄球。

第三章

广东省民俗体育文化代表性项目

第一节 沈塘人龙舞

一、项目简介

沈塘人龙舞是一种在节日喜庆场合表演的民间舞蹈形式。明嘉靖五年（1526年）在沈塘圩始创。初为当地群众即兴性的娱乐舞蹈，明清时期，人龙舞曾盛行于雷州府三县九所，后演变为中秋节月圆之夜狂欢的传统节目，并沿袭至今。该舞蹈已被录入《中国民族民间舞蹈集成（广东卷）》。2012年被列入广东省省级非物质文化遗产名录。

近几年来，沈塘人龙舞相继被邀请参加了"湛江市体育节""广东省第二届国际旅游文化节"、CCTV"相约彩色湛江"等大型专题文艺晚会，"第八届全国少数民族传统体育运动会"等大型活动的开幕式表演，并多次荣获"金奖""最佳组织奖""特别荣誉奖"等奖项。

二、分布区域

"沈塘人龙舞"分布于雷州市沈塘镇沈塘圩。

三、历史渊源

自嘉靖五年（1526年）始创，初为当地庆典时表演的群众性大型广场舞蹈，后演变为当地中秋节月圆之夜狂欢的传统节目，并沿袭至今。

沈塘东濒南海，潮灾频仍，群众期望通过主管水族的"龙"能平息水患。雷州古为百越聚居地，沈塘境内及近郊至今仍保留有"茂莲""茂胆""居梅""南亩"等黎语、壮语村名。俚人①有"雕题、缓耳"及崇拜水族"龙"的习俗。《山海经·海外南经》记载："南方祝融，兽身人面，乘两龙。"《汉书·地理志》有"楚地信巫鬼，重淫祀"的说法。汉越杂处，使这一习俗得以延伸。沈塘位于通明港区域，汉唐开辟海上丝绸之路，中外文明互鉴使龙文化增加了太平洋岛国蟒蛇舞的"丰收"内涵。所以，"龙"成为沈塘"镇水妖、保丰收"的崇拜物。

嘉靖五年（1526年），当地富商陈仕恺为了方便周边群众，促进当地商业贸易，遂投巨资兴建沈塘新圩，并承诺按市价收购圩日（三、六、九日）里未售完的货物，以保护商贩利益。因此，沈塘圩的市场得以建立和发展。当地群众为了盛谢陈公这一壮举，并表达内心的喜悦，便在街上结队欢庆，载歌载舞。成年人激动起来，把小孩抬上肩膀并卧置其肩，一个接着一个，形成人们期盼中"龙"的形状，满街狂舞，形成了沈塘人龙舞雏形。《雷州府续志》记载，"舞龙者，前一人为龙头，后为龙尾。次一人直卧，手抱前者脚挟后者。挨次递抬，向街道直走。则念曰：骑龙头，龙头落下水；骑龙尾，龙尾竖上天"，具有浓厚的乡土气息。

四、特色特点

（1）突破了传统的用布、竹等为道具的舞龙方式，直接用人的身体连接成"龙"的形状。

（2）参加表演的均是男性，具有阳刚之美。

（3）强调动作的协调性，参演者须步调一致。

（4）节奏鲜明，鼓点强劲，气势雄伟，催人奋进，体现了集体意志。

---

① 编者注：俚人是东汉至隋唐时期北方中原人对岭南（今中国广东、广西及越南北部）土著族群的统称，被认为是古越人的后代。

五、表演形式

"人龙舞"是我国龙舞的一种，但它全部由人组成，龙首、龙身、龙尾都用人体接架组合。整支队伍由"龙珠"指挥，"龙珠"引导整支队伍做出不同造型，跳出不同舞蹈。人龙舞的"龙头"由一个身强力壮的大汉担当；胸前用红绸带绑缚一小男孩为"龙舌"；肩上坐一男孩，双手各执一束香火置于两旁为"龙眼"；"龙尾"则由一名腰力较好的男孩倒背在最后一名龙脚身后，小孩双脚叉开，双手紧握一扎插满香火的草把不停地挥舞，呈起伏摆动状；"龙身"由大人支撑着仰卧的孩童，一节一节地连接起来。表演者头扎头巾，身穿短胯龙衣，臂、腿都扎着绑带，显得坚实有力。人龙舞少则数十人，多则数百人参加，队伍一般长十来米甚至数十米。耍舞时轻便灵活，动作粗犷而又威武逼真，犹如生龙活现，时而左盘右旋，时而腾舞戏珠，时而摆尾摇头，操作自如。

六、传承与发展实践

（1）对沈塘人龙舞进行全新编排与改进，从服饰到动作进行改革与创新，使其融力量、艺术、动感于一体，更具艺术欣赏性。

（2）成立专门机构，沈塘村委会成立了"沈塘人龙舞艺术团"，进一步扩充演员队伍。

（3）加大宣传推介力度，从 2006 年 7 月起把沈塘"人龙舞"带出本土，走向全国。

七、文化内涵及意义

沈塘人龙舞是沈塘人民集体智慧的结晶。这一舞蹈道具简单，演员均是男性，动作粗犷，富有阳刚之美；气势恢宏，一般由 20～30 名青壮年及小孩演出，动作协调性强，花样变化多样，观赏性强。

人龙舞具有中原"龙"文化和海洋文化的双重文化特征，体现了娱乐性、民俗性、凝聚性，具有浓厚的地方特色和文化内涵。其以人体组成"龙"的形态进行表演，融合了舞蹈、武术、音乐等元素，强调力量与节奏的结合，展现了独特的艺术魅力和文化价值。它通过动态的艺术形式传递了团结、祈福、和谐等核心价值，并在当代社会中发挥着文化传承、强身健体等多重功能。保护和弘扬这一文化遗产，对延续历史记忆、增强文化软实力具有重要意义。

第二节　乌石蜈蚣舞

一、项目简介

乌石蜈蚣舞是雷州市乌石港先民创造的一种祛邪消灾、祈求安康，祈盼丰收的传统民俗舞蹈，从明代万历年至今，已有 400 多年历史。如今，乌石港每年中秋举办庙会，农历八月十五、十六之夜，港区群众举行蜈蚣舞巡游活动，祈求国泰民安、风调雨顺、生活美满。

乌石蜈蚣舞队由几十个青壮年组成，他们头戴插满檀香的草笠，双手各执一把檀香，一人手持香火珠在前引逗，一人扮"头"，两人扮"尾"，其余的扮"身"。每人间隔 2 米左右，并用一条大船缆索连接一起，组成约一百米长的队伍。夜色朦胧中，舞队边舞边蛇形前进，手中和头上的香火红光闪闪，宛如一条闪亮的火蜈蚣在爬行，神态惟妙惟肖，故称"蜈蚣舞"。

近几年来，乌石蜈蚣舞已从庙会逐步走向社会舞台，展示独特的风采，成为人们喜爱的特色舞蹈。2005 年 9 月参加湛江市首届红土文化节，荣获二等奖；2007 年参加湛江市第二届红土文化节荣获一等奖。2007 年 10 月，参加"中国雷祖文化节暨雷州国际美食节"，荣获一等奖、贡献奖；2006 年至 2010

年连续 5 年参加雷州市元宵民俗文化大巡游活动，多次荣获金奖、组织奖；2015 年参加广东省第三届岭南民俗文化节，获银奖。

2009 年 10 月 16 日，广东省人民政府批准并公布乌石蜈蚣舞入选广东省第三批省级非物质文化遗产名录。

二、历史渊源

五毒之一蜈蚣，又名天龙、百足、百脚虫等，蜈蚣是一种有毒腺的、掠食性和群居性的陆生节肢动物。古时曾称为五毒之首。屈大均的《广东新语》也有记载："百足，能伏蛇，每自口入蛇腹，山行简置蝍蛆，蛇不能近。"雷州盛产的红头蜈蚣，体形较大，是本地蜈蚣之王。

乌石港是登家聚居之地，登家聚，则港兴；登家散，则港衰。蜈蚣舞反映了登家文化结晶。登家人在海上生活，风里来浪里去，祈求平安是每天出海的必修课。旧时乌石港人崇敬神灵：妈祖是海上救苦救难之神；北帝是风调雨顺的调水之神；龙王是管理水族之神，登家人耕渔赶海保丰收之神；土地神是安居之神，也是登家人在陆地居住的守护神。登家人对神灵崇奉，对动物蜈蚣也敬若神明。除了蜈蚣舞外，自古沿袭至今的乌石港龙舟赛，从比赛的形态及众多船桨齐划来看，也是一种"蜈蚣船"。可见，乌石登家人对蜈蚣是情有独钟的。

雷州古代是蛮烟瘴雨之地，干旱瘟疫、风灾海潮频发。清陈昌齐编纂的《雷州府志》中多次记载雷州各地发生瘟疫的情况，其中，明万历二十三年（1595 年）"雷州大旱，瘟疫四起，县内万户萧条，罹难者尸横遍野……"，而乌石港一样未能避免。当时，乌石港瘟疫盛行，港中死人数以万计，哀鸿遍野。群众惶恐万状，纷纷逃到附近村庄或野外搭棚避难，全港凄冷萧条。港民受神人指点，舞蜈蚣，可驱瘟魔。港人依计而施，瘟疫果然消除，港区恢复繁荣。从此以后，舞蜈蚣也就成了港民消灾祈福的习俗而流传至今。民国时期《海康县续志·地理·民俗》记载："仲秋口夜……又有箫鼓聒耳，群童队行，手持香火楦饰，龙狮首尾，跳舞通街，曰'舞蜈蚣者'，此农民相沿之习也。"

三、表演形式

蜈蚣舞寓意祛邪消灾、祈盼安康。其动作简单，主题鲜明，体现了人民群众祈求国泰民安、风调雨顺、生活美满的美好愿望。蜈蚣舞的表演形式有传统式表演和现代式表演两种。

（1）传统式表演。一种原汁原味的民间宗教活动，表演参与者多达 80 人，队伍长 100 余米，整条"蜈蚣"用香量近万支。表演者头戴草笠，双手各执一把香，草笠上也插满香的青壮年集体扮演蜈蚣，一人扮"头"，两人扮"尾"，其他人扮"身"。用一条长约 100 米的大船缆在各人腰部打结，每隔 2 米距离彼此连扎成长队。扮"头"者头戴小猪笼，猪笼中塞满浸湿稻草块并插上香，双手作"钳牙"状，辟邪开路；尾部有两个人，形似蜈蚣的分叉尾，各背一个小猪笼，猪笼四周插满了香，另还有一人扮"耍弄者"，手持竹竿、稻草球制的"蜈蚣珠"，在队伍前做挑逗动作。表演队伍按划定的路线沿各大街小巷逐条巡游表演。"蜈蚣"所经之处香气四溢。各家各户和沿街商铺燃放爆竹与之相呼应，一时间，大街小巷鞭炮齐鸣，人声喧闹，人头簇拥，热闹非凡。

（2）现代式表演。改革开放后，经过传承人的改进，在保留传统蜈蚣舞的精华和特点的前提下，增加新的内容和动作，对舞蹈的表演注入现代文化内涵，蜈蚣舞的艺术性、观赏性更具时代特征。蜈蚣舞表演队伍由一改为二，每队表演人数控制在 20 人左右。表演形式由一变三。从单一队伍，改变为"两雄""两雌"和"雌雄"结合等三种组合队伍，其中"雌雄"组合表演最具感染力和最受群众喜爱，被群众誉为"蜈蚣公""蜈蚣母"。服饰和道具制作上讲究精美。原使用的香灯改为电子香，表演者服装改为蜈蚣色并加金色镶边。舞蹈的表演在保持蜈蚣爬行和相互嬉戏的形态基础上，增加了锣鼓和音乐，随着锣鼓的节奏，舞者姿势不断变化，逆向、转腾、穿插，舞蹈动作写真、拟物、夸张、会意，形象生动。经改造后的乌石蜈蚣舞，已从当地逐步走向社会舞台，成为世人喜爱的特色舞蹈。

四、传承与发展实践

如今，乌石蜈蚣舞由于种种客观原因，也面临着传承发展的困难：一是后继乏人。老一辈艺人年事已高日渐离去，中青年人传承差强人意，队伍人选没有形成老、中、青、幼的梯队结构，艺人队伍岌岌可危。二是投入经费不足。蜈蚣舞阵容壮大，训练展示成本较高；蜈蚣道具、服饰等需要不断改进和更新。由于经费不足，平时缺少系统性演练，表演者演技参差不一，表演艺术有待进一步提高。三是蜈蚣舞的研究、挖掘尚处于初级阶段。研究上，对其历史渊源、文化内涵等认识匮乏，加上研究的人才缺乏，从理论、技艺等方面未能很好地传承发展。

二十多年来，雷州市政府重视乌石蜈蚣舞的传承发展，并在各个方面给予大力支持。一是市镇有关部门给予大力扶持和指导，为加大对蜈蚣舞的挖掘保护工作提供组织保障。省、市等各级文化部门多次到乌石港调研，了解蜈蚣舞发展情况，极大增强了乌石港民众传承和保护蜈蚣舞，以及社会各界挖掘其价值的信心。二是聘请专家给予技术指导。先后聘请原湛江市群众艺术馆馆长庞德宣、专家王炳臣等为蜈蚣舞的技术指导，进一步对其进行挖掘和发展，在服饰和舞蹈动作上既保留原有浓厚的传统气息，又融入现代文化元素，增加乐曲伴奏等内容，使之更具观赏性和艺术性。三是当地政府积极组织蜈蚣舞走出去，组织参加社会性文化展演，提高其知名度和公认度。2005 年以来，先后组织参加了湛江市第一、二届红土文化节，岭南民俗文化节，湛江海洋文化周，中国雷祖文化节，雷州市元宵大巡游等文化活动，得到了良好社会评价和很高的赞赏。四是进一步开展研究保护工作。2008 年成立乌石港群众理事协会，作为蜈蚣舞传承基地，对蜈蚣舞进行保护和传承工作。2010 年，雷州市乌石镇成立乌石港志编纂委员会，聘请广东省人民政府文史研究馆文学院院长洪三泰老师为总顾问，将蜈蚣舞列入其中，作为一章重要内容，组织相关人员对其追源溯根。同时组织传承人深入社区学校，讲述蜈蚣舞的意义，激发学生兴趣，培养年轻一代。五是坚持组织巡演活动。通过港民凑一点、社会捐一点、热心人士献一点等方式，多渠道筹集资金，坚持每年高标准严要求组织巡演活动，增强蜈蚣舞的生命力和感染力。

五、价值及意义

蜈蚣舞讲求高度的集体主义和协作精神，这与历史上当地民众出海捕鱼风险大，渔船上必须集体拔网和分工协作有关。蜈蚣舞表演者近百人，队伍长100 余米，且每人腰间用绳索捆绑相连，表演过程中集体的合作性较强。因此蜈蚣舞体现了民间古朴的生产劳动分工理念，也展现了和衷共济、共克时艰的文化内涵，以及团结一致、众志成城的积极向上的精神面貌。

在粤西地区，蜈蚣舞仅在雷州市乌石镇有表演，是独一无二的地方民间民俗，具有较强的地方性和独特性，展现了登家人"镇魔祛邪、消灾祛难、祈盼安康、耕作丰收"的美好愿望。其特色鲜明，艺术可塑性和演化性极强。

历史价值。乌石港位于雷州半岛西岸，是国家级渔港中心，也是登家聚居之地，也是古雷州府的水师重镇。蜈蚣舞是登家文化、陆居文化融合的产物，具有农耕、海洋文化的双重特征，对研究登家文化及海上丝绸之路有重大价值。

文化价值。乌石蜈蚣舞是客家语、粤语、古越语聚居之地的文化遗存，对探究雷州迁民史、民族民俗史和社会发展史有重要参考价值。

艺术价值。蜈蚣舞由乌石港渔民首创，造型奇特，阵容强大，道具简单，动作粗犷，反映了登家的宗教信仰与审美情趣。

社会价值。蜈蚣舞是一种群众性文化活动，群众基础性较强，是港口文化的重要载体之一，对构建港口文化与和谐社会具有重要价值。

第三节　雷州风筝节

一、项目简介

雷州风筝节是以雷州于端午节期间以竞放风筝为主，兼设游艺、文化娱乐的庙会活动。

雷州市是国家历史文化名城，地处雷州半岛中腹，属亚热带海洋性季风湿润气候，多雷雨、风雹等灾害天气。举办雷州风筝节的场地，设在雷州市郊北边，那里地面宽阔平坦，视界高远，是竞放风筝的最佳场地。

举办雷州风筝节的始发地在雷州北门关东岳庙，是古雷州府端阳节三大赛事"东岳赛鹞、夏江龙舟竞渡、麻扶讴歌"的场地之一。雷州半岛多风雷肆虐侵袭，百姓惨遭其害。古雷州府设风云雷雨山川坛祭祀，以求风调雨顺，国泰民安。雷州府于风云雷雨山川坛外另设飓风坛，每年端午日祭祀，祈祷风神赐祉，福庇黎民。至清嘉庆十四年（1809年），在北关外重修飓风坛时建风神庙与维修东岳庙，并且每年端午节在雷州城郊北门关左边五里坡的古校场赛风筝以颂风神。同时，雷州半岛三面环海，与东南亚一带国家商业往来频繁，古雷州城夏江是我国古代丝绸之路的始发港之一。为了祝祷风神保佑，祈求商船平安，免去海上风险，官府倡导放风筝祭风神在当时是一种负责任的政府行为。雷州半岛以及其他地区的城乡风筝爱好者闻讯，也都相邀前来竞技，一时成为古雷州文化体育活动的一大盛事。自始，雷州市北门关的群众数百年来都在五里坡校场竞放风筝，年年不断，代代传承，形成了历史文化名城的一大传统文化习俗。

二、分布区域

雷州风筝节的分布以雷州北门关为中心，辐射雷州半岛部分县、区乡镇。

三、历史渊源

雷州风筝节历史悠久。宋朝淳祐年间（1241—1252年），雷州知军事孟安仁奉旨在府城北门外建造东岳庙一座，约1200平方米，庙奉中华五岳（东岳泰山、西岳华山、北岳恒山、中岳嵩山、南岳衡山）大帝、康王大帝、班帅侯王、十二花母等神，臣民共祀，以祈江山巩固，风调雨顺。据《海康县志》载："明嘉靖十七年（1538年），雷州知府洪富因飓风频年为害，在雷州城东十里的海岸设坛祷祀风神。以后每年夏、秋、冬的孟月朔日例行祈礼。至嘉靖二十五年（1546年），知府林恕把祭坛移至南渡河渡头。但后因道路崎岖不平，来往困难。嘉靖三十二年（1553年），知府罗一鸑把祭坛迁至府城北门外东岳庙旁边，重建风神庙一座，奉祀宣仁昭泰风伯神，并拨款重修东岳庙。"传说嘉靖年间，雷州半岛飓风不断，暴雨成灾，鼠盛虫多，农业生产连年减产，百姓苦不堪言，官府束手无策，嘉靖三十三年（1554年）一夜，东岳庙神明及风神托梦知府罗一鸑说："汝当扎制诸鸟形纸鹞三百，大母鸢一只，升空飞舞作势，必定鼠灭虫消，风调雨顺，国泰民安。"翌日，罗知府广招全城能工巧匠，以纸篾扎成鹰、鹊、凤、蜈蚣、龙、凤等各式各样的风筝几百只，于端午日带领民众祭过东岳诸神及风神后，到达庙北五里坡校场竞放风筝。霎时，雷州上空"百鸟"齐飞，龙腾凤舞。事后果然神验，顿时雷州鼠失虫消，风调雨顺。随之罗知府宣布以后每年农历五月初五都要在五里坡校场举行放风筝竞赛，后来逐渐形成了雷州城的一大文化习俗。

四、特色特点

（1）用竹篾、纸张、布帛、颜料等原料制作各式各样的风筝，富含创意；是精美的工艺品。

（2）竞放风筝，既能强身健体，又能陶冶性情，启迪青少年智力。

（3）民间庙会，具有加强社区、地区之间的联系与沟通，促进社会和谐，增进区域经济发展的作用。

五、活动形式

雷州风筝节有自由活动和地赛竞技两种组织形式。每年的农历五月初五日端午节，北门关的群众选出领头人主持该赛事，并组织、联系本地和外地的风筝爱好者参加竞赛。由发起者扎制一只大型"过冬婆"风筝王，又叫作"母鸢"，鸢身及两翼面积共约 80 平方米，尾部依次插着 8 把钩镰，用粗缆索做鸢线。该"风筝王"由 30 名彪形大汉拉线才能放飞。其他参赛者随意扎成蜈蚣、龙、凤、蝴蝶、喜鹊、雄鹰、水桶、八角等各种各样的风筝。关里的群众各家各户插艾叶、包粽子，小孩们佩戴香袋祈求平安。

六、传承与发展实践

如今，雷州风筝节如今由于种种客观原因，也面临着濒临失传的难题。受新兴娱乐形式的冲击，许多年轻人对放风筝已不再像老一辈人那样产生浓厚的兴趣，扎制风筝的技术后继乏人。作为具有独特文化内涵的节庆，早年缺乏政府在举办和组织方面的积极倡导。随着老一辈风筝爱好者的逝去，雷州风筝节遭遇传承危机。

面对这一实际情况，雷州政府也在各个方面给予大力支持。自 1985 年以来，雷州市北门关每年都举办风筝节，组织、邀请市内各社区和外地的风筝爱好者参加比赛活动。年纪大的风筝扎制者注意带动年轻人学习制作技术。在地方出版物《图读雷州文化》《雷州历史文化大观》上编写有关的风筝知识和活动信息。每年的雷州大型民俗巡游时展示"风筝王"，向各地来雷州参观民俗巡游者宣传雷州的风筝制作特色。

七、文化内涵及意义

历史价值：雷州风筝节是在当地的历史背景下产生的节庆和民间体育运动，它具有浓厚的地域色彩。

运动价值：强身健体，陶冶情操，启迪智力。

社会价值：通过比赛观赏，增强社会凝聚力。振兴这项运动将有利于发展当地的旅游资源。特别是在当下外来文化、多元文化的冲击下，重视发展风筝这一具有悠久民族传统的体育运动，将更有利于弘扬我国优秀民族民间文化和民族精神。

八、项目衍生品牌或文创产品、非遗手信等

（1）制作风筝的竹篾、纸张、布帛、颜料和工具。

（2）两翼面积共几十平方米的大型"过冬婆"风筝和大大小小各式各样的中小风筝。

（3）民俗巡游用的六国旗、八宝幡、葫芦伞、狮龙、鼓锣、刀叉等。

（4）历届风筝节的活动实况录像音像制品。

（5）出版《图读雷州文化》《雷州历史文化大观》等书籍。

第四节 徐闻藤牌功班舞

一、项目简介

徐闻藤牌功班舞是湛江市徐闻县的传统舞蹈项目，由徐闻县文化馆作为保护单位负责传承与推广。该舞蹈以藤牌为主，进行不同类型的阵势转换，融合武术与民俗艺术，具有鲜明的地方特色，是一种集军事训练、武术对抗、打击乐等于一体的综合性民间舞蹈表演艺术形式，现主要流行于湛江市徐闻县迈陈镇及周边村落。2012 年被列入广东省第四批省级非物质文化遗产名录。

徐闻县自汉武帝元鼎六年（公元前 111 年）置县，曾经以中国南方海上丝绸之路最早始发港而享誉中外史册，由于特殊的地理位置、气候环境，造就了独特的人文环境，孕育了该县迈陈镇东莞村别具特色的民族民间舞蹈——藤牌功班舞。东莞村于元代始建，位于迈陈镇南约 4 000 米的琼州海峡北岸，濒东莞港，古有东莞圩。

藤牌功班舞以藤牌防御为主，配以远、中、近型攻击武器，以四组互应进行不同类型的阵势转换，既有广场舞蹈的艺术调度、肢体语言，又有军事训练、器械搏击，配以打击乐器乐伴奏等，是综合性民间武术、舞蹈艺术表演，是古代军事布防、战场实战击技项目。据《明史》记述，为破倭寇，戚继光彻夜苦研唐顺之赠予兵书《武》，找到《秘战》一卷，悟出"近身格斗鸳鸯阵"，首创了以十一兵士为一组合的"藤牌阵"。后戚继光（1528—1587 年）所著的《纪效新书》中记载："以藤为牌——虽不能御，而矢石、枪刀皆可蔽，所以代甲胄之用。"可见阵式藤牌舞在明代已流行于浙江、福建一带。东莞村民皆来

自福建莆田。为抗倭寇，明朝廷在东莞村东侧的东场港设置了巡检司，为军事要塞。为抗击敌寇，乡民与当地驻军一起习练阵式藤牌舞，并沿袭成俗，代代传承。每年春节元宵，举村集中操练，巡回演示，成为当地较隆重的民俗文化活动。

2006 年春节，藤牌功班舞参加"中国·汉港（徐闻）首届民俗文化艺术节"广场类节目开场展演，首展风姿。

舞台展演

与传承人开展访谈

学习兵器操演

二、分布区域

藤牌功班舞主要分布在广东省湛江市徐闻县迈陈镇东莞村，位于琼州海峡北岸徐闻县西南滨海，全村 366 户，总人口 2 000 人。

三、历史渊源

徐闻位于中国大陆雷州半岛最南端，上古时属南檄荒服之地。秦时，徐闻地属象郡。汉武帝元鼎六年（公元前 111 年），徐闻始置县，曾为合浦郡治，是当时中国南方海上丝绸之路的最早始发港之一。

宋代大学士苏东坡在《徐闻威武庙记》中记载："自汉末至五代，中原避乱之人多家于此，今衣冠礼乐，盖斑斑然……"，又有晋代的"衣冠南渡，八姓入闽"，中原人氏经过不断地向南播迁，把他们的原乡文化——宗教信仰、生活习俗带到徐闻，并使之不断地传承和彰显。

徐闻县迈陈镇东莞村于元代建村。据明万历四十三年（1615 年）雷州推官欧阳保主持纂修的《雷州府志》记载，明代建东莞圩，古港湾由于两角对揽，波平浪静，是船只停泊的好地方。商船从这里出海经琼州海峡，东可到广州、福建等地，西可到越南、马来西亚、印尼等南亚地区。

明洪武二十七年（1394 年），朝廷在徐闻沿海建成海安、锦襄守御千户所城，并于东莞村东场港设置巡检司，形成抵御倭寇的海防体系。天顺六年（1462 年）西寇入侵导致徐闻城破，县治被迫迁驻海安所城长达 39 年，直至弘治年间才回迁故地。战乱中东莞圩屡遭劫掠，百姓苦不堪言。

据《明史》记载，戚继光在与倭寇作战中发现传统战法损耗过大，得唐顺之赠予兵书后，首创"鸳鸯阵"战术体系。该阵法中，每队 11 人，协同作战，盾牌（藤牌）防御，狼筅阻敌钩敌，长矛主攻，短刀策应，防止对手迂回，在宁海前哨首战中以一人轻伤代价歼敌二百，后沿海土民争相效仿。

沿海危机催生民间智慧，东莞商贾集资组建武装力量，恰逢浙籍武师因海流改道滞留当地。这位通晓戚家军战法的教头因地制宜，将"鸳鸯阵"改良为"功班藤牌阵"，融合 32 种长短兵器构建攻防体系：长矛狼筅制敌于数丈之外，藤牌短刀绞杀近身之敌，阵法变化如长龙摆尾、铁壁合围，成功遏制敌寇侵袭。东莞村钟、郑等闽南移民大族世代尚武，开馆授徒，形成堂口武功帮派。东莞村民将藤牌阵操练与祭祀传统结合，每逢双年元宵便演练阵法，既祭奠飞将军李广等七位神圣，又传承保境安民的实战技艺。

历经 300 年演变，这套诞生于烽火中的军事阵法逐渐演变为藤牌功班舞，更加突出了民间祭祀功能和舞蹈韵律。作为岭南移民聚落的传统民俗体育活动，藤牌功班舞反映了中国人民热爱乡土、祈求平安和谐的朴素愿望，以及爱国报国、自强不息的民族精神。

四、表演场合及演绎程式

经漫长历史进程，藤牌功班舞演化成为东莞村中独特的民间传统习俗活动。活动中增加了宫轿，敬请诸神高座，鸣锣开道，灯笼引路，红花香案随奉，还有两棚八音、母子双龙、大鼓、彩旗、彩帘、罗骨牌、大罗伞簇拥，阵式功班藤牌殿后，组成一支浩浩荡荡的巡游队。

活动全程，从东莞村母龙出动为始。母龙由八音锣鼓陪同，前去北海、田圮携接子龙。母龙长 32 米，舞者 32 人，子龙长 22 米，舞者 20 人，各配龙珠一颗。母子双龙偕往海边圣娘庙举行取水、点睛仪式。届时，偃旗息鼓，燃香点烛鸣炮，上祭品。侗主敲锣禀报，念斋、祈祷、祈求风调雨顺、平安吉祥，画龙点睛，为功班颁牌，为兵器涂红，发号施令。礼毕，队伍起行。双龙于田畴水沟取水，一路舞游。龙由执珠者引领，随着鼓点快慢强弱，神威奋发，穿越翻腾，奔跑游走，婉转回旋，左右盘翻，缠绞翻滚，屈伸绵延。沿途家家户户供品鸣炮，顶礼拜祭。

至村内广场，双龙于外围，龙头向南，龙尾摆北，大鼓、锣、钹居南，宫轿坐北向南。此时，锣鼓喧天，鞭炮齐鸣，彩旗飘扬。

功班表演藤牌阵，总指挥手执令旗，口吹号角，阵势摆成近百米长队。入阵 64 人，攻守双方各 32 人。接着南北纵向分列双队，再由四支头叉分为一叉、二叉、三叉、四叉，各统带一小队组合。每小队（含头叉）16 人，分成攻守双方，攻方 8 件兵器（含头叉），守方 8 面藤牌配刀。

阵之态势，攻守双方各执不同兵器。攻方，一叉队：叉、关刀、月铲、双刀、铁尺、长连环、双手戟、串仔；二叉队：叉、皇刀、朴刀、缨枪、双连环、钩镰枪、串仔、绞棍；三叉队：叉、关刀、月铲、双刀、铁尺、长连环、双手戟、串仔；四叉队：叉、皇刀、朴刀、缨枪、双连环、钩镰枪、双手戟、串仔、绞棍；各队严阵以待。守方，左手扣藤牌，右手执南刀，半蹲待令。

令旗挥动，号角劲吹，击鼓变阵。攻守双方对打数回合。接着，各分队紧跟各头叉奔跑变阵，杀声连天，场面激烈，气势恢宏。

阵式内容及变化列举如下：

单龙出海阵。全队纵向成一字长龙。

双龙出海阵。一字长龙变双龙出海。攻方手执各种兵器，守方手执藤牌、南刀，同立于阵中，面对面各排成斜一字长队对阵、开打、跑场。变化跑须 3 个过场阵，从小过场阵至大过场阵，再变回小过场阵式。

圆山阵。攻守双方列队跑圆山。①小过场阵：守方在外围执藤牌面向内对阵。②大过场阵：守方转回内围，向外布防对阵。③小过场阵：守方转回外墙，面向内布阵，对面开打，跑圆山。

四象阵。以叉带头，双方集于场中列成 8 条纵队阵式，操演对打，跑大过场阵式，变回 2 个排山阵，再变为长蛇相吞阵形，双方组成 4 条长队形，交叉跑场，相吞对打。

八卦头阵。①牌墩阵式：藤牌组成两个牌墩，攻防围绕牌墩跑场。②葫芦阵式：藤牌组成 3 个牌墩（三角形态势），攻方分 2 队绕牌墩跑八字形过场，交叉跑场、切割而过，边跑边对打。

剪刀阵。攻、守双方分 2 队排成十字（剪刀形）布阵，对打，转大过场阵式。藤牌变化组成 4 个墩墙（圆形态势）布阵，攻方围绕牌墙跑场，边跑边对打转成八字围鼓阵，交叉跑场。变回拆墩阵，牌墙散开，转蛇相吞阵形。双方组成 2 条长队，交叉跑场，开打，跑大圆场。

环龙阵。双龙起舞穿腾出海，围接四周。队形变为圆山阵式，集于场中列队、演练对打数回合，结束。

五、特色及价值

（一）特色

藤牌功班舞源自戚继光的抗倭藤牌阵式，集军事训练、武术对抗、打击乐伴奏于一体，可以健骨强身，抵抗外侮，又可自娱自乐，酬神娱神，祈求平安，欢乐祥和，成为特定节庆活动文艺形式，是富有特色的地方民间民俗传统文化艺术品牌。其步法采用了武术的马步、弓步、卧步、跳步，阵法以防御为主，攻击为辅，长短兵器，攻防结合，采用了单龙、双龙一字长龙阵、圆山阵、四象阵、八卦头阵（含牌墩阵式、葫芦阵式）、剪刀阵、环龙阵两军对垒破阵，双方对舞击刺，变化多端，动作粗犷、气势磅礴、鼓点有军阵鼓点、狮舞鼓点特色，节拍激扬舞蹈动作准确、干练娴熟，协调一致。由于村上敬奉西汉名将"飞将军"忠顺侯王李广、天妃圣娘、招宝夫人、青惠夫人、马大元帅、左顺风耳、右千里眼两将，共 7 位神圣，俗定逢双年号元宵期间全村必循例举行的娱神祭祀活动，颇具区域性、凝聚性、连续性和独创性。

（二）价值

徐闻县迈陈镇东莞村藤牌功班舞源远流长，起源于朝廷军队，植根于民间百姓，集武术、打击乐之大成，表演仪式、形式、套路、技艺精湛且丰富多彩，文化内涵深厚，承载了徐闻人敬畏自然、抗争外侮的历史，深入挖掘、研究、保护、传承藤牌功班舞具有重大的现实意义。

（1）藤牌功班舞可以补入地方史志。如《徐闻武林志》的相关记述及该舞现存载体，让人们了解徐闻的历史渊源、社会状况，以及古代军事斗争形势。

（2）藤牌功班舞彰显了中华民族的不屈不挠的与天斗、与地斗、与强敌斗的伟大民族精神。

（3）藤牌功班舞展示了中华民族的民间武术、舞蹈艺术，配以击鼓鸣金伴奏，有成熟的阵式套路舞蹈，气氛热烈，高潮迭起，为人民群众所喜闻乐见，具有积极向上的艺术审美价值，是难得的非物质文化遗产。

（4）藤牌功班舞是中原文化、江浙文化、客家文化、闽南文化、海洋文化、本土文化交融的结晶。

（5）藤牌功班舞属明代健舞，古代流行于江西、浙江、福建等地。据刘金鼎主编的《中国文化史词典》记载，现仅在浙江义乌、金华等地流传，而在中国大陆最南端的徐闻仍传承这一珍贵的文化载体，是海上丝绸之路文化、移民文化的延伸。

（6）藤牌功班舞反映了雷州半岛徐闻人民的民俗心态、宗教信仰，满足了广大民众祈求康宁富裕的心理愿望和精神寄托，沟通民间的真诚交往，促进社会和谐。

六、传承谱系

从"藤牌功班舞传承谱系表"中可以看出，家庭传承是其典型传承方式，且传承人全部为男性，以郑氏、钟氏、黄氏等为主（表3-1）。

表3-1　藤牌功班舞传承谱系表

姓名	性别	出生年代	传承方式	居住地址	备注
郑旻	男	明代万历年间	家族传承	东莞村	黎源如县
郑敬	男	明代万历年间	家族传承	东莞村	乐安知县
郑时宾	男	明代万历年间	家族传承	东莞村	徽州通判
郑时坚	男	明代万历年间	家族传承	东莞村	隆安知县
钟震国	男	清乾隆（1780）	家族传承	石岭钟宅	武略骑尉
钟汝材	男	清代	家族传承	东莞村	武秀才
钟山楼	男	清代	家族传承	东莞村	武秀才
郑承坚	男	清代	家族传承	东莞村	武秀才
郑承吉	男	清代	家族传承	东莞村	武秀才
钟铭泰	男	清代	家族传承	石岭村	武举
黄统明	男	1915	家族传承	东莞村	无法查证
郑均章	男	1917	家族传承	东莞村	离休干部

（续）

姓名	性别	出生年代	传承方式	居住地址	备注
郑庆龙	男	1918	家族传承	东莞村	农民
黄爱	男	1918	家族传承	东莞村	农民
许堪明	男	1918	家族传承	东莞村	农民
钟凯	男	1918	家族传承	东莞村	农民
郑安贤	男	1918	家族传承	东莞村	农民
钟陈贵	男	1922	家族传承	东莞村	农民
郑均爵	男	1923	家族传承	东莞村	农民
钟霞	男	1925	家族传承	东莞村	农民
黄长明	男	1932	家族传承	东莞村	农民
钟开玉	男	1934	家族传承	东莞村	农民
黄长利	男	1935	家族传承	东莞村	农民
钟伍仔	男	1937	家族传承	东莞村	农民
沈赵	男	1943	家族传承	东莞村	农民
郑庆荣	男	1948	家族传承	东莞村	农民
钟茂松	男	1971	家族传承	东莞村	农民
郑平奋	男	1973	家族传承	东莞村	农民

七、藤牌功班舞的传承人

省级传承人郑庆荣，男，1948 年 5 月出生，徐闻县迈陈镇东莞村人，10 岁跟家父在功班练习武艺，由于聪颖好学颇得父辈栽培，深谙阵式功班藤牌之武功、形意、步法、套路、阵式。后被推荐为该舞演练总指挥，至今已 30 年。2012 年 10 月被列为广东省级传承人。由于藤牌功班舞，没有专门的功神册簿、功夫秘籍，主要靠领班人心领神会。郑庆荣重于言传身教，专抓四钗队骨干，尤其是第三钗队总领队青壮骨干钟茂松（市级非遗传承人）的培训，使之技艺大有长进。于传承中，钟茂松已能身教示范，独当一面。2008 年 3 月中共湛江市委宣传部授予郑庆荣"优秀民间艺术师"称号。

市级传承人钟茂松，男，1971 年 11 月生，徐闻县迈陈镇东莞村人，高中文化，体格健壮，气力过人，其自幼对藤牌功班舞兴趣浓厚，跟随村中叔伯尤其是郑庆荣师傅演练，眼看心记，颇得要领。近年他亲身躬行执掌难度最大的第三钗队，现对阵式演变得心应手，且身体力行，一招一式亲示范，受村中长老青力推为市级传承人。郑师傅年迈体弱，重于言传，而套路、形意身教示范重任由钟茂松实施。他们老幼结合悉心调教，促进了藤牌功班舞的传承、发展。2012 年 8 月钟茂松被评为藤牌功班舞市级传承人。

八、藤牌功班舞的传承与发展实践

（一）加强培训，将逢双年演练改为每年必训练、展演

500 年来，东莞村俗传，藤牌功班舞娱神健体演练系逢双年活动（即三年两拜）。这样时隔太久，日渐生疏。为适应新形势的发展需要，现改为每年春节、元宵节必聚众弟子训练、展演。庙中众神，善解人意亦予赞同。

（二）新老结合，以老带新，促进传承

一是传承人的年龄交替，新老结合。原省级传承人郑庆荣师傅，年已七十，年高体弱，难以适应高强度的广场式军阵排演与身教示范。经村中长老物色，郑师傅举荐现年 47 岁的钟茂松师傅为新一代传承人，执行难度最大，变幻莫测的三钗队并对四个钗队的攻防套路、舞（武）者形意一一示范实施。师徒两人悉心调教，传承收效显著。

（三）精简队伍，以利于舞台调度及外出展演

原主战场上四钗队，每队 16 人，合 64 人；母龙队长 32 米 13 节，舞者 32 人（其中龙头 4 人，龙身 26 人，龙珠 1 人）；子龙长 22 米 11 节，舞者 28 人，加上司鼓、掌钹、旗手、总指挥及后勤管理人员共 134 以上。改革后，战场四钗队，每队 12 人，合 48 人，比原 64 人减少了 16 人，双龙队精简 4 人，共减少了 20 人。

（四）舞蹈老师指导，助力演绎效果提升

2015 年 6 月，请湛江市文化馆长陈悦、市非遗保护中心副主任庞洁、舞蹈家龙海飞来村中指导；2015 年 7 月聘请珠海市知名舞蹈家沈俊校先生来东莞村指导编排，县宣传文化主管部门主要领导陪同，县广播电视台予以跟踪报道，广泛宣传；2018 年农历正月初四晚，再次请沈俊校先生莅村指导排练。

（五）积极开展对外交流，增强影响力

2006 年春节期间（农历正月初七至十六日），为弘扬优秀传统文化，加快"文化强县"进程，徐闻县举办"中国·汉港（徐闻）首届民俗文化艺术节，是次活动，作为纪念联合国教科文组织成立六十周年中国系列活动之一。藤牌功班舞应邀为广场类节目开场展演。

2009 年春节，参加徐闻县"走向春天·欢歌盛世"舞狮武术表演大会，展演了藤牌功班舞。

2015 年 9 月，参加"广东省第三届岭南民俗文化节展演暨 2015 年湛江市

民间艺术节"系列活动。10 月 1 日，再度赴湛参加"湛江市第三届海洋周开幕式"在观海长廊展演。

2016 年春节赴县体育馆参加全县舞狮、舞龙大赛开幕式展演。

2017 年 11 月 5 日参加首届南粤古驿道定向大赛开幕式展演。

2018 年农历正月十六日，参加珠海市斗门区第十四届民俗文化艺术节大巡游。

多年来，数次走出去交流与学习，有效促进了藤牌功班舞的传承与发展。

第四章

广东民俗体育徐闻藤牌功班舞
经典个案研究

第一节　徐闻藤牌功班舞彰显出的中国精神阐释

习近平总书记在不同的场合中多次提出"讲好中国故事、传播好中国声音",这是把中华优秀传统文化中具有当代价值、世界意义的精神标识、文化精髓提炼出来、展示出来的重要方式。徐闻藤牌功班舞体现了基于中华优秀传统文化所形成的中华民族的社会主义核心价值观,也是当代中国人民在共同的社会实践基础上所形成的价值共识。以"十四五"发展规划为标志,中华民族步入新发展阶段,须从民族复兴高度重新定位藤牌功班舞,从培育中国精神的角度重新认知藤牌功班舞,将其从一般民俗体育事项提升为凸显中国精神的实践载体。藤牌功班舞是徐闻乡土社会民俗体育组织,作为地域性身体文化符号,历经 600 多年的演变、转型、融合与创新,已成为雷州半岛最具代表性的民俗体育事项,不仅在纵向历时性的话语叙事中获得发展支撑,而且在横向共时性的身体展演的交流、共享与互鉴中获得发展活力。

藤牌功班舞主要分布在中国大陆最南端的徐闻县迈陈镇东莞村及周边村落,藤牌功班舞参与抗倭斗争及与宗族发展的"故事"被不同时期的群众讲述,形成了具有时代特征的"故事"实例,这些故事与宗族先祖、宗族繁衍等密切相关。藤牌功班舞作为宗族文化的身体象征,通过身体演绎和话语叙事表达对宗族先辈的尊崇,形成族群凝聚力和文化认同。自改革开放以来,中国的现代化进程经历了"建设小康社会""坚持以人为本的科学发展观""构建社会主义和谐社会""全面建设社会主义现代化强国"等历史阶段,目前已实现全面建成小康社会的历史任务,正在向着全面建设社会主义现代化国家的新征程上奋力前进。新时代,习近平总书记提出以"一带一路"倡议实践人类命运共同体理念,在此时代背景下,国家软实力和中华文化影响力不断增强,如何讲好中国故事,助力文化强国、体育强国战略目标,是当下中华民俗体育文化亟需研究的课题。目前，民俗体育文化研究呈现出多维度的创新态势，拓展了民俗体育文化的深度和广度，为相关研究提供了丰富多样的思想资源，提出了诸多互补互益的时代课题。

然而，既有研究中关于"中国体育故事"的探讨相对匮乏，多数研究是以讲好中国故事作为研究背景，少有从身体展演与话语叙事的角度开展民俗体育文化研究，缺乏体育故事的本体论研究。换言之，藤牌功班舞传承者所重视的话语叙事与现有文献积累形成极大反差，需重新思考藤牌功班舞故事叙事的意义与价值。鉴于此，本章节旨在讲好蕴含在藤牌功班舞中的中国故事，通过身体展演和话语叙事双重逻辑阐释其蕴含的中国精神，构建中国话语和中国叙事体系，以期为我国民俗体育文化的理论探索与赓续传承提供参考。

一、藤牌功班舞彰显中国精神的内在逻辑

（一）身体展演：徐闻藤牌功班舞形态演进及演绎程式

藤牌功班舞由明代万历年间戚继光抗击倭寇藤牌阵法演变而来，是集军事训练、武术和古乐于一体的男子群舞，表现了沿海军民为捍卫海上丝绸之路而抗击倭寇的顽强斗争情景，讴歌伟大爱国主义精神。其分布于徐闻县迈陈镇东莞村，至今已有 19 代 600 多年的历史。其形态演进脉络及演绎程式变化如下：其一，将逢双年演练改为每年必训练、展演。五百年来，东莞村俗传，藤牌功班舞娱神健体演练系逢双年活动（即三年两拜）。为适应新形势发展需求及防止时隔太久，日渐生疏，现改为每年春节、元宵节必聚众弟子训练、展演；其二，新老结合，以老带新，促进传承。原省级传承人郑庆荣师傅年迈体弱，重于言传，而套路、形意身教示范重任由钟茂松实施。两代传承人老幼结合悉心调教，收效显著；其三，对过分庞大的队伍进行精简，以利于舞台调度及身体展演。原主战场上四钗队，每队 16 人，合 64 人；精简后，每队 12 人，合 48 人，减少了 16 人。

藤牌功班舞以村落为传承场域，以村落宗族男子群体为传承主体，以家族和师徒传承为主要传承方式，在节日庆典、宗族祭祀等场域展演。目前藤牌功班舞的演绎场域已推广到诸多领域，其作为徐闻县独具特色的民俗体育事项，不仅在村落传播，也在武馆训练及中小学等教育场域已广泛开展，逐渐成为日常化、常态化的身体展演形式。如郑妃雄和郑平奋进入徐闻县迈陈镇角尾乡和西连镇等地开馆授徒，到东莞小学和角尾乡放坡小学等学校开展非物质文化遗产传承教育。2017 年 11 月 5 日，藤牌功班舞参加首届南粤古驿道定向大赛开幕式展演；2018 年农历正月十六日，参加珠海市斗门区第十

四届民俗文化艺术节大巡游。藤牌功班舞数次走出去交流学习，旨在倡导多方位、多渠道、多场域推动文化的交流、共享与互鉴。作为一种"身体文化"的特殊载体，藤牌功班舞起源于抗倭斗争实践，根植于节日庆典，依附于宗族祭祀活动，以自在的形式将民族意识、文化精神和价值追求融入村落社会成员的生活血脉之中，自发地存在并发挥规范作用。尤其在新冠肺炎疫情防控的关键时期，藤牌功班舞的发展受到严峻考验，需借助以地缘为纽带、以血缘为根基的共享场域身体展演，使民众更易体悟其先辈所赋予的身份象征与精神力量。

（二）话语叙事：讲好徐闻藤牌功班舞的历史"故事"

1. 藤牌功班舞参与抗倭斗争的历史叙事

在藤牌功班舞参与抗倭战争实践所演绎的历史"故事"中，戚继光的鸳鸯阵常被作为"故事"叙事的主要部分。据《明史》记述，倭寇侵扰，江浙一带尤甚。日本人崇尚武道，熟练武士刀，长于近身搏斗。戚继光严格训练的义乌军，战斗力极强。然而多次与倭寇近战，虽能取胜，却总是杀敌一千自损八百。一筹莫展之时，高人唐顺之交予戚将军一兵书《武》，嘱致制胜之道尽在其中。戚将军彻夜苦研，找到了其中《秘战》一卷，深受启发："秘战者，即新名'鸳鸯阵'之谓也。"属近身格斗战斗队列。每队11人，配有队长一人，两名标枪盾牌（藤牌）兵（以钩防御，投标枪向外围主动出击），二名狼筅兵，用以阻敌钩敌，四名长矛兵为攻击主力，两名藤牌短刀手，防止对手迂回，从侧翼保护长枪手。十一人抱团如鸳鸯相随，相互掩护，构成完美杀阵。于宁海前哨首战，倭寇死伤二百余人，戚家军仅一人轻伤。后来沿海土民争相效仿。虽然，目前并无确切资料证实戚继光的"鸳鸯阵"就是现今的藤牌功班舞，但据史料记载及藤牌功班舞代表性传承人普遍认同藤牌功班舞以戚继光的军事布阵为历史缘起，将藤牌功班舞与戚继光抗倭战争历史事件关联起来，并通过"人为加工"逐渐演绎成为民间历史"故事"。

据明万历四十三年（1615年）雷州推官欧阳保《雷州府志》记载，明洪武廿七年（1394年），明朝廷委派安乐侯吴杰在徐闻一县沿海建成海安、锦囊守御千户所城，尔后又在东莞村附近的东场港设置了巡检司。作为抵御倭寇及海盗侵凌骚扰的军事要塞。明代天顺六年（1462年），由于西寇（安南和葡萄牙海盗）的骚扰作乱，徐闻县土城被破，迁徙海安所城，至明弘治十四年（1501年），才迁回故地，历时达39年之久。这段时期，东莞圩也深受其害，百姓惨遭荼毒。据藤牌功班舞传承人口述，面对强敌，东莞村民为保卫家园，维护圩集安宁，商贾出资，聚青壮年习武，成立堂口称功班。缘份所至，浙江一武林教头，云游四方，抵广西合浦，拟泛舟琼州，因海上潮流所迫，靠东莞港。东莞圩繁荣兴旺，且同讲闽南语，引教头驻足。数日圩上习武热闹，吆喝之声震天动地，令其关注，移步武场，察看有日，悉习武缘由，自荐为师。他认为西寇敢于进犯，必有备而来，可东莞圩无城堡可据，须避短扬长，制定既要单兵作战，更要众人合力攻防之策，而力推戚家军抗倭藤牌阵。经东莞堂口有识之士认可，取名"功班藤牌阵"。此阵攻防兼备，刚柔相济，疏密相通，动静结合，用兵灵巧。攻，有32件长短兵器结合，远距攻上，有长矛、狼筅、钩镰枪。近战袭下，用短兵器。守，有32个藤牌配刀变化多端，时而长龙，时而结墩，时而相吞，时而圆山，布防险恶，隐藏杀机。功班练成藤牌阵，狠狠打击了敌寇嚣张气焰。戚继光《纪效新书》卷十一说到藤牌作用："以藤为牌……铳子虽不能隔，而矢石枪刀皆可蔽，所以代甲胄之用，在南方田塍泥雨中，颇称极便。"明万历十一年（1583年），戚继光调任广东总兵官，向沿海军民传授藤牌阵法，指导抗击倭寇。

2. 藤牌功班舞与村落宗族融合发展中的历史叙事

依据藤牌功班舞故事本体论，不难发现，藤牌功班舞的故事本体是基于宗族先祖而开展的，宗族成为话语叙事的逻辑起点。在藤牌功班舞数百年的历史传承中，东莞村村民基于"英雄祖先崇拜"建构了与宗族祭祀互融发展的藤牌功班舞"故事"，"故事"在一代代人的叙述中，形塑了东莞村的宗族文化传统。据钟茂松、郑平奋、郑妃雄等传承人口述，东莞村居钟、郑、黄、招等姓，钟郑两姓的祖上都来自福建莆田，钟姓始祖钟宸湖，其后裔钟震国，是位武略骑尉（正六品），还有武举人钟铭泰（曾任江西婺源知县）、武秀才钟汝材、钟山楼、郑承贤、郑承洁。明代郑姓出了郑昊（黎源知县）、郑敬（乐安知县）、郑时宾（徽州通判）、郑时贤（隆安知县），他们祖籍都来自福建莆田。这些历史名人崇文尚武，"一文一武，一张一弛"，开馆授徒，形成堂口武功帮派。东莞村俗敬奉西汉名将"飞将军"忠顺侯王李广、天妃圣娘、招宝夫人等7位神圣。祖上传下惯例，元宵节，功班藤牌阵逢双年须操练，祈神人共乐，敬贺太平，新禧吉祥。鉴于神人共需，使藤牌功班舞得以成俗，代代相传。经漫长历史进程，藤牌功班舞演化成为东莞村中独特的传统习俗活动，反映了徐闻人民自强不息、热爱乡土的精神情操，祈求平安、和谐、欢乐、富足的纯朴愿望，并将其作为东莞村每年正月元宵节期间酬觊妈祖的开春巡游表演重要节目。藤牌功班舞传延至今，主要价值及社会功效在于维护村落宗族社会和谐、保障宗族群体生命及财产安全。在明弘治倭患时期，东莞村村民演绎了历史记忆中的"藤牌功班阵抗倭故事"。此后，基于"英雄先祖崇拜"而衍生的藤牌功班舞"历史故事"，不仅成为东莞村宗族的文化象征，凸显出艰苦奋斗、团结友爱的宗族尚武精神，同时也逐渐成为村落群体对自我认同、宗族血缘认同及中华民族身份认同的理据。

藤牌功班舞能够在民间经久不衰传延至今，归功于藤牌功班舞不仅是一种民俗体育事项，更重要的是其历经抗倭战争的洗礼，逐渐与宗族仪式、乡土社会等相互融合，使其在起源与早期发展阶段形成了多元一体格局及兼容革新能力。无论是缘起于抗倭斗争所形塑的历史记忆，还是凝聚于仪式场域演绎所形成的身体记忆，藤牌功班舞不同时期、不同场域的话语叙事和身体展演，其孕育出的文化积淀、心理认同、礼制传统等，可对徐闻民众身份认同、文化认同的形塑，及其内在精神标识的挖掘、提炼与整理提供学理支撑。

二、徐闻藤牌功班舞彰显出的中国精神阐释

徐闻藤牌功班舞中蕴含的思想观念、人文精神、道德规范，对徐闻人民的生活、生产实践方式及情感样式有着深刻影响，在长期的发展中孕育出独特的价值传统，这种独具特色的价值传统正是徐闻人民精神文化生活的核心。换言之，如果将徐闻藤牌功班舞的价值仅定位于"强身健体""愉悦身心"，会模糊其特殊性；如果仅定位于"文化传承"，也无法突出藤牌功班舞的独特价值；如果立足于防身自卫、军事演练，虽发挥了武术、军事的特殊作用，但仍无法发挥其更高层面的社会价值；如果定位于更高层面的"培育中国精神"，能使人们认识到藤牌功班舞对国家民族发展、人民身心健康的特殊价值，提升藤牌功班舞的社会地位，同时实现强身健体、文化传承、防身自卫及军事演练的目的。因此，挖掘徐闻藤牌功班舞彰显的中国精神，是新时代徐闻藤牌功班舞最高层面的价值定位。中国精神的挖掘与提炼离不开血缘、地缘根基，更离不开同源文化脉系。中国精神蕴含在藤牌功班舞的文化体系当中，凝聚和体现了本体文化的信仰、思维方式、文化心理结构、价值理念等。徐闻藤牌功班舞彰显的中国精神是以抗倭战争与宗族祭祀的叙事逻辑为现实依托和实践根基，正因为如此，需立足身体展演和话语叙事观照藤牌功班舞蕴含的中国精神表达。

（一）革故鼎新、与时俱进的伟大创造精神

中国人民是具有伟大创造精神的人民。善于探索、积极创新是中华民族永葆生机活力的不竭动力。徐闻藤牌功班舞不仅创造性地指导徐闻人民将藤牌功班舞作用于战争实践，而且使其通过不同场域的身体展演指导藤牌功班舞的创造性转化和创新性发展。

藤牌功班舞彰显的伟大创造精神主要体现在以下三个方面。一是思想理论创造。以戚继光为代表的军事思想家，以《武》《纪效新书》《练兵实纪》《武备新书》《莅戎要略》为代表性著作，对我国古代乃至近现代以来的军事理论与武术实践具有重要的参考与借鉴价值。二是文化艺术创造。以徐闻藤牌功班

舞为代表的民俗体育文化，历史悠久、内容丰富。尤其在当时生产力水平极为低下、生存环境极为恶劣的条件下，徐闻先民之所以能够在较短时间内取得抗倭战争的伟大胜利，离不开徐闻人民的强大创造力。他们充分发挥聪明才智，大胆创新，发明创造了攻守兼备的近身格斗战斗队列——"藤牌功班阵"，不仅通过宏观叙事记录了他们大胆创造的事迹，帮助人民告别了战乱，而且通过无数个普通参与个体的展演凝聚民族精神，蕴含着丰富的主观能动性和主体创造力，体现了人民主体性价值回归和重要意义。三是现代化传承与传播手段创新。新时代，在"数字＋文化"理念的指引下，讲好中国故事，提升中华文化传播力，增强中华文化影响力，需要借助数智化手段重构中国文化叙事体系。现阶段，通过虚拟现实技术、5G 技术及短视频技术等数字化传承方式，初步实现了对藤牌功班舞的唤醒、激活与复现。首先，在历时性方面，虚拟现实、混合现实等技术将虚拟场景与现实场景进行融合，再现历史人物与事件，让当下的受众与历史人物对话，在互动中参与叙事，借助数字媒介，藤牌功班舞在参与式、沉浸式传播中，连接历史与现实时空，让接受者在虚拟在场的互动交流中进行文化共同体的想象，共享中华文化精髓。其次，在共时性方面，抖音、快手等短视频 APP 的快速发展，让身处不同场景的人们可以对藤牌功班舞进行共时交流，加速其在现代空间环境和社会场域中的仪式化呈现，凸显藤牌功班舞对现代生活的新意义，形成共同的文化记忆和集体记忆。例如，2022新年期间，湛江市文化广电旅游体育局举行"非遗过大年、文化进万家"非遗展演活动，为响应疫情防控号召，将其仪式展演的活动内容上传至抖音、快手、百度等短视频 APP，观众可通过识别二维码线上观看直播。因此，在中华文化"走出去"战略背景下，以藤牌功班舞、人龙舞为代表的体育非物质文化遗产在短视频中的"活化"现象的典型例子，是对"数字＋文化"理念的全新阐释，通过数字媒介将藤牌功班舞创造性转化为海内外华人社会共享的文化成果，以中国文化符号创新中国故事表达方式，传播好中国声音。

守正创新是中国人民创造奇迹、展示中国智慧的独特精神特质。实践没有止境，创新亦没有止境。徐闻人民革故鼎新、与时俱进的伟大创造精神，在抗倭战役中发挥了举足轻重的作用，它不仅体现在有形或无形的民俗体育文化遗存中，更体现在徐闻人民在历史社会变革和中国式现代化的伟大实践中。

（二）自强不息、百折不挠的伟大奋斗精神

中国人民是具有伟大奋斗精神的人民。习近平总书记深刻指出，人类的美好理想，都不可能唾手可得，都离不开筚路蓝缕、手胼足胝的艰苦奋斗。伟大奋斗精神是我们战胜一切艰难困苦，创造美好生活的精神支撑。自古至今，无

论面临突发自然灾害，还是身处外敌入侵的民族危难，中国人民养成了勤劳勇敢、自强不息的品格，振兴中华的奋斗精神都是帮助中华民族渡过难关的信念支撑。"天行健，君子以自强不息"，正是中华民族所具有的锲而不舍、知难而进、努力向上、奋发图强的重要基因，凝结着中华民族一往无前、知难而进、顽强拼搏的精神品格，是对中华民族百折不挠、奋斗精神的真实写照。

徐闻藤牌功班舞彰显的伟大奋斗精神，主要体现在以下三方面：一是锲而不舍的励志抗倭英雄效应。"伟大奋斗精神感召奋进者砥砺前行"。抗倭英雄"天下兴亡匹夫有责"的历史心性，以及不畏强权、保卫家园的决心和斗志，并将中华民族之尚武精神进行了演绎，藤牌功班舞也成为保卫战中的战斗"工具"。抗倭英雄形象而生动地展现了伟大的奋斗精神。二是战胜倭寇的伟大壮举。通过深入东莞村开展民族志调查，据藤牌功班舞传承人及习传者口述，他们的先辈皆参与抗倭斗争中，与倭寇展开了百折不挠的斗争，同时还在记忆中存留了抗倭英雄的故事。这种抗倭斗争故事，在区域社会形成了广泛的精神宣传和凝聚效应，极大地鼓舞了民众保家卫国的思想斗志。此外，"抗倭战争"之所以在物质条件、军事装备极其落后的情况下能取得胜利，与徐闻人民伟大的奋斗精神是分不开的。在抗击倭寇的关键时刻，徐闻人民的聪明才智、辛勤汗水与巨大牺牲，创造孕育出了优秀民俗体育项目藤牌功班舞，凸显出了徐闻人民革故鼎新、努力奋斗的精神品格，藤牌功班舞表明了徐闻人民战胜敌军的坚定决心和信心，彰显了中华民族自强不息、百折不挠的与天斗、与地斗、与强敌斗的伟大奋斗精神。三是社会文化建设初见成效。徐闻藤牌功班舞文化的交流、共享与互鉴，不仅仅局限于身体运动的演绎层面，更重要的是体现在历史故事的叙事和重演，将先辈们的历史遭遇在现代共享场域中场景再现，不仅强化了村落民众的文化认知、血缘认知及身份认知等认同观，更重要的是将中华民族尚武爱国的奋斗精神在这种场域中体现出来。当今，无论是新时代背景下我国社会主要矛盾的转变，还是全民健身体育强国等国家战略的提出，抑或是新冠疫情背景下人民对健康观念的再认知，都进一步强调了体育锻炼和健康的重要性。藤牌功班舞作为公众体育项目，不仅使徐闻人民在努力拼搏与艰苦奋斗过程中始终坚持藤牌文化的守正创新，满足人民群众多样化的精神文化需求，同时通过身体展演，满足人民群众的健康需求，不断改善民生，进一步提升人民群众的获得感、幸福感、安全感，不断实现人民群众对幸福美好生活的向往。

（三）同舟共济、守望相助的伟大团结精神

中国人民是具有伟大团结精神的人民。伟大团结精神作为中国精神的核心和精髓，在徐闻藤牌功班舞发展的不同历史阶段得到不同程度的彰显。伟大团

结精神不仅体现在以攀登高峰、无私奉献、顽强拼搏、为国争光为主题的藤牌功班舞形成的萌芽起步阶段，也体现在徐闻人民学习、参与和演绎藤牌功班舞过程中以团结协作、迎难而上、不怕挫折、健康快乐为主题的现代传承与发展阶段，同时也体现了以藤牌功班舞为代表的民俗体育事项作为独具特色的非正式制度参与村落社会治理所凸显的社会意义与时代价值。

从徐闻藤牌功班舞起源的话语叙事逻辑来看，团结精神是全国各族人民在长期的历史发展中形成的精神特质，是中华民族凝聚力与向心力的直接源泉。在中国人民的民族意识中，团结统一是中华民族的共同利益和重要共识。基于这种利益和认识，中华民族形成一致的价值取向和奋斗目标，从而为各族人民提供了强大的精神动力。藤牌功班舞起源与演变的过程，正是中华民族历经磨难、愈挫愈勇，不断在磨难中成长、从磨难中奋起的过程。面对抗击倭寇的历史重任，徐闻人民正是凭借着勠力同心、同舟共济、守望相助的伟大团结精神，在较短时间内基本遏制住了敌军的强劲势头，初步稳定了局势、扭转了局面。徐闻人民讲述了举世瞩目的"团结抗倭"故事，赢得了全国人民的尊重和支持，充分彰显了伟大团结精神。

藤牌功班舞蕴含的民族团结精神在新时代的彰显，得益于以下两个因素：其一，以徐闻藤牌功班舞为代表的民俗体育文化的赓续发展是维持社会和谐与弘扬民族团结精神的文化基因。在关键时刻，尤其是遇到关系中华民族生存和发展的重大事件时，民俗体育文化就愈发能彰显其强大的号召力和感染力。其二，徐闻藤牌功班舞作为独具特色的非正式制度在村落社会治理中的作用日益凸显。作为村落民俗体育项目的藤牌功班舞是徐闻人民抗击倭寇、抵御外敌，建立在人民群众祈求平安、和谐、稳定的社会状态及村落宗族发展需要的基础上而衍生出的一种社会模式，这种社会模式源于一种自发的社会力量，是一种非正式制度在乡村社会治理中的具体体现。集体性的身体展演能够解放思想、疏解情绪、形成非强制性的族群认同，徐闻藤牌功班舞所蕴含的民间信仰和民俗心理对乡村社会秩序有着重要的规范和约束作用。简言之，作为非正式制度的藤牌功班舞，可以通过非强制性手段规范村民的身体行为与社会行为，重构乡村社会秩序和关系，建构开放性理念，从而逐渐凸显其在村落社会治理中的独特作用。

从徐闻藤牌功班舞的身体演绎逻辑来看，一方面，藤牌功班舞根植于妈祖信仰，反映了雷州半岛徐闻人民的民俗心态、宗教信仰，满足了广大民众祈求康宁富裕的心理愿望和精神寄托；另一方面，藤牌功班舞是由军事布阵、对抗演练逐渐演变为民间祭祀的民俗体育事项。民间祭祀由村民集体参与，在长期社会实践中逐渐形成，蕴含着集体协作的共同心理和思维习惯，形成了特定的文化场域。以上两方面说明徐闻藤牌功班舞的身体演绎过程都会伴随着诸多仪式性行为，这种仪式性身体展演不仅增强了参与者之间的凝聚力，更是通过民俗文化仪式的展演的方式，寄予了参与者对和谐有序、团结友爱、稳定乡村社会空间秩序的期待与想象。藤牌功班舞是在传统社会恶劣的生活环境下孕育形成，迫使人们抵御外敌时必须集体协作，强调思想和行动的统一性。如藤牌阵势中的圆山阵，攻守双方列队跑圆山，体现了分工与协作行为，表达了安全、稳固和团结。此外，民俗仪式是一种身体行为、一种集体行为、一种组织关系，是靠血缘关系联络起来的一种非正式关系结构体系，在这样特定的文化场域里得以传承。其中藤牌功班舞传承人不仅担任着教授步法、阵法及兵器的使用等技艺教育工作，更重要的是传授其中所蕴含的团结协作的文化仪式和族群规矩。各个体成员在日常现实关系的基础上进一步加强了互动的广度、深度和强度，是一种协同合作、平行发展、上下互动的管理过程。

徐闻藤牌功班舞于每年正月十五元宵节期间进行宗族祭祀与身体展演，是融合民间信仰文化、村落先祖崇拜文化、传统节庆文化等于一体的文化共生体系。这种共生文化体系是以藤牌功班舞参与者的身体运动和话语叙事为实践载体而形塑的，也是以村落空间为边界的宗族精神共同体。正因如此，拥有共同祖先的人们聚集在一起构成紧密团结、内聚力强、一致对外的精神命运共同体。

（四）命运与共、追求卓越的伟大梦想精神

中国人民是具有伟大梦想精神的人民。这种伟大精神是一代一代中华儿女创造和积淀出来的，也需要一代一代传承下去。从女娲补天、大禹治水等环境治理传说，到"天堑变通途""高峡出平湖"的伟大创造，再到南水北调的人间壮举，从悟空大闹龙宫、哪吒闹海的古代想象，到"可下五洋捉鳖"的现代誓言，再到"蛟龙"不断刷新载人深潜世界纪录，无一不凸显出中国人民勇于追求和实现梦想的执着精神。徐闻藤牌功班舞作为抗倭时期的经典文化遗产，需继续发扬勇于追求和实现梦想的执着精神，凝聚起同心共筑中国梦的磅礴伟力。需从民族复兴高度重新定位藤牌功班舞，从培育伟大梦想精神的角度重新认知藤牌功班舞，将其从一般民俗体育事项提升为凸显伟大梦想精神的实践载体，重塑人民群众刚健的民族性格、阳刚的民族精神的实践途径。徐闻藤牌功班舞彰显的伟大梦想精神，引导人民群众树立正确价值观，助力实现体育强国梦。一方面，古代雷州半岛南端的徐闻，自然条件与社会环境恶劣，可以说是偏隅南疆的荒蛮之地，长期生活在这种环境下的徐闻人民，"性悍喜斗、轻生敢斗"的性格，也导致了当地教育落后，人文凋敝。徐闻藤牌功班舞涵养的伟大梦想精神，不仅使其重视人的生命价值，更加关注健康、珍爱生命、热爱生

活，改变其"轻生好斗"的陋习，帮助其形成正确的价值追求和行为规范，且能够形成乐观开朗、积极进取、充满活力的人生态度，为新时代农村健康文明生活做好准备。另一方面，藤牌功班舞源自藤牌武术，武术是培育人民群众"刚健自强"精神，凝聚中华民族"精气神"的实践途径，其最本源的价值是技击防卫，迎合了其以防御为主，攻击为辅的演绎阵法，攻防结合的十八式武术套路。因此，将藤牌功班舞置于体育强国建设的时代背景下进行考量，不仅对体育强国建设起到积极探索的促进作用，同时对藤牌功班舞自身的发展也具有重要的时代价值。将徐闻藤牌功班舞纳入学校教育体系，融入伟大梦想精神等体育课程思政等内容，通过科学设计和有序融入，将伟大梦想精神融入学校体育教育与人民群众的日常生活之中，使其在藤牌功班舞身体演绎过程中养成勇敢顽强、积极进取、挑战自我、追求卓越的伟大梦想精神。

第二节　我国民俗体育文化异化的逻辑审视与治理路径——基于徐闻藤牌功班舞的质性考察

习近平总书记在党的二十大报告中单独将"推进文化自信自强，铸就社会主义文化新辉煌"作为专章论述，并提出要"坚守中华文化立场，提炼展示中华文明的精神标识和文化精髓，加快构建中国话语和中国叙事体系，讲好中国故事、传播好中国声音"。这是把中华优秀传统文化中具有当代价值、世界意义的精神标识、文化精髓提炼和展示出来的重要方式，同时为中华优秀传统体育文化的研究与发展指明了方向。民俗体育作为中华优秀传统文化的重要组成部分，在不断满足人民群众日益增长的精神文化需求方面的作用日益凸显。然而，随着理念革新与传承方式的现代性转向，民俗体育依托国家政策支持，在创造性转化、创新性发展及寻求现代化表达的过程中，由于过分看重民俗体育的商业价值以及追求现代化发展，逐渐出现演绎程式变异、话语体系缺失等现实问题，原生态的民俗体育逐渐异化为"伪民俗""伪遗产"，扭曲了人们对民俗体育的客观认知，制约了民俗体育创造性转化和创新性发展的现代化进程。

学界前辈关于民俗体育"身体展演与话语叙事"的理论研究影响深远，如郭学松基于记忆、认同的精神共同体意识铸牢问题，认为在身体展演和故事叙事过程中，可促进两岸民众对中华文化、血缘身份形成认同。吴莲花认为，通过仪式性体育的身体展演与话语叙事，形塑了畲族、客家村落之间的空间边界，促生了两个相互隔离的村落族群的融合。在表演转向和身体转向的背景下，相关研究在民族形式和思想内容上，都极大地拓展了民俗体育的研究空间和学术视野。然而在梳理研究文献时发现，现有研究主要聚焦于精神共同体凝聚、现代化转型、价值与功能转换等方面，鲜有文献对其异化问题进行甄别和厘定。换言之，民俗体育研究者所重视的身体展演、话语叙事与现有文献积累形成极大反差，这一现象引起笔者深思。鉴于此，本研究旨在通过身体展演、话语叙事的研究视角对民俗体育的异化问题进行归纳与提炼，学术上整合民俗学、文化学、符号学的相关理论形成跨学科逻辑框架，地域上打破固有的行政区划壁垒，建立跨省域民俗体育文化共同体，在中国式现代化进程中树立良好的民俗体育观，形成社会共识，以批判性与辩证性思维为我国民俗体育文化的理论探索和赓续传承提供理论框架与路径参考。

一、我国民俗体育文化异化的逻辑审视

新时代，民俗体育文化主要凭借节日庆典、民俗赛事、舞台商演等展演场域以及依托宗族叙事、英雄叙事等叙事文本，构筑了新的发展语境与传承体系，其保护基础不断巩固、保护理念深入人心、时代价值进一步彰显，同时依托国家政策的支持进入了系统性保护的新发展阶段。本研究课题组通过大量的文献梳理和田野调查发现，在村落族群、社会变迁等外部环境的推动下，我国民俗体育在身体展演与话语叙事的逻辑层面逐渐呈现异化现象。

（一）横向共时性互动：民俗体育文化异化的身体展演逻辑

1. 形态解构：由仪式性的身体实践异化为程式化的舞台商演

演绎程式的简单化。依据布迪厄的场域理论，民俗体育的传承与演变过程实际上就是其脱离原生场域而逐步实现场域自主化的过程。随着传统乡土社会向现代社会的迭代转型，民俗体育所依存的生产劳动环境发生改变，剥离了传统文化变迁的时空场域、脱离了民众的日常生活场域，逐步走向场域的自主化，即仪式性形态结构的重构与组合。课题组在田野调研中发现，藤牌功班舞的身体展演与祭祀仪式融合共生，在展演之前要进行一系列如鞠躬、进香、敲锣打鼓、鸣鞭炮，砍猪肉、杀鸡、为龙点睛、为功帮颁牌、为兵器涂红等象征性的祭祀仪式来展现对英雄祖先崇拜的历史心性。近年来，为迎合观众口味，与身体展演相融合的祭祀仪式逐渐淡化，藤牌功班舞的演绎程式也逐渐简略化，同时对过分庞大的表演队伍进行精简，以利于舞台调度及身体展演。尤其是作为藤牌演练的标志性阵势"蛇形阵"，由于阵势变化复杂、学习难度大，也逐渐退出展演的舞台，使其由仪式性的身体展演逐渐演变为程式化的舞台展演。

身体展演"娱神"价值的肤浅化与庸俗化。民俗体育所表达的象征符号是人们在长期社会实践中向神灵表达个人诉求与社会情感的通道，是过去人们实现人神对话的媒介与枢纽。这种娱神性的民俗体育成为传统宗族社会人们表达祖先信仰与族群认同的信念支撑。随着传统到现代的时空转换，这种娱神性的身体活动逐渐演变成了"娱人""自娱"，民俗体育的"娱神"价值逐渐削弱。此外，为追求商业价值及缩减经费成本，民俗体育展演的舞台调度、服装设计、肢体动作等元素逐渐被简化，民俗体育文化的形态原貌遭到破坏，甚至被歪曲、或表层化。据藤牌功班舞传承人郑平奋口述，藤牌功班舞起源于藤牌武术，原名是"藤牌功班武"，后因认定省级非遗的需要，最终将其命名为"藤牌功班舞"。此外，现代化语境中的藤牌功班舞与传统的藤牌功班阵不可同日而语，传统藤牌功班阵中武术的对打、对抗、击技元素逐渐淡化，逐渐倾向于体操化、舞蹈化、艺术化。原始以村落为传承场域，以村落宗族男子群体为传承主体的藤牌功班舞，逐渐从仪式性的乡土社会中剥离出来，转向商演舞台，成为舞台上的艺术品。

2. 形态脱域：由民俗性的身体展演异化为规范性的竞技展演

吉登斯首次提出"脱域"概念，所谓脱域，是指社会关系从彼此互动的地域性关联中，从不确定时间的无限穿越而被重构的关联中脱离出来。笔者将这一概念应用于本研究范式。随着中国式现代化理念的不断深入，人们的日常生活、社会关系已经不仅仅局限于传统乡土社会，逐渐向更广阔的城市拓展，民俗体育也逐渐脱离原始生存场域的限制，转向于商业化、城市化、竞技化环境中，即民俗体育的脱域现象。在现代脱域机制的作用下，民俗体育所依赖的社会关系、人文环境逐渐从乡土社会中抽离，使其与传统社会结构的关系不断发生重构，形塑了规范化的运作模式。同时，为迎合时代诉求、市场需求，民俗体育逐渐摆脱传统的演绎规制，趋向于标准化和规范化的竞技场域。例如，徐闻藤牌功班舞从原始的 64 人缩减至标准化的 48 人，展演规则更迎合了现代体育的规范模式，趋于规范化，使其从民俗性特征鲜明的身体展演异化为规范性的竞技展演。此外，身处政策话语中的农民作为民俗体育的传承主体，迫于生活、资金、技术等多重限制，不愿承担传承与保护的责任与义务，反映出传承主体对现代性乡土文化的责任感、义务感及参与感的缺失。即脱域现象削弱了人们对民俗体育的情感和态度。

地方政府过度干预导致民俗体育传承主体边缘化。尽管政府旨在通过"送体育下乡"等活动加强管理，但由于资源分配不合理，反而挤压了民俗体育的生存空间，造成文化供给与民众需求脱节。尤其在"村改居"过程中，传承主体的话语权逐渐弱化。同时，政府倾向于对民俗体育进行标准化改造，使其迎合西方竞技体育模式。据藤牌功班舞传承人口述，藤牌功班舞的展演时间、地点及规则均由政府硬性规定，村民几乎无自主权。尤其在跨区域交流活动中，民俗体育常被纳入竞赛评比体系，失去原有文化内涵。

（二）纵向历史性回溯：民俗体育文化异化的话语叙事逻辑

1. 历史叙事：由祖先崇拜的历史叙事异化为人为塑造的文本叙事

德国学者扬·阿斯曼提出的"文化记忆"理论是文化人类学中的重要概念，阿斯曼认为文化记忆是通过文字、图像、舞蹈等各种媒介形式被固定下来的客观外化物，进而在集体中建立共同身份和归属感，主要聚焦于物质媒介、精神符号、场域空间等范畴。将其适配于民俗体育领域，历经历史更迭、社会转型与文化变迁，作为民俗体育文化记忆重要组成部分的村志村史、历代典籍、碑刻文献、契约文书等物质媒介逐渐失载，民俗体育孕育与起源过程中的自然场景、社会事件等场域空间逐渐被遗忘。加之现代化叙事体系的深入及传承主体的老龄化，直接导致民间口头叙事的断裂，从而造成人们对民俗体育文化的集体失忆。文化失忆背后所隐藏的是"文化焦虑"，具体表征为宗族群体对民俗体育叙事性的宗族祭祀、宗族信仰、宗族禁忌等精神符号所形塑的文本记忆逐渐遗忘，甚至消失。与此同时，为满足人们对民俗体育话语叙事的神话诉求、宗教诉求以及叙事期待，许多新形式、现代化叙事元素被不同的叙述者加工、创造出来，通过对历史事件、社会场景的系统性回顾与梳理、功能性筛选与采择、体系化加工与重构，连接杂乱、无序的碎片化记忆片段来提升民俗体育的叙事质量和叙事体验。

近年来，历史叙事逐渐成为弘扬与传播民俗体育文化的常用方式。历史叙事不同于"历史事实"，传统意义上的"历史叙事"是对历史事实的再塑造和再加工。在藤牌功班舞参与抗倭战争实践所演绎的历史"故事"中，戚继光的鸳鸯阵常被作为"故事"叙事的首要部分。虽然，目前并无确切资料证实戚继光的"鸳鸯阵"就是现今的藤牌功班舞，但据史料记载及代表性传承人普遍认同藤牌功班舞以戚继光的军事布阵为历史缘起，将藤牌功班舞与戚继光抗倭战争历史事件关联起来，并通过"人为加工"逐渐演绎成为民间历史"故事"，这些经过"人为加工"的历史"故事"被人们反复讲述，虽然会增加观众的听感，发现或创造新的集体记忆，凝聚新的族群认同。但人为加工的故事文本无疑被增添了许多艺术色彩与社会元素，导致原生态的故事文本逐渐消逝，反而不利于新时代民族尚武精神的弘扬与传播。

2. 宗族叙事：由原生性的宗族叙事异化为现代性的日常生活叙事

依据民俗故事本体论，不难发现，民俗体育的故事本体是基于宗族先祖而开展的，宗族成为话语叙事的逻辑起点。随着农村社会的急剧变革以及现代化语境中的新理念、新思想的不断深入，人们对宗族祭祀、神灵崇拜的敬畏感、参与感逐渐淡化，使得民俗体育在宗族祭祀、仪式展演等活动中的社会功能与现代价值不断弱化，从某种程度上也进一步削弱了人们对宗族社会的文化认同。与此同时，在传统观念下孕育出的民俗体育，其所承载的文化原型逐渐失去了意义和存在空间，被以现代社会关系为依据的社会系统所取代。东莞村于元代建置王娘庙，敬奉西汉名将"飞将军"忠顺侯王李广、天妃圣娘等7位神圣。这种具有仪式性、象征性的宗族信仰，是在神人共娱的身体展演以及"英雄祖先崇拜"的基础上，通过神话人物及历史事件的记忆来形塑移民祖先的英雄事迹，且被赋予了诸多理性工具使命。随着遗产化进程的加快，藤牌功班舞在区域性文化交流的展演场域中，淡化了宗族祭祀的仪式过程，甚至删减藤牌功班阵中的重要阵法元素，藤牌功班舞的仪式性与民俗性逐渐削弱，转向现代性的日常生活。

民俗体育文化的起源均来自宗族祭祀、神话故事、民间信仰等叙事文本，但随着农村社会的现代化发展，以及受历史演进、叙事文本选择、故事本身和叙事传统的影响，民俗体育的叙事视角逐渐从国家、民族、集体等宏观社会背景中脱离出来，转向日常生活逻辑下的生活叙事，并逐渐成为人们日常生活交流的中心。现代性的日常生活叙事解构了宗族叙事的神圣感与仪式感，使其从宗族叙事向日常生活叙事的转变、从学术话语向大众口语的转换、从传统话语向现代话语转化。当今社会，人们对徐闻藤牌功班舞的叙述范式也逐渐从英雄祖先崇拜的宗族叙事演变为对个人生存状态的日常描述，该叙事文本被讲述者用生活化表达形式呈现出来，与传统意义上的"人物＋事迹"的宗族叙事模式相背离，表现出明显的"去历史化"倾向。

二、我国民俗体育文化异化现象的治理路径

（一）维稳共享场域：搭建跨区域交流平台，构建民俗体育文化活态展演保护模式

1. 建立各省区间的协同合作机制，构建跨区域的民俗体育文化共同体

当前，我国在民俗体育保护方面不仅没有做到区域合作，转而更多的是"区域相争"的资源争夺模式，其"区域之争"背后的底层逻辑是，后非遗时代出现的文化之间的动态博弈现象。尤其是民俗体育的责任主体升级为政府主导后，行为主体的利益诉求更加多元，逐渐形成对民俗体育资源归属性的竞争状态。依据"区域合作理论"概念，区域合作是指在一个区域范围内、区域之间或跨区域的国家、个人或群体等行为主体之间基于相似的认知，为达到彼此的目标，通过协调或配合等方式而采取的共同行动。在推进民俗体育创造性转化和创新性发展的新时代目标下，有必要将"区域合作"理论引用到民俗体育

的活态保护进程中。

首先，重塑责任主体对民俗体育的治理习惯和保护思路，在多元协同的互动交流中探讨民俗体育区域整体性和结构性发展的保护性建议。建立完善的区域文化协调联动机制，增强区域间的合作协同性，明确文化差异，避免区域间同质化发展和无序化竞争，加强同根同源民俗体育跨区域的系统性保护。同时对民俗体育跨区域合作的价值取向、实践路径、发展方向进行优化调整，不断提高民俗体育跨区域协作的效率。

其次，同根同源的文化属性为民俗体育跨区域的社会凝聚、文化交流提供了坚实的社会基础和物质条件，如徐闻藤牌功班舞与我国福建和台湾地区的宋江阵、河北沙河藤牌阵以及浙江瑞安的盾牌舞有着极为相似的身体展演形式。尤其是上述三种展演形式均起源于抗倭时期，其产生与发展的历程也极为相似，属同宗同源文化。通过对同宗同源民俗体育跨省域的互嵌与交融，建立多区域共生的社会纽带，可在跨区域体系格局中形塑开放包容、兼容并蓄的"共同性"文化空间场域。依据民俗体育的特征类型、价值归属以及区域文化系统的整体性和关联性，逐步构建分域分类的跨区域民俗体育文化共同体。此外，由于文化和民俗差异，区域之间可能存在排斥和隔阂，但其主流是相互影响、相互渗透和相互吸收。尤其在宗族信仰、节日依附、文化习俗等方面日趋交融、互动与共享，各区域之间逐渐在漫长的历史记忆和文化传承中形成文化认同。

2. 建立民俗体育文化生态保护村，构建民俗体育文化活态展演保护模式

民俗体育作为一种活态性文化，必须通过人的活态展演才能解密文化编码、表达文化内涵、激活民间传统，然而其在"授""学"及"模仿"过程中，会因社会政策、人文环境的变化以及受众的理解不同而无法一成不变地保持其形成初期的原生相，与其形态原貌之间会出现一定的流变，即呈现出一定的"活态流变性"。如徐闻藤牌功班舞就是从发源地区福建向我国台湾、广东等地区迁移，迁移后的民俗体育，其内容形式、展演场域等会随着历史的发展而进行一定的增添或删减，进而在活态流变中呈现出传承与发展并存的状况。新发展阶段，民俗体育保护更加强调在流变进程中存续活态展演模式，为民俗体育提供必要的文化空间，从文化整体观的视角对民俗体育所赖以生存的文化地理和人文环境进行整体性保护，倡导以文化为纽带、以血缘为根基的跨区域民俗体育文化交流。正是这种宗族传承的血缘关系，形塑了同源民俗体育的文化共享场域，使其拥有展演的平台与载体，空间场域和身体展演构成的特定语境能够将人们带入历史情景，促进民俗体育在赓续传承中延续民俗传统和文化基因。

可尝试开展民俗村落认定，根据其分布情况体系化建立民俗体育文化生态保护村、民俗体育文化传承示范村等，并对村落民俗体育实施重点保护。如政府划定与建设民俗体育文化生态村落、跨省域的生态保护实验区、国家民俗体育生态保护基地，民俗体育国际传播交流中心，形成从村落民俗体育共同体到跨省域民俗体育共同体到中华民族共同体再到人类命运共同体的四级联动的共同体意识，构建民俗体育保护的立体性文化空间，既能为民俗体育设置安全保障，也能留存民俗体育民俗性和本真性的社会土壤，使之成为"活态文化"。由于民俗体育是村民集体参与且在长期社会实践中逐渐形成的地方性文化标识，并形成了特定的文化场域，民俗体育离开其所传承的空间载体与展演场域将难以存续。因此，建立民俗体育生态保护村是在新发展阶段留存其本真性与原生性的重要举措。

（二）共建叙事心境：阐释民俗体育文化符号，讲好民俗体育文化故事

1. 唤醒集体记忆，对接民间文献资源与"活态化"民俗体育资源

其一，民间文献是民众生活经历与智慧创造所形成的集体记忆，是链接文化叙事与集体认同的媒介。结合在西方文化研究领域广泛运用的"文化结构"理论的四层次说，民俗体育民间文献资料挖掘、搜集与整理的基本逻辑是，从"文化结构"理论的物质文化、制度文化、精神文化、行为文化等四个层面出发，围绕民俗体育的生产生活、族规祖训、宗族信仰等文化结构专题，运用文献整理与田野考察相结合的方法对已辑录的文献进行摸底调查，全面搜集并体系化整理历代典籍、地方年鉴、地方志史料、碑刻文献、族谱家谱、村志村史、契约文书等文献类型与表现形态，依托跨区域民俗体育文化共同体理念，进行跨省域、跨时空的文献史料整理，建立民俗体育文献资料管理系统。如对徐闻藤牌功班舞、福建和台湾宋江阵与浙江瑞安盾牌舞四个我国省域的文献史料进行汇总与编纂，同时对这四个同根同源、同一民系的民俗体育事项进行田野调查，形成分类规整、科学合理的民俗体育史料管理体系，有助于实现民俗体育叙事文本的创造性转化。

其二，原始文献是在特定时空场域形成的地方性文化形态，留存了原始社会背景下的集体记忆。文化背景不同的叙事者对同一文献的诠释有所不同，要深刻理解古典文献的原意和主旨，必须提前了解当时的社会环境、历史背景和文化语境。近年来，许多民俗体育古典文献的历史背景、自然场景与社会事件已经失载，新时代背景下的历史叙事会因人文环境的变化及叙事群体理解的不统一而无法一成不变地叙述其原始事件本貌，与原始文献之间会出现一定的流变。在后现代社会集体记忆系统性缺失的语境下，不仅要从民俗体育语汇中的身体技术、展演技巧出发，也要根据民俗的意境、遗迹和老一辈传承人的集体回忆进行挖掘，将其还原到原始的规范语境和现实场域中去追踪调查，依托民俗体育的象征仪式、神话故事与器械服饰等技术符号彰显与激活特定时空语境的地方感与现场感，才能揭示其身体展演背后所隐藏的叙事内涵。可以尝试在有关宗族历史、神话历史的口述或文献史料中找寻踪迹，通过对传承主体记忆的书写使其与历史文献和其他文化线索形成互文，旨在从个体记忆和社会记忆的复杂互动中呈现历史事件的时空踪迹，并由此引出多重叙事，拓展民俗体育话语叙事的价值承载和意义阐释空间。

2. 利用新技术，挖掘传承主体的时代叙事功能，彰显文化自觉

近年来，随着现代化、城市化进程的加快，传承主体多体现出文化的被动性传承模式，逐渐形成一种"文化不自觉"现象，影响了传承主体的身份重构。民俗体育常被认为是一种文化的"他者"被叙述，作为文化主要叙事者的传承主体没有发挥应有的价值与功用。因此，应抓住"元宇宙"的时代机遇挖掘传承主体的叙事功能，利用元宇宙虚拟空间链接与融合技术，拓展民俗体育的新场域空间。一方面，激发民俗体育传承主体的个体力量，使其能够在虚拟空间中延续文化体验的现实价值，在多主体参与虚拟与现实的双重空间中实现对民俗体育叙事的跨空间建构。另一方面，通过对传统文化空间中虚拟人物、模拟场景的虚拟再造，重构文化主体的权利平等关系，使得不同文化主体都可以通过对传统文化空间的虚拟共建来维系民俗体育共同体，有利于增强虚拟空间中传承主体的文化自信与文化自觉。总之，元宇宙为民俗体育传承主体搭建了现代性的公共话语平台，使其从作为文化的"他者"（被表述）逐渐演变为主动寻求新媒体、虚拟现实、人工智能等数字化平台实现其活态保护的"主动叙事"，即走向文化自觉。

尤其在"非遗保护"、资源共享与资本化的驱动下，民俗体育传承主体开始主动借助其所拥有的"地方性知识"与"失传性技术"作为文化资本，依托多媒体技术平台，以口述纪录片、项目实践片、传承教学片等形式，初步实现民俗体育的唤醒、激活与复现，逐步实现传承主体从保守性的"自我封闭"状态走向主动性的自我文化推广，即文化自觉的形成。例如，2022春节期间，湛江市文体局借助网络平台举行"非遗过大年、文化进万家"非遗展演活动，民俗体育传承主体借助短视频、直播等自媒体平台让人们足不出户也能感受到民俗体育遗产的文化魅力，民俗体育在参与式、沉浸式传播中，连接历史与现实时空，让接受者在虚拟在场的互动交流中进行民俗体育共同体的想象，在互动中参与叙事。民俗体育在元宇宙中的"活化"现象，是对"数字＋文化"理念的全新阐释，通过数字技术将民俗体育创造性转化为社会共享的文化成果。因此，应抓住"元宇宙"和数字化发展的时代机遇，激发民俗体育文化主体的想象力并建构具有元宇宙特色的叙事模式，以中国文化符号创新民俗体育的叙事方式。

第三节　我国民俗体育的"民俗性"概念特征模型——基于徐闻藤牌功班舞的扎根理论研究

党的十八大以来，习近平总书记持续强调优秀传统文化传承与发展问题，特别在党的二十大报告中着重提出"建设优秀传统文化传承体系，加强对其思想价值的挖掘和阐发""突进文化自信自强，铸就社会主义文化新辉煌"。作为精神文化需求供给的民俗体育，依托国家政策红利在创造性转化、创新性发展过程中被赋予了新时代内涵和现代表达形式，这一改变在丰富民俗体育多元化传承、传播方式的同时，也伴生了民俗体育的"泛化""曲化""窄化"等蜕变过程，进而逐渐产生了"伪民俗""伪遗产"等社会乱象。如一些地区为凸显民俗体育的商业价值，对其进行低层次的粗放式、雷同化以及不加区别的盲目性改造与开发，削弱了民俗体育的"民俗性"特征，扭曲了人们对民俗体育的客观认知。因此，在以中国式现代化全面推进强国建设的进程中，亟须重构民俗体育的形态内涵与价值理念，消解民俗体育传播的传统局限，打破民俗体育发展的时空界限，在中国式现代化过程中实现民俗体育的赓续传承和高质量发展。

"民俗性"作为延续传统风俗习惯以及诠释民间社会生活的价值尺度，逐渐成为民俗学领域的热点话题。相关研究一方面将"民俗性"作为衡量与分析"伪民俗""民俗主义"等概念的二元对立结构体系；另一方面将"民俗性"作为后传承时代民俗学"日常生活"转向的一种实践路径。人文社科领域常将"民俗性"一词作为操作层面的一个既有名词被频繁使用；而体育学界的民俗体育研究，则重点关注以民俗体育功能与价值为内核的基础理论研究；政策性研究方面，则以传承与保护为核心的实践应用研究，以及融合乡村振兴、体育强国等国家战略的研究为主。但多聚焦于民俗体育的实践应用领域，缺少对民俗体育整体性的问题关照与系统的理论建构，鲜有学者借鉴质性研究方法扎根理论对其进行本土化的理论建构。尤其对一些问题缺少系统性的阐释，如何为"民俗性"？包含哪些维度？"民俗性"的内在机制是怎样运行的？如何在流动、异质、多元的现代生活中守住"民俗性"，进而辨别民俗体育的真伪？鉴于此，在当前中国式现代化进程中，亟需在充分认识民俗体育"民俗性"的民间性、真实性、客观性的基础上，深入解读与形成体育学界自己的"民俗性"理论。

本研究正是基于上述考量，以具有深厚历史渊源与根基的广东徐闻藤牌功班舞为例，借助程序化扎根理论的质性研究方法深描村落生活、梳理乡土文脉，在不断斟酌、反复比较的过程中诠释民俗体育"民俗性"的概念维度及其运行机理，旨在通过本土化的理论建构，助力我国民俗体育开展乱象的甄别和治理，厚植民俗体育文化现代化发展的本土特色，为新时代具有中国特色的社会主义现代化强国建设奠定坚实的文化自信基础。

一、研究设计

（一）研究方法

运用"扎根理论"，采用参与式观察和半结构化访谈方式，以徐闻藤牌功班舞传承人、参与者为访谈对象，从民间民众的视角出发，在与访谈者们反复交流互动中，自下而上进行归纳凝练，形成关于"民俗性"概念特征的活态认知，为"民俗性"的理论建构做基础性铺垫。

（二）个案选择

2021—2022 年期间，本研究课题组 4 次全面考察了广东广西两省我国民俗体育丰富的区域，历时 110 余天，建立了满足本研究的个案筛选标准：①具备民俗体育的区域性、集体性、仪式性、实践性等相关特性，或在身体实践与仪式展演过程中，能够挖掘与提炼丰富的"民俗性"特质；②具有一定的传承力与传播力；③传承谱系完整、史料丰富且容易获得。按照上述原则，本文选取了广东徐闻藤牌功班舞作为个案进行扎根资料的收集。主要原因在于：一方面，藤牌功班舞根植于妈祖信仰、流传于传统村落，固守着原生性的藤牌武术文化，是集军事演练、民间武术、民间祭祀于一体的男子群舞，其身体实践与仪式展演的不可剥离性，彰显了徐闻藤牌功班舞鲜明的"民俗性"特质；另一方面，徐闻藤牌功班舞通过传统家族传承的方式已传延了十九代，传承谱系完整，是极具代表性的体育非物质文化遗产。因此，选取徐闻藤牌功班舞作为个案具有一定的普适性和代表性。

（三）资料收集

本研究选取广东省徐闻县迈陈镇东莞村藤牌功班舞传承人与表演者作为访谈对象。通过初步调研了解到传授藤牌技艺的领头人以及传承藤牌文化的责任人，在当地传统宗族社会具有广泛的传播力与影响力，将其列为传承人第一个样本，提供了藤牌功班舞传承与发展的人员结构与整体认知，并据此开展"滚雪球式"的理论抽样，先后选取其他传承人及表演者作为后续的访谈对象，最终确定 30 名访谈对象，其中藤牌功班舞传承人 3 人、表演者 27 人（表 4-1）。

表 4-1　受访者基本信息表

特征	分类	数量（人）	百分比（%）
年龄	35 岁以下	4	13.33
	35～50 岁	18	60.00
	50 岁以上	8	26.67
职业	务农、务工	23	76.67
	企事业单位	2	6.67
	自由职业	5	16.66
月收入情况	3 000 元以下	7	23.33
	3 000～5 000 元	14	46.67
	5 000 元以上	9	30.00
参与年限	2 年以下	7	23.33
	2～4 年	12	40.00
	4 年以上	11	36.67

（注：样本的百分比均保留至小数点后两位进行取值）

　　访谈以半结构化的方式进行，每次访谈时间约为 1 小时，访谈结束后对录音进行逐字转录，形成约 18 万字的文本访谈资料。

二、范畴提炼与模型构建

（一）开放式编码

　　开放式编码是将搜集的原始资料打散，并将其概念化和范畴化，然后将相似概念分类重组的操作化过程。在此阶段，围绕民俗体育的"民俗性"这一核心议题，将所搜集的原始资料分解、揉碎，并对其进行比较、编码、标签化、记录等初始加工，从中识别出有价值的现象或事件，实现初始概念的范畴化。本研究借助 Nvivo 11 软件对 30 位受访者的访谈文本进行开放式编码，保留出现频次 5 次以上的初始概念，整理合并出 38 个有效初始概念，13 个子范畴，如表 4-2 所示。

表 4-2　开放式编码

子范畴	初始概念
文化共生	身体展演之前会伴有一系列的祭祀仪式
精神流变	人们的价值观念、民俗心态、审美旨趣逐渐发生变化

（续）

子范畴	初始概念
宗族祭祀	通过鞠躬、进香、鸣鞭炮来祭拜神灵、参拜祖先
学校传承	定期去驻村小学教授，为学校开展藤牌课程、培养青少年储备人才
宗族信仰	信仰妈祖文化、敬奉天妃圣娘、千里眼、顺风耳等七位神圣
宗族禁忌	不允许穿白色衣服进入妈祖庙、女性不允许进入宗祠且参与祭祀
社会传承	政府部门定期组织培训、文化馆组织巡游表演、拍摄表演视频
文化融合	与福建、台湾宋江阵属同根同源文化，加强文化的互动与融合
制度流变	管理方式由村民自发组织演变为政府统一组织，表演规则由三年两拜改为每年一拜
家族传承	以血缘关系为纽带、局限在家庭内部传播、传内不传外
器物流变	制作藤牌的原材料藤条目前已濒临灭绝，制作工艺复杂且难度较大制作艺人年事已高，制作技术也濒临失传
族规祖训	尊宗敬祖、尊老敬长、家风家训、宗规诫约
民俗礼法	强化村民行为规范、遵守社会秩序、维护社会公德

（二）主轴式编码

主轴式编码的任务是进一步探究发现概念类属之间的有机关联，通过对比分析和聚类联动得到更高抽象层次的主范畴。本研究旨在将各范畴按照类属间潜在的逻辑关系分类重组，最终形成融合共生性、传承多元性、活态流变性、符号象征性以及习俗规约性 5 个主范畴，主范畴与对应子范畴之间的逻辑关系如表 4-3 所示。

表 4-3　主轴式编码及其范畴

主范畴	子范畴	内涵表述
融合共生性	文化共生	藤牌展演与元宵节、祭祀仪式相互促进、共同生存
	文化融合	与福建、台湾宋江阵同根同源、传承与发展环境近似，跨区域文化交流
传承多元性	家族传承	传承谱系完整、以血缘关系为纽带、局限在家庭内部传播、传内不传外
	社会传承	政府部门成立领导保护小组，定期组织培训和研讨会、举办巡游表演、录摄表演视频，制作宣传纪录片
	学校传承	定期去驻村小学教授、寒暑假开展青少年培训班，新老结合、以老带新

（续）

主范畴	子范畴	内涵表述
活态流变性	精神流变	农民的价值观念、思想意识、民俗心态发生变化
	器物流变	制作藤牌的原材料藤条目前已濒临灭绝，制作工艺复杂且难度较大制作艺人年事已高，制作技术也濒临失传
	制度流变	管理方式由村民自发组织变为政府统一组织，表演规则由三年两拜改为每年一拜，精简表演内容、缩减复杂阵型
符号象征性	宗族祭祀	鞠躬、进香、鸣鞭炮，为龙点睛、为功班颁牌、为兵器涂红
	宗族禁忌	只有男性才能进入妈祖庙参加祭祀仪式、不允许穿白色衣服进入妈祖庙
	宗族信仰	敬奉天妃圣娘、招宝夫人、马大元帅、左顺风耳、右千里眼共7位神圣
习俗规约性	族规祖训	尊宗敬祖、尊老敬长、宗规诫约
	民俗礼法	进退有序的祭祀仪式、对公民行为习惯的约束和规范

（三）选择性编码与模型构建

选择式编码是从所有已发现的概念类属中经过系统分析凝练出核心范畴，以"故事线"的形式分析核心范畴、主范畴，依据其关联关系构建理论框架。本研究将民俗体育的"民俗性"作为核心类属，通过对5个主范畴、13个子范畴的深度凝练与类比推理，最终构建出我国民俗体育的"民俗性"概念特征模型。如图4-1所示，该坐标轴构成了民俗体育传承与发展的多层次叠置的文化空间系统，其中横轴用T表示，代表时间维度，纵轴S为空间维度，对我国民俗体育的"民俗性"概念特征进行整体架构和系统论述。

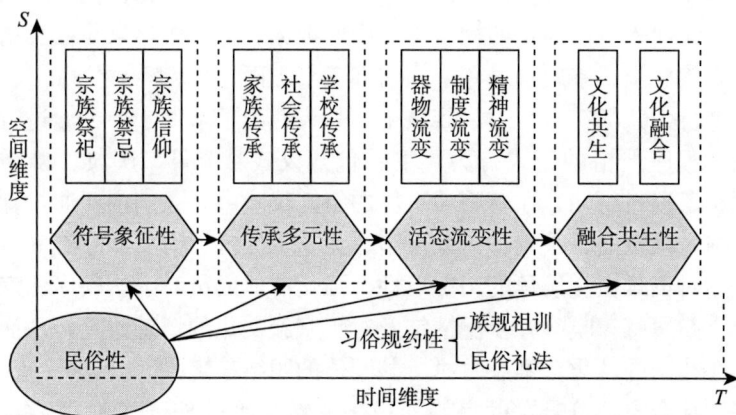

图4-1　民俗体育的"民俗性"概念特征模型图

从主范畴的逻辑关系结构来看：首先，民俗体育在时间和空间上通过传承多元性和活态流变性的动态传递作用，逐渐由传统场域的家族传承向现代化场域的社会传承和学校传承变迁，其经历传承场域的多元变迁而逐渐发生活态流变，主要体现在制度流变、器物流变以及精神流变等方面；其次，在中国的现代化进程中，民俗体育文化历经多个民族、多种文化的裂变、融合与创新形成了多种文化的时空层叠与整合，最终达到融合共生状态。多元文化的融合共生旨在形塑多元融合的德治结构，即核心价值观引领和文化共荣，同时有利于跨区域民俗体育文化共同体理念的形成；最后，民俗体育的自治传统所形塑的习俗规约与宗法制度在整个时空维度对每个社会成员都具有规训和约束作用。

（四）理论饱和度检验

理论饱和度检验是研究者在对原有数据资料上构建的理论模型进行检验时，重新收集数据资料并进行分析和模型修正，直至研究者不再发现新的概念与范畴，即达到理论饱和。基于程序化扎根理论的标准程序，为保证本研究所建构的"民俗性"概念特征模型具备良好的效度，继续补充 1 名传承人、6 名表演者的访谈作为新样本资料，再次进行编码分析，经过 17 轮对研究素材的反复挖掘检验与深度整合，直到没有新的概念和类属出现，据此认为该研究的访谈编码达到了理论饱和度。

三、模型阐释

（一）象征符号：古代人神对话的媒介和枢纽

作为象征体系表层结构的象征符号，是指人们在古代借助观念性载体的行为、关系、事项以及规范化语境对典礼、仪式、社交等具象化象征意蕴进行符号的隐喻传递，营造出人神沟通的神圣环境。象征符号作为古代实现人神对话的媒介与枢纽，是人们在长期社会生活中向神灵表达个人诉求与社会情感的通道。包括宗族祭祀、宗族禁忌和宗族信仰三个方面。

具有"行为象征符号"的宗族祭祀，是人们为了求助于神灵而进行一系列等级分明、程序严格的正式行为，主要包括仪式、节日、庆典、舞蹈、宴请等。根据访谈资料得知，在藤牌功班舞的祭祀仪式中，人们主要通过鞠躬、进香、鸣鞭炮、砍猪肉、杀鸡、为龙点睛、为功帮颁牌、为兵器涂红等行为象征符号来表达对英雄祖先崇拜的历史心性，强化群体成员对宗法秩序和宗族身份的认同感、归属感，唤醒其乡土情结及对于宗族文化的情感共鸣，从而实现从仪式向道德礼制的转化，维系着村落共同体的团结稳定。

具有"社会象征符号"的宗族禁忌，主要包括制度、规范、等级、职业、角色等社会结构和社会关系，宗族禁忌强化了宗族社会人们对村规民约、宗族戒规等宗法制度的崇仰与禁制，形塑了人们尊宗敬祖、重礼崇仁、敦亲睦族的民俗心理。据藤牌功班舞传承人黄氏口述，村里只有男性才能参加祭祀仪式与藤牌功班舞展演，女性一般不参与，且所有人不允许穿白色衣服进入妈祖庙。这种性别禁忌巩固了男性在村落宗族社会中的权利地位，强化了社会成员的性别规范和行为模式，也进一步突显了传统宗法制度中宗族禁忌的保守性特征。

具有"虚拟象征符号"的宗族信仰，是人们在神话传说、宗教信仰中虚构与想象出来而事实上并不存在的现象和事物，具体包括天地神灵、妖魔鬼怪、地狱天堂等。东莞村元代建庙敬奉的 7 位神圣，以及藤牌功班舞巡游展演的程式化仪式，都是"虚拟象征符号"的表现形式。正是这种具有仪式感的宗族信仰崇拜，通过对神话人物及历史事件的记忆勾勒，才得以复现移民祖先的英雄事迹。因此，宗族信仰发轫于人们对神灵信仰的自然崇拜，到驱灾祈福的祖先祭拜，再到身体实践，逐渐形塑了"神灵—宗祠—民众"层叠统合的区域生命共同体理念，成为不同时空语境下人们追求美好生活向往的精神寄托与理性表达。

（二）多元传承：实践场域文脉赓续的主要方式

通过对藤牌功班舞传承人、表演者的深度访谈，访谈资料充分显示了藤牌功班舞在现代化传承过程中的多元性特征，主要体现在以家族传承为主体，社会传承与学校传承为辅的多元化传承方式。

家族传承是以家庭为依托、以血缘关系和模拟血缘关系为纽带的技艺传承方式，是流传最久同时也是民俗体育固有的传承方式。家族传承能够将传承技艺置于家族社会结构之中，保留民俗体育的原生特性。据史料记载，藤牌功班舞源自明代万历年间戚继光抗击倭寇藤牌阵法，传承至今已有 19 代 600 多年的历史，其阵法保存了抗击倭寇军事斗争的历史原貌。根据藤牌功班舞传承人郑氏的叙述："我们东莞村的藤牌功班舞到现在已经传承了十九代，我就是第十九代传承人，主要是郑、钟、黄这三个姓，都是家族传承。"据此可知，以宗法制度和血缘关系为主的家族性传承，具有极强的保守性和封闭性特点，导致传承面较窄、传承效率低，从而限制了藤牌功班舞的传播力。

近现代社会以来，快速发展的经济与日益开放的社会，形成了依靠营利性社会组织和政府来推动，以节日庆典、文化展演为依托，借助电视、网络等多媒体技术平台，自上而下地推动民俗体育的传承与发展模式。徐闻藤牌功班舞参加 2018 年珠海斗门区第十四届民俗文化节大巡游、2022 年湛江市文体局举行的"非遗过大年、文化进万家"等非遗展演活动，均是政府搭台、社会传承的典型方式。根据"拟剧论"，戈夫曼将社会比喻成分为前台和后台的表演舞台。借助现代化传播手段在不同演绎场域进行身体展演的过程属于前台，而技术与仪式的熏陶、感悟、认知与学习过程则属于后台。社会传承打破了戈夫曼对于社会角色和社会情景的具体限定，使每一位传承者都可以在不同的社会情景中扮演不同的社会角色，缓解了代际传承的危机，也为传统"家族传承"提供了新范式。然而，社会传承也可能引发民俗体育的商业化问题，进而影响其民俗性。因此，在社会传承过程中需处理好商业化与文化传承的关系。

学校传承是以师生为传承主体，通过正规教育体系将民俗体育融入学校教育中，学校传承意味着其传承场域由生活场域向教育场域转移，是近年来兴起的传承方式。据藤牌功班舞传承人黄氏口述，"传承人和教官每月一次到驻村的东莞小学传授藤牌功班舞，并开设相关课程，同时利用暑假和寒假开班培训，目前已有 500 名学生接受培训。"学校传承突破了传统"家族传承、血缘传承、传男不传女"的传承规制，弥补了群体化传承的无序性、临时性与随意性缺陷，提高了传承的效率，为民俗体育构建起规范性、稳定性、长期性的传习场域。然而，民俗体育作为一种非正式的文化表达，如何在学校环境中保持原生性、自然性及趣味性，也需要在正规教育和自由发展之间寻找平衡。

（三）活态流变：具象载体形态重构的核心特征

活态文化资源的核心特征是人本性，其通过"口传心授"及"模仿"等方式得以"活性"续存，是其传承与凝聚文化特性的灵魂。随着人文环境的变化以及受众群体理解的差异化而变通性地传承下来，与原貌之间会出现一定程度的流变。根据资料的梳理提炼结果，本研究中的活态流变主要体现为三个层面，即器物流变、制度流变与精神流变。

器物流变层面。民俗体育的赓续发展有赖于器物的静态保护与人的活态传承，但随着现代化进程的加快，尤其在"村改居"后，民俗体育赖以生存的生态语境和传承场域逐渐被肢解，体育器物的自然属性不断削弱、实用功能不断"虚化"，使其由器物文化逐渐演变为观念文化。根据访谈资料，藤牌功班舞操演所使用的藤牌器械是英雄先祖为了抵御海寇的侵袭而集体创造，而制作藤牌所使用的藤条属亚热带灌木系列，多分布于广西藤县、广东阳江一带，部分品种已濒临灭绝，现主要使用普通荆条制作，而能够制作藤牌的传统艺人仅存 2 人，且年事已高，加之原始制作工艺复杂，制作工艺也已濒临失传。不难看出，为适应藤牌功班舞的现代化发展需求，藤牌器械不断发生形制变迁与功能演变，其作为日常生活中的器物属性逐渐演化为社会属性，技艺传人和制作工艺的割裂与骤变，使得民俗体育的器物文化走向流变和消亡。

制度流变层面。制度流变主要体现在民俗体育的技术规则、管理体制与组织形式等方面。访谈发现，藤牌功班舞的组织形式由原先的"三年两拜"改为"年年必拜"，技术规则的简化缩减了武术对抗性元素、增加了舞蹈内容，管理体制由村民自治逐渐变为政府主导。藤牌功班舞的演绎程式、技术规则与管理体制的现代化流变，使其从原始时期抗争海寇所使用的"藤牌功班阵"发展为彰显藤牌武术特质的"藤牌功班武"，最后演变为具有现代性艺术风格的"藤牌功班舞"，这一系列的形态重构过程其实就是通过有形的器械、实物等物化设置和无形的精神、规则、制度设置来表达。这种制度流变不仅是对传统的延续，更是对当代社会需求的适应与回应。

精神流变层面。民俗体育是勾勒与展现历史记忆的载体，是民众精神流变与生活历程的"活态"展现，其逐渐由传统单一性的价值立场向多元化的心理倾向转变，体现了人们对民俗体育传承至今的心理图景、生活愿景和道德观念。据史料记载，古代雷州半岛自然条件与社会环境恶劣，可以说是偏隅南疆的荒蛮之地，长期生活在这种环境下的徐闻人民逐渐养成"性悍喜斗、轻生敢斗"的野蛮性格。饱含身体实践与象征内涵的藤牌功班舞，改变了徐闻人民"轻生好斗"的陋习，使其更重视人的生命价值，帮助其形成正确的价值追求和社会规范。因此，藤牌功班舞作为由军事布阵、对抗演练逐渐演变为民间祭祀的民俗体育活动，反映了藤牌功班舞从形塑自强不息、热爱乡土等精神情操的战斗工具逐渐演变为人们祈求平安、和谐、欢乐、富足的精神寄托。此外，在差异性的社会空间中，人们在民俗孕育下的传统宗族社会因携带着乡土气息和民俗精神而发生了现代性身份流变。

（四）融合共生：高质量发展的价值追求

通过对藤牌功班舞访谈、实地考察与历史文本解读，藤牌功班舞是徐闻县东莞村十几代人集体创造和集体实践的结果，生动地展现了民俗体育的融合共生，充分体现了不同区域之间同一民系、同根同源的同质性民俗体育在同一个文化空间里融合、创新、传承而形成的深厚文化积淀。

文化融合维度。随着现代化传承理念的深入，民俗体育突破了传统文化空间的地理局限，延展了民俗展演的实践场域。在跨区域的空间关系结构中，族群成员的思想认知达到和谐，族群之间的差异性得到通融，形成了多元文化共存的交流空间，族群由"隔离"走向"融合"。据史料记载，徐闻藤牌功班舞与我国福建和台湾地区的宋江阵以及浙江瑞安盾牌舞均源自抗倭战争，共享相似的演绎程式，属于同质、同根与同源文化。这种基于"根亲文化"视域下中原人的入闽探亲以及浙江、福建抗倭胜利军的移民等文化互通现象，逐渐演变成割舍不断的文化联结，最终形成了以"浙江—中原—福建—台湾—广东"为主线的融合共生式的族群建构模式。这种"融合共生"的文化互构理念旨在促成跨区域民俗体育的多源同归、文化互补，有利于实现民俗体育的赓续传承与高质量发展。

文化共生维度。经过漫长的历史过程，藤牌功班舞已经演化成为东莞村人神同乐的传统习俗活动。2023 年正月十三，笔者在参观徐闻县东莞村游神活动时发现，东莞村浩荡的游神仪式包含为龙点睛、为功班颁牌、为兵器涂红、顶礼拜祭等祭祀仪式，以及宫轿敬请诸神高座，头锣开道、灯笼引路、红花香案随奉等游神仪式，最后游行队伍行至东莞村文化广场，总指挥手执令旗、口吹号角，藤牌功班舞队伍摆阵、操演。这一系列的祭祀仪式与身体展演过程可以用德国生物学家安通·德贝里于 1879 年提出的"共生理论"作为解释框架。共生系统是由共生单元、共生界面和共生模式组成的共生体。其中共生单元是构成共生关系的基本能量生产和交换单位，是形成共生体的基本物质条件；共生界面是指共生单元之间的接触方式和机制的总和，它是共生关系形成和发展的基础；共生模式是指共生单元之间相互作用的方式和规律。各共生单元在共同的共生界面中通过相互影响形成共生关系，从而产生"共生效应"。藤牌功班舞展演与祭祀仪式作为主要的共生单元就处在这种共生界面、共生模式当中，身体展演更加彰显了祭祀仪式的象征内涵与族群特性。反之，藤牌功班舞依托鞠躬进香、为龙点睛、为功班颁牌等祭祀仪式获得身体展演的平台，他们以共生的方式共同存在于祭祀仪式的共生界面中，形成以共同利益为纽带的共生关系。因此，身体实践与祭祀仪式的这种不可剥离关系，建构了多重复杂的关系网络，而这种结构网络又服务于藤牌功班舞仪式之中，进而逐渐走向文化上的融合共生状态。

（五）习俗规约：规训族群的制度保障

习俗规约性是指民俗展演过程中所体现出的民俗主体长久以来所遵循的社会规范和行为准则。在传统宗族社会，民俗体育主要通过经验性、习俗性的仪式展演形塑族规祖训、民俗礼法等民间规则，这类民间规则从以血缘为纽带的族规祖训逐步过渡到以地缘为特征的习俗规约，逐渐成为裁决族群纠纷、策划宗族械斗的工具以及维稳社会秩序的制度保障。

族规祖训是基于血缘关系生成的一种尊老敬长的行为规范，主要在宗族内部实施自我治理。对于宗族成员而言，主要通过规范化、程式化的仪式展演建构祖先在家族场域中的神圣地位，形塑其所蕴含的族群规矩、消灾祈福及孝亲敬老等民俗心理。因此，将族规祖训作为族群认同的行为准则与规范秩序，旨在强化族群成员的规则意识，提升族群内部的凝聚力和向心力，引导社会民众将遵守规则演变为一种公序良俗的行动自觉行为。访谈发现，东莞村一直传承着祖先祖辈遗留的《宗规》《族规》《祖训》《谱例》，这些宗法制度与族规祖训对族群成员的日常行为、宗族活动、婚丧嫁娶等都具有规范和制约作用。

民俗体育中所蕴含的演绎程式、仪式规约等"规则文化"逐渐形成人们所普遍认同与遵守的民俗礼法，它是靠地缘关系联系起来的非正式结构关系，其作为独具特色的非正式制度一直延续着宗族社会的"自治"传统。据藤牌功班舞表演者钟氏口述，"藤牌功班舞表演之前会在妈祖圣娘庙举行燃香点烛、鸣炮，念斋、祈祷以及双龙取水、为龙点睛、顶礼拜祭等祭祀仪式"，整个仪式过程要严格按照上述秩序依次进行，且全体成员要严格遵守神圣而庄严的祭祀礼仪、祭祀程式，这种象征性仪式通过规范性秩序呈现出来，体现了族群成员对先祖的尊崇以及对民俗礼法的恪守。通过民间信仰与祖先崇拜所建构的全员身体力行、组织内部团结的过程，其实就是上下互动、协同合作的管理过程。在身体规训和思想教化的过程中，这类"规则文化"不仅成为社会规训及身体认知转向的情感载体，而且逐渐成为日常生活中规制与塑造人们的观念与行为的制度规范，共同维系着村落共同体的秩序认同。

四、结论与展望

（一）研究结论

本研究基于民俗体育的本体特征和社会特征而建构的"民俗性"标准，秉持时间和空间的逻辑起点，运用扎根理论构建了我国民俗体育的"民俗性"概念特征模型，包含符号象征性、活态流变性、融合共生性、传承多元性、习俗规约性5个关系概念，以及宗族祭祀、宗族禁忌、宗族信仰、精神流变、器物流变、制度流变、家族传承、社会传承、学校传承、文化共生、文化融合、族规祖训、民俗礼法等13个范畴。其中，象征符号是人神对话的媒介枢纽，多元传承是实践场域文脉赓续的主要方式，活态流变是具象载体形态重构的核心特征，融合共生是高质量发展的价值追求，习俗规约是规训族群的制度保障。同时，以上五个关系概念之间不仅存在时间上的流动交错关系，而且存在空间上的结构关系，形成了完备的"民俗性"概念特征。

（二）研究启示

1. 构建"记忆之场"，复苏民俗体育象征仪式的集体记忆

依据扬·阿斯曼的文化记忆理论，在规范性文本形成之前，仪式是文化记忆传承的重要物质媒介。依照仪式的重复性原则，集体记忆的建构离不开承载着记忆内容的"记忆之场"，通过构建"记忆之场"对民俗体育中具有奠基性意义的历史事件进行激活、提取与重构。按照民俗体育的规范性仪式，在每年的同一时间、同一地点不断进行重复性操演，从而达到一种仪式性关联。在重复性共享机制的作用下，通过规范性仪式的重复性操演，历史事件在特定场域得以再现。同时，象征仪式背后所呈现的现时化意义在日常生活中的传播范围不断扩大，思想深度不断得到强化，使集体记忆在凝聚历史情感的仪式场域中

得以传承和弘扬。

2. 维稳共享场域，探索民俗体育多元化的传承机制

多元化的传承机制是确保民俗体育高质量发展的关键。随着中国式现代化进程中的乡土文化生态急剧转型，我国民俗体育从单一的、封闭的代际传承逐渐与现代的、多元的社会传承、学校传承相融合。研究发现，传统与现代相结合是民俗体育文化高质量发展的必由之路。因此，我国民俗体育的传续应在传统血缘传承、师徒传承的基础上，注重社会传承与学校传承的现代化传播。尤其是以数字化、互联网等多媒体技术为核心的社会传承可以为民俗体育传承提供全新的虚拟共享场域。同时，重视家族传承场域与学校传承场域、社会传承场域之间的连接互动，形成有效的联动机制，使这三种传承方式同时并存、相互补充。

3. 掌握流变规律，实现民俗体育的体系化"再生产"

在文化变迁的过程中，首先是文化系统的最外层——器物层面最先发生流变，物质技术层破碎以后，组织制度便失去了保护层，从而引发组织制度的动态调整。随着物质技术的嬗变，民俗体育的器物层面也在不断演进，如道具、服饰等的改变，逐渐引发了身体技术的调整与创新。而这种技术的变化，进一步影响到组织制度的演变，从而形成新的体系和模式。民俗体育身体技术与组织制度的流变过程其实质是文化的再生产过程，其在社会转型、文化变迁的裹挟中进行着"再造"与"再生产"。因此，在多元化的现代流变中，掌握民俗体育的历史起源与流变规律，有利于我们用现代化的理性视角，深刻地认识民俗体育"再造"与"再生产"过程，解构传统刻板样式，实现民俗体育再生产的秩序重构。

4. 调整共生模式，谋求民俗体育的现代化高质量发展

民俗体育依托祭祀仪式获得了身体展演的机会，而这些祭祀仪式又借由民俗体育的象征内涵来表达对英雄祖先崇拜的历史心性。在社会系统的共生单元中，身体展演与祭祀仪式的不可剥离关系，使得民俗体育被赋予了"理性工具"的现实意义。随着共生环境逐渐被共生模式所"内化"，身体展演与祭祀仪式在这种共生模式中走向共生共荣。因此，应充分调动和运用社会资源，依靠政府、社会组织、学界等社会合力建立协同联动的共生单元，主动维护和升级共生模式，通过激活传承人才、发展文化产业等核心要素，同时将民俗体育与现代社会的多元需求相结合，赋予传统民俗体育新内涵和现代化表达形式，实现民俗体育的现代化高质量发展。

5. 赓续"礼俗互动"，彰显民俗体育的基层治理价值

传统的乡土中国是礼治社会，"礼"所蕴含的制度规约性与"俗"所蕴含的民间自发性之间的张力，有利于从"礼"的变化中彰显"俗"的重要性。民俗体育中所蕴含的族群规矩、神灵崇拜等民俗心理以及经由礼俗互动孕育的人情、人性，逐渐成为维稳社会秩序的关键因素。其主要与宗族信仰、祭祀仪式密切关联，这些互动仪式不仅是身体技艺的展示，更是社会关系的表达，强化了社会成员之间的联系，也强化了人们对于社会规则的认同感，促进了其在政府治理与民间自治上的社会同构，进而促进基层社会秩序的稳定。简言之，民俗体育文化作为一种独具特色的非正式制度，主要依靠礼俗互动和思想教化等方式重构乡村社会秩序和关系互依的开放性建构理念。

（三）研究局限与未来展望

我国民俗体育文化种类繁多、分布广泛，由于区域经济发展的不均衡性，民俗体育的发展也存在一定程度的差异和不均衡现象，限于调研的难度与精力，在研究结论的普适性方面可能存在一定的局限性。后续研究中可以扩大研究的样本量和区域范围，丰富访谈资料的多样性，进一步提高相关研究的信度和效度。

本研究处于整体性研究的探索阶段，虽然也遵循了程序化扎根理论的研究范式，但缺乏量化的实证分析对研究结论进行充分验证，后续还需要通过测量表、结构方程模型等量化的实证研究来检验理论模型中各变量之间的关系，对理论模型进行验证和补缺，构建更加坚实、更具有普适性的本土理论体系。

第五章

民俗体育文化产业化发展

民俗体育代表了中国各族群众在漫长的自然认知、自然利用和生活实践中形成的多彩多样的传统民间活动。它们承载了人们精神情感的寄托，为生活注入了丰富的内容。民俗体育及其背后的文化代表了几千年来中华民族智慧和文明的结晶，它们构建了不同民族之间的情感纽带，也是国家统一的基础。在一定程度上，它们对中国历史上各个朝代的发展以及文明进步产生了积极的推动作用。

第一节　民俗体育产业化发展概述

体育产业是指一系列经济活动的集合，旨在为社会提供与体育相关的产品和服务。这个领域被视为国民经济的一个组成部分，与其他产业一样，它强调市场效益和经济效益。但与其他产业不同的是，体育产业的主要目标是提升人们的身体素质、促进社会生产、振奋国家精神，促进个人的全面发展以及社会文明的全面进步。体育产业已被证明是一个充满活力的产业领域。例如，到了20世纪90年代中期，美国的体育产业总产值已经超过了3 000亿美元。北美、西欧以及日本等地的体育产业已成为它们国内经济的支柱之一。

中国的体育产业开始在20世纪80年代产业化，并在20世纪90年代中期才逐渐形成了更为完善的产业结构和更为健全的行业制度。民俗体育产业结合了传统民间娱乐和体育的特点，旨在通过娱乐和健身活动来追求经济效益，因此也带有商业性质。在欧美等地，民俗体育已经建立了巨大的市场，以滑雪旅游为例，每年瑞士接待了超过1 500万外国游客，为国家创造了70亿美元的外汇收入。中国的民俗体育产业不仅为文化遗产旅游景点提供了支持，还建立了各种休闲、度假和养生项目，吸引了众多国内和国际游客。

为了深化体育事业改革，加速体育产业的发展，中国政府在国家政策层面制定了一系列政策措施，以推动体育产业的健康和可持续发展。其中包括

2014年10月国务院发布的《关于加快发展体育产业促进体育消费的若干意见》，以及之前一系列文件，如2006年《体育事业"十一五"规划》、2010年《关于加快发展体育产业的指导意见》、2011年《体育产业"十二五"规划》、2014年《关于推进文化创意和设计服务与相关产业融合发展的若干意见》和2019年《体育强国建设纲要》。这些政策的发布凸显了国家促进体育产业发展的决心和政府在这一领域的雄心，这将直接影响体育产业的规模、增长速度和产业结构。

随着体育产业提升至国家战略层面，相关领域如广告、博彩、建筑、旅游、服务和用品等都迎来了蓬勃发展。社会各界对体育产业的前景充满期待，投资者充满信心地规划各类投资项目，而消费者则在愉快的氛围中享受各种体育相关消费体验。随着体育产业迅速崛起，我国的民俗体育文化遗产正发挥其独特的魅力，创建了多样化的文化品牌和项目，既吸引了商业投资，又促进了国民体质的提高。这同时也开辟了新的消费市场，为经济发展作出了积极贡献，不仅推动了物质文明和精神文明建设，还为民俗体育的健康发展提供了有力支持。因此，中国政府支持体育产业化发展的政策路径为民俗体育的产业化发展带来了希望和机遇，这已成为民俗体育健康发展的必然选择。

第二节　民俗体育产业化发展路径

一、坚持民俗体育与旅游业协调发展的策略

2001年2月，在西班牙举办了由联合国旅游组织和国际奥委会联合主办的"世界体育与旅游大会"，这标志着体育旅游迎来了重要时刻。体育旅游成为国际体育界关注的热点，并成为体育产业发展的关键焦点。同时，中国国家旅游局也在同年精心策划并组织了名为"2001中国体育健身游"的主题活动。中国积极跟随国际体育旅游的趋势，出台了一系列政策和措施，旨在构建国内的体育旅游体系，促进国内体育产业的繁荣，以推动经济增长。

在国内外体育旅游迅猛发展之际，由于民俗体育资源在中国非常丰富，而且各地具有独特的民俗特色，因此民俗体育也成了旅游资源开发的热门领域。中国的不同地区拥有各自独特的民俗活动，如俗语所言"北人善马，南人善舟"即反映了不同地域的文化特征。民俗体育以其多样的内容，作为一种广受欢迎、易于推广的体育娱乐方式，已经融入旅游服务业中。这为游客提供了在旅途中亲身体验异地民俗风情、观赏民俗表演的机会，积极参与民俗体育旅游。民俗体育旅游已经成为体育旅游的一个组成部分，使游客在旅途中

亲自参与和体验不同地域的特色民俗体育活动，同时也了解各地的民族文化、体育文化和生活方式。在游客参观和体验的过程中，这不仅有助于开阔他们的视野，提高人文素养，丰富生活体验，提升精神境界，还有助于提振旅游消费市场。

将民俗体育与旅游业相结合，满足了人们在休闲娱乐、探访亲朋好友、商务合作、专业交流、健康康养等各个领域的需求。此外，民俗体育旅游资源还具备巨大的可持续开发潜力，具备可观的经济效益。因此，它被认为是民俗体育产业化发展的有效路径。

二、打造民俗体育文化品牌战略

一个地方的民俗体育文化反映了该地的历史、传统文化、生活方式、体育运动、审美趣味等方面的发展过程，同时也是该地独特特色的展示方式。这种地域性的文化资源具有重要的商业和产业价值，对地方经济的繁荣和发展至关重要，尤其对于吸引外部投资和招商引资。因此，要吸引投资，地方需要建立具有鲜明特色、丰富人文底蕴、具备发展潜力的地方文化品牌。

以山东潍坊创建的潍坊国际风筝节为例，这是一个成功利用当地特色资源的典型案例，已经成为地方民俗体育文化品牌的代表。这个活动吸引了来自30多个国家和地区的参与者，是中国最早冠以"国际"之名并受到国际社会认可的大型地方节庆活动之一。它不仅通过风筝展示，还通过文化和体育交流活动，促进了经济和贸易发展。自1984年以来，潍坊国际风筝节已成功举办了42届，已经成为潍坊市经济的重要支柱，其成功经验也在全国范围内得到广泛借鉴。

随后，"一地一品"或"一地多品"的民俗体育文化品牌战略在全国范围内推广。各地都在积极挖掘和发展具有竞争优势和市场潜力的民俗体育资源，将其作为当地文化品牌的重要组成部分。这不仅为地方经济带来了保障，还促进了经济和文化的共同发展。

一旦地方民俗体育资源成为地方的支柱产业，它将极大地推动地方经济的升级和转型。这个"文化牌"对于地方经济的发展起到了积极的作用。同时，随着当地经济和文化的发展，人们对体育活动的需求也不断增加，促进了区域内产业的集聚，推动了区域经济的发展，实现了经济和社会双重效益。

现今，民俗体育及其文化已经成为推动经济发展的有效工具。保护和传承民俗体育资源及其文化，构建文化平台，推动经济发展，打造地方民俗体育文化品牌，通过文化传承积累力量，以产业融合推动经济发展，走上互利共赢之路，已成为发展民俗体育文化品牌战略的重要决策。

三、加强民俗体育与影视娱乐业的联盟发展

大众娱乐媒体，比如电影、音乐、电视和广播，被看作娱乐业的一部分。娱乐是人类的本性，是一种身心相互作用的体验，旨在带来愉悦感和满足感。当代最流行的娱乐形式包括观看影视、听音乐、参与演出、在虚拟生活中度过时间，或者参加歌舞厅、健康休闲和趣味体育活动。这些活动的集合和相关经济部门构成了娱乐产业。影视娱乐业将继续在人们的生活中扮演重要角色，成为基本的生活调适元素。

人类的娱乐可以大致分为三大类：①文化娱乐，即为了心灵愉悦而选择各种文化产品。②体育娱乐，即为了身体愉悦而进行各种富有趣味的身体练习，包括各种体育游戏。体育娱乐分为文化性和休闲性两种。③休闲娱乐，即为了缓解紧张、单调、寂寞和无聊而选择各种消磨闲暇时间的活动。

民俗体育的艺术表演具有文化娱乐、体育娱乐和休闲娱乐三大特性，是人们在闲暇时间中享受和娱乐的方式之一。民俗体育与影视娱乐业的联合发展可以实现互利共赢，媒体不仅能有效宣传民俗体育，还能加速其产业化进程，实现其娱乐和经济功能。过去十几年间，民俗体育与影视娱乐业的合作初见成效，例如中央电视台2011年《乡土》栏目推出的《花鼓一家人》专题片，展示了安徽凤阳花鼓的风采。影视传媒打破了民俗体育的地域限制，使更多人能在闲暇时间享受和体验民俗风情，通过娱乐方式满足精神需求，推动娱乐经济的发展。因此，民俗体育与影视娱乐业的联合发展是推动民俗体育产业化发展的现代化模式之一，可通过媒体宣传加强推广，让更多人了解和享受各地的民俗体育项目。

四、助推民俗体育走向健身行业

健身俱乐部的发源地可以追溯到欧美等西方国家，它们的主要目标是鼓励人们通过体育锻炼来实现身心健康，将健康的生活方式视为不可或缺的部分。在我国，健身俱乐部的兴起相对较晚，数量和质量都明显滞后于西方国家，但随着我国经济的迅猛发展和人们生活水平的提高，越来越多的人认识到了"投资健康"的重要性，健康生活理念也逐渐深入人心，人们在健身方面的投入不断增加。

如今，随着人们对健身需求的增加，各种大型综合性健身俱乐部也日益增多。在城市中，健身已经成为许多白领上班族喜爱的运动方式之一。加入健身俱乐部已成为人们追求健康生活的途径之一，因此各种健身项目如踏板操、有氧健身操、拉丁健美操、爵士健美操、肌肉健美项目、街舞和瑜伽等层出不

穷。这些健身项目已经成为各个年龄段人们追求健康体魄的时尚运动。

在我国,民俗体育作为一种传统的健身方式,有着广泛的群众基础。将民俗体育引入健身俱乐部,尤其是社区健身俱乐部,可以更好地发挥其在社区健身事业中的价值。从体育产业的角度来看,民俗体育的健身和娱乐功能可以为俱乐部带来一定的产业价值,增强体育产业的实力。

五、推动民俗体育融入庆典活动

社会组织常借助重要节日、纪念日或社会热点举办庆典活动,以提升公众关注度和影响力。这些庆典活动包括仪式、庆祝会和纪念活动等多种形式,不仅有利于提升社会组织作为主办方的社会影响力和公信力,还能为传统民俗体育提供展示平台,创造文旅消费场景,增强社区凝聚力。

民俗体育以其天然的艺术形式,向社会公众展示自身的独特之处,为人们提供视觉和听觉上的愉悦体验。它以生动的形式向公众传递文化内涵,使观众沉浸于传统艺术的魅力之中。正因如此,民俗体育在各种庆典活动中频繁亮相,吸引了众多观众的关注。

积极融入各种庆典活动已经成为民俗体育项目实现产业化发展的主要途径。以安徽凤阳花鼓为例,2010年6月22日至27日,凤阳花鼓作为国家级非物质文化遗产代表性项目参与了上海世博会"安徽周"系列活动。在这次活动中,非遗传承人孙凤城带领40名花鼓表演者在世博会的40多个场馆进行演出,呈现了明快的鼓乐、优美的鼓调和富有韵律感的舞蹈,主打曲目包括《春风吹绿花鼓乡》等。这次演出向国内外观众展示了安徽凤阳花鼓的独特魅力。观众在表演活动中感受到民俗体育所蕴含的社会文化价值,增强了观众和参与者对民俗文化的认同感。这对于民俗体育的传承和民俗体育文化的传播都起到了积极的推动作用,对民俗体育产业化发展具有重要的推广价值。

第六章

民俗体育文化资源开发

第一节　民俗体育旅游资源开发

一、民俗体育旅游资源是开发民俗体育旅游产业的潜力与动力

　　现代旅游业在 20 世纪经历了前所未有的蓬勃发展，逐渐演化成为全球最大的新兴产业之一。随着经济的繁荣和人们生活水平的提高，人们对文化和精神享受的需求也显著增长。这种文化和精神需求是推动人们寻求高品质生活的内在动力。旅游已经成为国内外游客休闲娱乐和满足精神需求的一种高雅生活方式之一。体育旅游则是一种融合了体育活动和旅游资源的休闲方式，为人们提供娱乐和健身的机会，已经成为旅游产业的一个重要组成部分。

　　民俗体育旅游是指人们在旅行和异地逗留期间，将观赏和参与民俗体育活动作为主要目标，从而参与健身、娱乐、表演和竞技等与民俗体育相关的活动。这种形式的旅游是在体育旅游的基础上演化而来，它代表了旅游多样性的发展趋势，为游客提供了深入了解民族文化、地方文化以及特色民俗活动的最佳方式。民俗体育旅游已经成为旅游业发展中备受关注的新兴领域，受到社会各界的极大关注，受到广大游客的热烈欢迎，因为它能够满足游客对旅游产品的独特需求，包括特色体验、参与互动、文化感知以及健康价值需求，从而成为未来旅游发展的新热点。

　　在发展民俗体育旅游业时，民俗体育旅游资源是最重要的因素之一。旅游资源是指那些客观存在的资源，具有吸引游客、激发他们对风景和文化的浓厚兴趣和动机的特质。这些资源包括自然景观、人文景观、历史人物、宗教文化等各种元素。这些资源与民俗体育相互融合，使游客在旅行中能够参与民俗体育活动相关的项目，增进对当地历史的了解，感受异地的民俗风情，并在参与体育活动中深入体验与民俗体育相关的文化内涵、精神特质和力量之美等。

　　我国拥有多样化的地形和气候条件，以及多种民族和地域文化，这些因素共同构成了我国丰富多彩的民俗体育资源。不同地区和不同民族都有各自独特

和珍贵的传统体育活动。例如，在北方，人们热衷于骑射和摔跤；沿海地区的居民则喜欢游泳和潜水；崇山峻岭中的人们热衷于登山和攀岩；而田间地头的秧歌和采茶舞则是农村地区的传统活动。此外，各种节日庆典中的舞龙、舞狮、祭神和祭宗祖等活动也充满了各地的独特风情。

这些不同地域和不同文化形成了各种各样的民俗体育活动，使得中国有着"南人善舟，北人善马"等不同的民俗传统。开发民俗体育旅游资源的主要动力在于它与人们的日常生活息息相关，能够让人们积极地参与各种不同的传统活动，亲身感受各地的民俗和文化。这让人们有机会融入当地的特色活动中，体验健康和娱乐的乐趣，不再局限于传统的观光旅游方式。

民俗体育旅游是一种高层次、高品质、高参与度和体验性的文化旅游形式，它满足了现代人追求新奇、求异、求知、求同、寻根、健身、体验和参与的心理需求。民俗体育旅游正在成为现代旅游业发展的新趋势。当前，旅游业逐渐从注重夏季阳光（Sun）、沙滩（Sand）和海洋（Sea）的"3S"类型的旅游模式，转向更加强调自然（Nature）、怀旧（Nostalgia）和心灵升华（Nirvana）的"3N"理念。这一转变与民俗体育发展理念高度契合，将民俗体育旅游作为核心发展方向，并融合了"养生"理念，使其成为人们健康生活方式、精神文明追求和高品质休闲旅游的主流。这也将成为旅游业的新发展方向，得到更多地开发和推广。

二、民俗体育旅游资源开发现状

旅游业已经成为各国经济发展的重要推动力量，为社会创造了巨大的经济价值。通过挖掘和开发具有独特特色和价值的旅游资源，吸引游客前来体验和分享，满足人们对美好生活的需求，是旅游业发展的趋势。在疫情后旅游业复苏和振兴的过程中，民俗体育旅游作为一种新兴的旅游方式，得到了广泛认可，并成为各个景区开发的亮点项目。其中，山东潍坊的"千里民俗旅游线"被认为是一个非常成功的案例。

该旅游线充分依托潍坊地区丰富的名胜古迹、历史文化、年画传统、人文景观、自然景色、宗教文化、民间艺术、手工艺品和特色小吃等独特文化元素，对旅游资源进行了成功地开发。潍坊拥有让人叹为观止的名胜古迹，例如，云门山、驼山和劈山，这些景点被誉为"三山联翠、障城如画"。云门山以其壮观的山顶云门景象而闻名，山上的摩崖石刻"寿"字被称为"云门献寿"。驼山保存着隋唐时期的摩崖石窟造像群，这些石刻具有精湛的艺术价值。此外，潍坊还拥有历史悠久的青州，作为古代九州之一，这个地方积淀了丰富的历史文化遗产，曾是齐国、西汉、隋唐、明清等朝代在山东地区的政治、经济和文化中心。

此外，青州还拥有一些其他值得一提的景点，如广固城、明清古街道以及国家一级博物馆青州市博物馆。潍坊以杨家埠村而闻名，它是中国三大木版画发源地之一，享有国际声誉。杨家埠村内有杨家埠民间艺术大观园，这是一座仿古建筑，采用了四合院结构，内部陈列着杨家埠木版年画、风筝、民俗文化和婚俗文化相关的展品。游客可以在这里亲手制作风筝和木版年画，还能尽情放风筝、体验空中缆车等娱乐活动。

潍坊还拥有丰富的人文景观，其中包括著名的十笏园，这是一座古代园林，以其精巧的布局而著称。自然景观方面，仰天山国家森林公园是一个必游之地，其地下溶洞长达数百米，在中国北方独具壮观之处。此外，沂山葱郁多姿，老龙湾四季如春，而石门坊的秋山红叶更是令人陶醉。潍坊还有丰富的宗教遗产，包括佛教、道教、伊斯兰教、天主教和基督教等五大宗教，它们在青州拥有悠久的历史传承。

潍坊还以其丰富的民间艺术和手工艺品而闻名，如红木嵌银漆器、仿古铜器、布玩具、核雕、红丝砚等精美的手工艺品，广受国内外游客欢迎。高密扑灰年画、剪纸和泥塑等民间艺术也独具特色，备受青睐。在山东潍坊，民俗文化得到了精心挖掘，与游客的需求巧妙结合，为游客提供了丰富的文化体验。

"千里民俗旅游线"的主要旅游线路有 5 条，旅游者可以按照自己的兴趣和爱好挑选旅游路线。5 条旅游线路分别是：①民俗旅游线。以潍坊国际风筝会为龙头，以"千里民俗旅游线"各景点为基础，根据游客的不同要求开展专项旅游，包括风筝游、情系乡间游（以体验农家生活为主）、民间艺术游、化石探古游、书法游、风味美食游、名胜古迹游等。②观光旅游线。以青州、临朐的自然风光和人文景观为主，包括云门山、驼山、玲珑山、仰天山、偶园、范公亭、沂山、石门坊、老龙湾、山旺化石、青州博物馆等景区。③娱乐旅游线。以富华游乐园、金宝乐园、浮烟山旅游度假区、昌乐宝石城为主，通过全面开发，把潍坊建成现代化设施齐全，集观光、度假、娱乐、休闲于一体的旅游娱乐中心。④以潍坊北港为龙头的海上旅游。主要包括海上观光、娱乐和海上运动项目，达到吃、住、行、游、购、娱六大要素基本配套。⑤以农业高新技术走廊为龙头的田园生态旅游。潍坊至寿光已基本完成田园生态旅游项目的开发。潍坊至青州、潍坊至诸城、潍坊至昌邑也将逐步开发。潍坊"千里民俗旅游线"将给游客们留下美好而难忘的记忆。

在中国辽阔的疆域内，包括一些少数民族聚集的地区和经济相对不发达的山区等地，尽管拥有丰富的民俗体育资源，但民俗体育旅游资源的开发却进展缓慢，很多项目仅限于口头上的"主题"讨论。这些地方需要政府、社会团体、民间组织以及个人的不懈努力，以确保游客能够充分享受独具特色的本土文化和质朴的民风。

三、民俗体育旅游资源的开发策略

（一）全面认识、统筹发展民俗体育旅游资源

我国的民俗体育旅游资源因其丰富的地方文化特色、人文风情以及独特的地理景观而备受关注。这些资源融入了人们熟悉和喜欢的传统文化和民俗活动，使其成为旅游业中的一颗明珠。这些资源主要分布在原生态的农村地区，因为民俗体育活动起源于不同历史时期的农村社区。尽管如今许多农村地区也受到城市化和新农村建设等因素的影响，发展速度较快，但相对于现代城市的发展，农村地区的发展仍然相对滞后而缓慢。

在开发民俗体育旅游资源时，经营者通常将其与乡村旅游和农业旅游相结合，进行综合开发。当然，这三种类型的旅游资源之间存在联系，都依赖于自然生态和人文生态，允许游客欣赏独特的自然美景，进行康体健身活动，以及参与类似采摘等的农村体验活动。然而，它们之间也有一些区别。在特定地区的旅游资源开发中，经营者和开发者需要全面了解资源开发的本质，进行统筹规划，并根据特定地区的特色开发独特的民俗体育旅游项目，以构建具有鲜明地方特色的民俗体育旅游文化圈。这样，游客可以参与各种具有特色的本地民俗体育活动，如传统游艺、信仰相关活动以及与民俗有关的生产活动，从而增强旅游景区的吸引力，提高知名度、美誉度和竞争力。这将使民俗体育旅游成为更多人享受休闲生活的首选方式。

（二）借助资源优势，开发民俗体育旅游特色体验项目

在当前体验经济的时代，旅游的主要特点是让游客积极参与和深度体验。体验经济的兴起基于充分发展的服务经济，被看作是人类经济生活中的第四个阶段，也是信息时代的产物。不仅旅游业，国内外各行各业都在推崇体验经济，无论是工业、农业、计算机产业、旅游业、商业、服务业、餐饮业，还是娱乐业（包括影视和主题公园等），都在积极探索这一领域。特别值得一提的是，娱乐业已经成为全球增长最迅猛的行业之一。

民俗体育旅游业在本质上是服务经济的代表，其服务特点在于满足游客对特色旅游产品的需求，包括健身、娱乐、参与、体验和观赏等。因此，作为新兴产业，民俗体育旅游业已经成为旅游业中备受瞩目的焦点。民俗体育旅游项目的成功吸引游客主要取决于其新颖、趣味、娱乐、健康、互动和合理性等特点。为了有效地开发民俗体育旅游资源，旅游景区的策划者、发展者、运营者需要整合当地的优势资源，设计和开发出独具特色的民俗体育旅游项目，使景

区不仅具有吸引力，同时也能让游客在其中获得深刻的体验，将观光与参与性体验有机结合。

（三）建立区域景区联合开发模式，突出联合发展的理念

随着国内外旅游市场的迅速扩张，国内旅游行业正积极探索发展策略，着力创造独特的旅游项目，以提升旅游景区的核心竞争力，这已经成为我国旅游产业的主要发展方向。我国的民俗体育资源不仅为国内游客提供了观赏价值，也向世界各地的游客敞开了大门。尤其是那些充满民族特色的民俗旅游项目，更能够吸引国际游客前来参观和体验。在某一特定地区或范围内，那些特色不够明显、知名度较低的单一民俗体育项目将难以实现可持续发展。因此，跨地域和景区之间的合作，挖掘整合多种民俗体育项目，创建多条旅游线路，打造具备多种功能的旅游景区已经成为民俗体育旅游业发展的最佳选择。

民俗体育旅游景区依托多元化的特色资源，展示本地的特色项目，使游客在欣赏自然美景的同时，融入民俗体育活动，获得一种与自然和文化相互融合的体验。这也是民俗体育旅游业具有广泛市场前景的原因之一。在旅游业蓬勃发展的大背景下，民俗体育旅游业正拓宽其发展格局，采用区域性城市景区联合开发的模式，消除地域壁垒；倡导资源和市场的共享，迎接各地游客以开放和包容的态度；同时，发展区域经济，实质性提高民俗体育旅游产业的竞争力，已经成为民俗体育旅游业可行的现实道路。

（四）打造区域旅游景区专题品牌

在中国制造业蓬勃发展的大背景下，品牌价值变得至关重要，决定了企业在市场上是否能够获得竞争上的优势。各个行业都非常注重品牌的建设，积极执行品牌战略和提高品牌价值已经成为各行业追求可持续发展的核心要素。在旅游业领域，打造专题品牌同样至关重要，它是旅游企业管理、营销以及提高核心竞争力的关键环节。创建民俗体育旅游专题产品品牌，是旅游景区塑造产品形象、推动创新发展的重要组成部分。成功开发富有创意的新产品不仅有助于景区实现利润差异化和生存价值，还是景区外部推广的代表，符合商品市场发展的大趋势。例如，1987年山东泰安推出了"泰山国际登山节"，将休闲观光、登山健身和旅游相结合，成功地将这一活动与当地旅游资源有效整合。如今，"泰山国际登山节"已经成为一个国际知名的体育旅游品牌，具有国际性、参与性、旅游性、经济性和市场性特征，每年吸引大量国内外游客前来参观。地区性旅游景区专属品牌有助于增强民俗体育旅游产业在发展初期的竞争力，有助于景区开拓市场。它可以传播独特的开发和经营理念，使景区具备无法替代的景观优势和独特的游客体验项目，从而赢得消费者的认可。最重要的是，它能够让景区在市场层面积累品牌资产，增加其市场竞争力。

第二节　民俗体育课程资源的开发

一、课程资源的概念阐述

传统教育的不足之处、信息时代教育的转变、学生对核心素养的培养需求等因素正在推动课程改革不断前进。这催生了对课程资源的研究与开发，成为教育领域和教育从业者不可避免且重要的挑战。

关于课程资源的概念，各位专家和学者从不同角度提出了不同的看法。顾明远在《教育大词典》中提出了一个类似于课程资源的概念，即教育资源。他认为，教育资源是指在教育过程中所占用、使用和消耗的人力、物力和财力的总和。

徐维存等学者认为，课程资源是指在整个课程设计、实施和评价过程中可利用的一切人力、物力以及自然资源的总和，包括教材以及学校、家庭和社会中所有有助于提高学生素质的各种资源。课程资源既是知识、信息和经验的传递工具，也是课程实施的媒介。

吴刚平提出，课程资源是指为支持课程活动、满足课程活动需求的一切资源，包括构成课程目标内容的来源以及确保课程活动进行的设备和材料，即所谓的"素材性课程资源和条件性课程资源"。

在我国的《基础教育课程改革纲要（试行）》中，课程资源被划分为校内课程资源、校外课程资源和信息化课程资源三大类。总体而言，课程资源包括课程要素的来源以及支持课程实施所需的直接条件。

课程资源的分类有多种方式，本研究采用了我国《基础教育课程改革纲要（试行）》中所提出的三种分类标准：首先，信息化课程资源作为推动课程改革和不断创新教学方式方法的动力源，具有重要作用；其次，校内课程资源作为课程建设与发展的核心支持力量，包括教科书、教师、学生，以及师生之间的多样经验、生活经历、学习方式和教学策略，还包括校内各类专用教室和举办的各种校内活动等各种人力、物力和财力资源；最后，校外课程资源具有更广泛的范围，主要包括校外图书馆、科技馆、博物馆、乡村资源、家庭资源等，而自然资源则在发展民俗体育课程资源时具有特别宝贵的作用。

二、民俗体育课程资源的构成

根据国内专家和学者对课程资源的定义，结合民俗体育的特点，以及学校课程资源的便捷性，本研究将民俗体育课程资源划分为五大类：自然资源、人力资源、项目资源、设施资源和信息资源。自然资源主要包括地理环境、气候和季节等因素；人力资源涵盖教师、学生、学校管理人员、教育辅助人员、民间艺人和社区指导员等；项目资源指的是各种受众广泛的民俗体育活动；设施资源包括校内和校外的场地、器材、道具和装饰物；信息资源主要是指以网络技术为基础的多媒体和互动资源。在信息技术的支持下，采用"传统＋创新"的资源开发方法将不断为民俗体育课程资源提供新的素材，从而不断丰富和充实其内容和体系。

三、民俗体育课程资源开发的现实意义

（一）新世纪教育改革与发展、课程改革与发展的需要

我国高度重视培养新世纪人才，这一点得到了国务院和教育部的大力支持，分别在 1999 年和 2001 年颁布了有关教育改革和课程改革的重要文件。这些文件着重强调了"国家、地方、学校三级课程管理"的原则，旨在增强课程的适应性，要求各地在满足国家基本课程标准的前提下，制定和管理适合本地的课程，促进学校课程的多样性和灵活性。

在这个背景下，民俗体育课程资源被认为是一种具有代表性的地方课程资源。开发和纳入学校课程资源体系，不仅是对政策文件的有力响应，也是推动民俗体育课程资源现代化的必然趋势和有效途径。通过学校教育传承和传播民俗体育，可以填补国家和学校课程的不足，为学校的民俗体育课程资源提供了更多元的内容，有助于实现"增强课程对地方、学校及学生的适应性"的目标，同时也为学生提供了了解本地文化和传统的具体途径之一。

各级学校应抓住教育改革和课程改革的机会，积极参与"国家、地方、学校三级课程管理"，积极发展本地特色的课程资源，包括民俗体育资源，以充实通识课程的教学资源。引入和实施民俗体育课程资源，将其融入学校体育教学，可以增加体育教育的趣味性、娱乐性和健身功能，让学生更亲近民俗体育。学生通过学习民俗体育，可以更深刻地体验到本地文化、风土人情，有助于培养他们对传统文化的正确认知，认识到地域文化和传统文化的发展中既有挑战也有机会。此外，他们还可以积极参与文化交流，为推动我国优秀传统文化的发展创造有利环境。

总之，将民俗体育纳入地方课程资源，并在学校教育中广泛推广，有助于推动学生素质教育，促进体育课程改革，实现"国家、地方、学校三级课程"的协同发展。

（二）开辟民俗多元文化教育的渠道

多元文化是指在不断复杂化的社会环境中，文化更新变革加速，各种文化面临不同的机遇和挑战，导致新文化层出不穷。在现代社会，我们需要各种类

型的文化以支持社会发展，这种多样性的文化服务构成了多元文化，特指复杂社会背景下的多样文化。

中国自古以来是一个多民族国家，以汉族为主，形成了以汉文化为主流，其他少数民族文化为"亚文化"的多元文化共存格局。如今，在文化全球化的背景下，西方文化以主流文化的方式影响着各国文化，这加剧了中国多元文化面临的竞争和挑战。因此，保护和促进我国民族文化的多样性，已成为教育发展的重要议题。在全球一体化和文化多元化的背景下，国家一体化和民族文化多元化之间的关系问题是中国和其他多民族国家共同面临的挑战。

中国的民俗体育文化是各个历史时期的产物，是农耕时代的主要文化之一，与农耕社会的生产、生活以及政治、经济、教育、宗教、家庭、婚姻等方面紧密相关。然而，如今在全球一体化和西方主流文化的冲击下，中国的传统文化面临衰落和消失的风险。越来越多的专家和学者认识到拯救、保护和传承中国传统文化，尤其是民间丰富多彩的民俗体育文化的重要性，并提出了一些挽救措施。

作为一名长期从事教育工作的教育者，笔者强烈倡导在各级学校推广和传播民俗体育文化。这是传承和弘扬中国民族文化和民俗文化的关键途径，也是保护和发展中国多元文化的重要方式。学校是年轻一代成长的摇篮，是文化传承和推动文化发展与传播的关键力量，也是促进文化繁荣的重要场所。学生在学校接受教育时，塑造了他们的文化观念、价值观念和生活观念，这在塑造他们的传统品格方面起着关键作用。学校的文化教育是青少年成长成才的内在需求，将民俗体育文化纳入学校文化教育内容体系可以拓宽学生的文化视野，帮助他们了解经典民间民俗文化艺术，如年画、皮影、剪纸，以及宗教、祭祀、信仰等与民众的生产、生活和风俗习惯有关的多种民俗现象。

（三）民俗体育课程资源开发能推动民俗体育的健康发展

2010年7月29日，《国家中长期教育改革和发展规划纲要（2010—2020年)》正式发布，其中明确提出了积极利用和开发课程资源的重要性，特别是要因地制宜地开发各种课程资源，以发挥其教育优势，体现课程的灵活性和地域特色。在这个指导下，中国各级学校纷纷行动起来，着重开发具有地方特色和民间传统文化特点的课程资源。

其中，民俗体育因其地方特色、民间传统性以及多样性成为课程资源开发的重点之一。为了将民俗体育纳入学校的体育教育体系，需要进行一系列工作。首先，要对当地的民俗体育项目进行深入挖掘和整理，以全面了解这些资源的特点和范围。其次，需要根据学校的具体情况，包括人力、物力、财力等方面，选择合适的民俗体育项目，并编写相应的教材和教学大纲，以便顺利实施课程资源。然后，在实践中，需要不断进行反思和调研，根据学生的反馈和实际情况，调整课程实施方案，以达到资源利用的最优效果。

将民俗体育纳入学校体育教育中，可以通过多种途径实现，包括体育课堂教学、课外体育活动、特色项目社团活动、学校体育竞赛、校园体育文化节等。通过这些途径，学校可以将民俗体育课程传授给学生，帮助他们更好地了解和体验民间传统体育活动。尤其在中国广大农村地区，由于师资力量和基础设施等方面的限制，因地制宜地开发具有地方特色的民俗体育项目，不仅是学校体育校本课程建设的重要策略，也是农村地区体育教育可持续发展的有效途径。这种做法不仅可以改善农村地区的体育教学效果，提高体育教学的质量，同时也有助于传承和发展民俗体育项目，推动其在当地的传统文化中的传承与发展。

发展和推广民俗体育课程资源既适应了现代社会和教育的需要，又与当代文明发展相一致，同时保持了浓郁的民族特色，以及与新时代相符的风采。通过在学校推行民俗体育教育，我们不仅提高了学生的身体素质，还传承和宣扬了中国丰富多彩的民俗文化。年轻一代在接触和学习民族文化的同时，建立了强烈的民族自豪感和自信心，这有助于增强民族凝聚力。不仅在学校，民俗体育也可以融入家庭生活中。透过家庭体育的方式，我们实现了将民俗体育带到群众中，为人们提供健康娱乐的机会，使各种民俗体育项目再次成为人们日常生活的一部分，促进我国的民俗体育事业的繁荣和发展。因此，从更广阔的视角来看，民俗体育课程资源的发展为社会体育、学校体育和家庭体育的协同发展架起了桥梁，壮大了民俗体育传承和发展的规模，推动了民俗体育的健康发展。

（四）民俗体育引进课堂有利于体育课程目标的达成

体育课程的目标体系包括五个领域：运动参与、运动技能、身体健康、心理健康和社会适应。总体来说，这些目标旨在提高学生的身体素质、促进健康，培养他们的运动兴趣和健康观念，同时加强他们实践运动技能，注重通过情感体验来发展个性。

为了实现这些目标，我们将民俗体育项目引入体育课堂教学，这有助于更快地达成课程目标。首先，民俗体育项目内容丰富多样，活动形式灵活多变，充满趣味性和娱乐性。尽管一些项目难度适中，但运动强度不小，能够吸引学生积极参与，达成课程目标中的运动参与部分。其次，每个民俗体育项目都有一套基本的知识和理论体系。学生通过学习这些知识，了解项目的文化内涵，有助于构建他们的知识体系，扩展知识面，这也是学习和掌握运动技能的前提条件，实现了课程目标中的知识和技能类目标。此外，民俗体育具有较高的美育功能，包括内容美、形式美、氛围美和和谐美等。人们在参与或观赏民俗体育活动时，不仅能够享受视觉美，还能感受到动作的美感、幅度的美感以及造型的美感等。通过长时间的练习，学生不仅能够培养出美的气质，还能在舞姿和乐曲声中获得运动的愉悦感和良好的审美体验，实现了体育教育的审美目标。

体育教育的最终目标在于培养学生养成坚持锻炼的习惯。仅仅依赖课堂教学时间是难以形成学生终身体育观念的，因此必须利用课余时间加强技术和技能的学习与运用。民俗体育中的一些项目，如踩高跷，可以培养学生的勇猛、果敢和坚毅品质，锻炼他们的体魄。另外，像花鼓舞和采茶舞等项目，能够给学生带来愉快和欢快的运动体验，改善他们的心理状态，帮助他们战胜心理障碍，培养积极乐观的生活态度，并享受运动的乐趣。此外，一些团体性的民俗体育项目，比如舞龙，需要团队成员之间默契合作才能完成表演，这有助于培养学生良好的体育道德品质和合作精神，促进学生个性的发展，规范他们的社会行为。这些运动不仅能帮助学生养成良好的行为习惯，形成健康的生活方式，还能提高学生的综合能力和社会适应能力，从而实现学校体育课程的目标体系。

（五）民俗体育资源开发是新时期民俗体育创新发展的内在需要

当代社会形态的演进，社会结构的转变，以及社会中人们的流动性的提升，已经改变了传统的农业社会中人们基于血缘和地缘关系而建立的社会联系。原生态的自然资源逐渐减少，导致许多传统的民俗体育项目的存在空间日益受限，对大众日常生活的影响逐渐减弱。许多项目正面临边缘化的发展趋势，甚至可能濒临消失的风险。如何加强对民俗体育及其文化的保护，确保它们能够有效传承并实现创新发展，维系我国民俗体育及其文化的活力，已经成为我们在现代化全球化的背景下亟待解决的重要问题。

开发民俗体育课程资源涵盖了整合各地区和各所学校的人才资源，用以挖掘和整理本地区的民俗体育项目，并将其纳入学校教育体系，以使民俗体育得以科学化、规范化、普及化。这将使学生有机会通过正规的教育方式接触和参与民俗体育的学习和锻炼，从而使民俗体育能够逐渐与现代体育并行发展。例如，舞龙这一传统的民俗项目，如今已经被广泛引入大中专院校的体育教育中，与现代体育项目如篮球、排球和足球一样在学校内得以开展。学校的努力培养了大量擅长传承民俗体育的人才，因此民俗体育再次呈现出强劲的发展势头。现如今，舞龙运动经过完善和规范的发展，已经走进了国际竞技体育赛场，成为一个备受世界瞩目的比赛项目，表现出了民俗体育成功走向国际化发展的典范。这表明，将民俗体育融入学校教育体系，已经成为民俗体育创新发展的一种有效途径。

近年来，我国的民族音乐、民族舞蹈、中国画，以及中草药等领域，已经成功迈出国门，位于全球领域的前沿，相关领域的世界地位日益增强。我国劳动人民在劳动和日常生活中创造的民俗体育，是我国物质和精神文化财富的精华，也应该迈向国际舞台，展示我国的文化特色和深厚底蕴，展现我国民族文化的自信和自强。

发展民俗体育课程资源意味着通过学校教育等正规的教育途径，不仅可以培养优秀的民俗体育后备人才，还可以选拔出那些热衷于我国民俗体育事业的杰出人才。这对于繁荣和发展民俗体育事业，推动民俗体育走向国际前沿，以及促进各种体育项目的和谐发展，都具有重要意义。因此，发展民俗体育课程资源对于传承和弘扬中华民族的优秀文化有着深远的意义，也是新时代民俗体育创新发展的内在需求。

四、民俗体育课程在部分省份开展的现状调查

《体育与健康课程标准》是由教育部颁布的规定，明确强调积极利用和开发课程资源是课程实施中的重要组成部分。这意味着根据地区的特点，合理开发和利用各种课程资源，以充分发挥教育优势，并反映课程的适应性和地方特色。其中，各地丰富和具有特色的民俗体育资源被认为是关键资源之一，因此，在最新一轮的课程改革中，重点着眼于开发和利用这些民俗体育课程资源。

关于民俗体育资源的开发情况，许多教育者和研究人员已经进行了实地调查和实证研究。例如，韩水红对安徽省的情况进行了调查，结果显示，目前安徽省内的学校主要开展的民俗体育项目包括武术、舞龙、舞狮、中国式摔跤、随球、滚铁环、民族舞蹈、秧歌、空竹等项目。调查还显示，在这些项目中，有超过82％的学生会参与类似荡秋千、跳绳、拔河和扔沙包等活动，而65％以上的学生会尝试放风筝、踢腿子、跳皮筋等项目。此外，调查还发现，在跳绳项目中，有33％的学生能够经常参与，而在踢毽子项目中，有31.6％的学生经常参与。

李红梅对福建省中学生的民俗体育活动情况进行了调查，结果显示，大多数福建省中学生对民俗体育有兴趣，但并不经常或几乎不参与这类活动。大部分学生只在课外体育活动时间和节假日偶尔参加民俗体育活动，而正规体育课程中的民俗体育活动机会相对较少。学生对民俗体育的认知还比较初级，他们认为这些活动不过是非正式的游戏，与现代体育项目如篮球、排球和足球等不

可同日而语。此外，大多数学校在民俗体育场地和设施方面的投入有限，甚至有些学校根本没有相关场地。

安徽省和福建省的中学普遍开展了一系列民俗体育项目，包括踢毽子、拔河、象棋、围棋、跳绳、跳橡皮筋、跳竹竿、老鹰抓小鸡、捉迷藏、民族舞蹈等。然而，这些项目的开展程度和学生的参与情况在不同地区存在差异，需要进一步推动和促进民俗体育资源的充分开发和利用，以提高学生对这些传统体育活动的认知和参与度。

在高等教育机构，民俗体育课程资源的开发备受重视。2002年，《全国普通高等学校体育课程教学指导纲要》强调了体育课程教材的多方面特征，包括强调体育课程应注重健康、文化、选择性、实际效用、科学性以及社会接受度，同时还应该体现时代性、发展性、民族性和中国特色。因此，开发和利用不同类型的课程资源是体育课程建设的重要手段。

为了丰富高校体育课程的内容，增添趣味，同时体现民族和地方特色，各个高等教育机构都积极推动民俗体育课程资源的开发工作。这些努力自然地将民俗体育纳入了课程改革的范畴。在2008年，李竹丽进行了一项调查研究，从人力资源、项目资源、设施资源和信息资源等四个方面评估了陕西省普通高等教育机构的民俗体育课程资源开发情况。结果显示，在陕西省的37所普通本科高校中，只有4所提供民俗体育课程，占比为10.8%。然而，多数情况下，这些民俗体育课程只在体育课前活动或课余时间中开设，民俗体育课程资源的开发还相当薄弱。

在陕西省的普通高校，体育教师们普遍认为民俗体育对健康有很高的价值，25.8%的体育教师认为非常有价值，66.1%的体育教师认为有价值，这表明他们高度认可民俗体育的健康价值。此外，41.9%的体育教师认为他们具备教授民俗体育课程的能力。在这些学校中，以体育课程的形式开设的民俗体育项目包括舞龙、舞狮、腰鼓、秧歌等4个项目，其中有4所学校提供这些项目。此外，学校还在课外体育活动中推出了跳绳、踢毽子、拔河、跳橡皮筋、扇子舞、围棋、象棋、花样跳绳、钓鱼、徒步、登高等民俗体育项目。学校还组织了舞龙俱乐部和安塞腰鼓俱乐部等民俗体育社团。

总体而言，陕西省的普通高等教育机构在开展民俗体育活动方面还比较薄弱。由于场地资源有限，这些学校不仅在教学中，还在体育活动和竞赛中都需要充分利用现有的场地和设施条件。此外，民俗体育的信息资源存在较大局限，体育教师利用这些资源的方式相对单一，且存在资源浪费的问题。值得指出的是，不少研究人员也对民俗体育资源在各地的开发和开展情况进行了调查和研究。

五、民俗体育课程资源开发的原则

原则是行事所依据的准则。对于学校教育的课程来说，在教育目标已经确定的情况下，课程资源开发的目的就必须符合课程教育目标，民俗体育课程资源的开发也要在既定的目标准则下进行规范开发。民俗体育课程资源的开发应遵循教育性原则、因地制宜原则、兴趣性原则、实践性原则、共享性原则这五个原则。

(一) 教育性原则

在我国教育改革的大环境下，民俗体育课程资源的开发是一项实际的改革举措，与国家教育政策相契合。这一举措旨在为培养全面发展的人才提供丰富多样的本地课程资源。为了确保这些课程资源能培养学生，首要考虑的是它们必须遵循教育原则，以确保学生形成正确的世界观、人生观、价值观和道德观。

民俗体育课程的教育性质体现在其以"健康第一"为指导思想，将身体素质教育作为基本途径。除了传授学生体育知识和技能外，该课程还旨在让学生体验到地方传统文化的淳朴和亲切，使他们在参与民俗体育活动中享受生活的乐趣。通过这一课程，学生将培养对国家和家庭的热爱之情，激发他们对我国传统文化的热爱，并促进我国传统文化的传承和弘扬。

(二) 因地制宜原则

民俗体育在中国具有独特的特点，包括地域性、民俗性和民族性。正如古人所说，"千里不同风，百里不同俗"，这句话生动地描述了中国的民风和民俗的多样性。中国拥有多个民族，广袤的地理区域，多样的地形和气候条件，这导致了各地形成了独具特色的民俗体育项目。这些项目的活动内容和形式也因地域差异而各异，例如，南北方的水上项目和骑射项目就展现出明显的区域性特征。

在开发民俗体育项目时，必须遵循因地制宜的原则，考虑特殊的气候和地理环境，以确保项目的可行性和适用性，并具有推广的价值。因此，在开发和利用中国的民俗体育资源时，不应采取一刀切的方法，而应根据实际情况出发，发挥各地的独特优势和资源，以实现课程资源的有效利用，培养人才，以及拓展课程资源的目标。

(三) 兴趣性原则

兴趣是最有效的教育方式，尤其在激发学生对体育的热情和保持持续锻炼时，运动兴趣起到了至关重要的作用。运动兴趣可以被看作是内在的激励，影响学生的自主学习和坚持锻炼的动力因素。民俗体育本身具有浓厚的娱乐性，并且在社会中有广泛的参与基础。然而，在将民俗体育引入正规课堂教育时，我们需要着重考虑高雅的娱乐性质，因此，对于那些源自宗教祭祀或神秘仪式的项目，需要经过精心筛选和取舍，选择那些内容健康、与生活紧密相关的民俗体育项目进行教学。这样，学生可以在体验浓厚文化情感的同时，集中精力获取知识和技能，培养个人兴趣，并通过团队协作来培养社会兴趣。兴趣是一种无形的驱动力，因此，在开发民俗体育课程资源时，必须始终秉持兴趣的原则，以确保可持续地发展。

（四）实践性原则

实践性是马克思主义哲学的最显著特征和理论要点，它在整个马克思主义哲学思想中扮演着核心角色。在实际教育和教学中，实践教育是培养学生综合素质的重要支持。实践为学生提供了实际的学习材料和情境。通过民俗体育的实际教育活动，学生可以更深入地理解民俗体育的内涵、形式和意义，也能够认识到民俗体育对中国社会的生产、生活和社会发展所发挥的积极作用。此外，通过这种实践，学生也能更好地理解民俗体育在促进人际关系、人与自然的关系以及人与社会的关系中所起到的重要作用。因此，在发展民俗体育课程时，坚持强调实践性原则有助于培养学生认识客观世界的能力，同时也具有深远的认识论和世界观意义。

（五）共享性原则

"共享"是如今社会广泛传播的概念，尤其在经济领域具有重要地位。这个理念强调的是物品的使用权，而不一定涉及所有权。在教育领域，学生通过线上和线下的方式在网络上分享知识，网络已经成为获取知识的主要途径。在开发民俗体育课程资源方面，需要涵盖广泛的内容，工作量庞大，且细节繁琐。仅仅依赖个人或单一学校的努力难以达到理想效果，因此采用"共享"方式可以展现资源开发者的集体智慧和协同效应。各地方在教学资源开发中有其局限性，然而在教学资源建设中，通过网络平台、跨地区交流和学校间协作等方式，相互分享、互相学习、互补长处，就会形成丰富多元、相对成熟的教学资源。随后，一些民俗体育教育者和爱好者可以将这些资源整理成教材或教科书。通过共享，克服了师资短缺和民俗体育课程开发中难度较大的问题，减少了资源开发中的重复性、盲目性以及相关资源的浪费。因此，坚持共享原则有利于在民俗体育课程的发展、教学和科研等各个方面产生积极促进作用，提高学生的学习效率，同时也对社会的进步有着积极推动作用。

六、民俗体育课程资源开发的实施策略

（一）按事物发展规律逐步把民俗体育纳入学校的体育教育中

近年来，随着我国教育改革的进行，民俗体育因其卓越特性已融入学校体

育教育体系。然而，尽管有这一趋势，普及和发展仍然面临着多方面的实际困难，包括人力、物力和财力等方面的不足。事物的发展都经历一个过程，所有事物都需要经历一定的阶段才能实现自身的稳定发展。从事物发展的三阶段规律（初级阶段、发展阶段、发展高级阶段）来看，我国目前的民俗体育进入课堂教学内容体系仍处于教育改革的初级阶段。这个阶段是各种民俗体育课程要素从整合到形成相对稳定的状态的时期，然而，仍然存在许多不稳定和不确定的因素，需要教育者坚持改革的信念，不断开发课程资源，并在实践中进行运用、修改和完善。

民俗体育已经融入学校教育并正朝着常态化发展的方向迈进，这是体育课程建设和发展的必然趋势。然而，仍然需要政府、学校、民间组织等多方共同投入资金，以确保教学条件持续完善，培养民俗体育教育人才，并坚决执行相关措施。只有通过这样的努力，民俗体育课程的各要素才能达到协同开展的良好状态，使民俗体育课堂教学逐渐稳定下来。为实现这一目标，教育者需要坚定改革的决心，不畏困难，发挥"摸着石头过河"的决心和勇气，不断深化课程改革。

将民俗体育纳入学校教育的发展高级阶段是各要素高度协同、稳健、快速发展的时期，也是教育改革和体育课程资源开发的终极目标。虽然达成这一美好愿景，教育改革任务重、困难多，但教育者必须保持必胜的信念，坚持将民俗体育融入学校体育教育的改革行动，借鉴国外成功的经验，如日本的柔道、韩国的跆拳道，英国的足球和橄榄球，通过开展学校教育使我国民俗体育由原始形态发展为规范化、科学化、普及化的现代教育形态。我国的民俗体育课程资源开发、利用和发展是一个渐进的过程，因此，我们要坚定信念，将课程改革进行到底。

（二）民俗体育教学内容的选择要符合活动主体的身心发展规律

学校扮演着体育文化传承的角色，确保学生接受体育教育是他们的权利和责任。体育教育的目标在学生的成长阶段有所不同。学生参与体育活动的目的是维护身心健康。因此，在确定教学内容时，首要考虑学生的特定情况，如他们的年龄、身体发育水平以及身体素质等。这有助于确保教学内容与学生的身体、心理、技能、意志等各方面的发展相契合，以满足学生在体育活动中提高运动能力等素质的愿望。

因此，在中小学阶段，选择教学内容时必须充分考虑中小学生的身心素质和生理机能的不同。教学内容应符合中小学生身心发育的特点。从生理学角度来看，小学生在身高、体重、力量、耐力和爆发力等身体素质指标上普遍不如中学生，因此，不适宜开展高强度和高运动量的项目，如舞龙和舞狮等传统项目。相反，小学生应选择简单易学、娱乐性强的低难度民俗体育项目，例如丢沙包、跳方格、打陀螺、滚铁环、荡秋千、放风筝和跳绳。至于中学生，大多数民俗体育项目都可以开展，但最好不引入存在安全风险或与宗教信仰相关的项目，以免影响学生形成正确的宗教观念。

从心理学角度来看，小学生比中学生更活跃、更好学，也更具模仿能力，因此，在小学阶段，应选择以游戏为主的民俗体育项目。至于中学生，由于他们的身心发育水平已接近成年人，更倾向于竞技性强、新兴的体育运动项目，因此可以根据地区情况选择滑冰、滑雪、水上运动、爬山、越野等项目，以满足他们的好奇心和探险精神，激发他们的运动热情，并加强他们对运动的体验感。因此，民俗体育教学内容的选择应具有科学性。

（三）多元化、多途径解决民俗体育师资供求矛盾

1998 年 7 月，教育部颁布了《普通高等学校本科专业目录（1998 年颁布)》，其中明确设立了民族传统体育专业。该本科教育专业被定位为体育学的二级学科，包括三个教育方向：武术、传统养生体育、民间民俗体育。其培养目标旨在培养综合素质出色的专业人才，使他们具备民族传统体育教学、训练、科研和健康指导等基本知识和技能，从而能够胜任武术、传统养生体育以及民间民俗体育领域的工作。

在国家政策的指导下，一些高校纷纷开设了民族传统体育专业，其中包括北京体育大学，该校于 2004 年 4 月正式设立了中国国内首个舞龙和舞狮专业人员培训基地，为龙狮运动培养了众多专门的裁判员和教练员。此外，一些师范学院在个别省份也开始提供民族传统体育专业课程。然而，要使民俗体育充分融入学校教育体系，仅依赖体育院系培养的专业人才明显不足以保障我国民俗体育事业的高质量发展，尤其是在农村地区从事这类教育工作的人才相当有限，而农村地区正急需这方面的专业人才。

教育师资力量是教育资源中最宝贵的一部分，在很大程度上影响着课程资源的开发和质量。民俗体育师资供需矛盾是一个普遍存在且制约民俗体育教育发展的主要问题。因此，建立现有体育教师的再教育培训机制至关重要。这一机制不仅需要扩大教师队伍的规模，还需要提高他们的教学水平，确保他们具备民俗体育领域的知识和技能，并在实际教学中胜任。培训机制应当具备灵活性，采取多种方式，包括请进来、送出去、内部交流、区域交流等多种形式，如进修、短期培训班、学术会议、集体研讨、备课、说课、观摩会、专家报告和讲座等，以确保培养出的教师能够熟练应用民俗体育知识，从而使民俗体育教育逐步规范化，实现可持续发展。

（四）编写民俗体育教材，推广民俗体育教育成果

教材，通常被称为课本，根据课程标准编制，是系统呈现学科内容的教育工具书。它在教学中扮演着重要的角色，是学生学习知识的基础。目前，民俗体育正处于引入课堂教学的初期阶段。各所学校根据自身条件，选择适宜的项目，并制定相应的教学大纲。

一些项目，例如陕西科技大学和长安大学引入的安塞腰鼓，已经成为教学内容。每所大学都按照自己的方式设计并编写了教学大纲。虽然这种各校自行决定的方法在一定程度上反映了民俗体育课程资源开发的灵活性，但也存在一些问题，如重复研究、浪费人力资源、信息不共享等弊端。这与现代信息时代知识快速传播的特点不符。

因此，已经具有完善课程体系的民俗体育项目资源应该整理成教材，以便快速传播到各所学校，实现正规化教学。对于正在开发的民俗体育项目，编写教材是一个重要的任务，它需要大量工作和面临相当大的挑战。教育部门应该高度重视民俗体育课程的教材编写工作，组织各所学校的体育部门一起商讨和研究相关事宜，将教材的编写任务分解和分配，并由学校组织一批体育教师和传统体育专家进行田间调研、民间艺人拜访，收集相关素材，结合实际开展教材编写工作。

在编写教材时，需要妥善处理思想性与科学性、知识和技能的广度与深度、原始特色与现代竞技元素的关系。只有这样，才能创作出具有民族特色、地域特色和现代韵味的民俗体育教材。编写权威性高、实用性强、知识体系全面的民俗体育教材，不仅可以促进教育改革的进一步发展，增强民俗体育教学的实力，还可以让各级各类学校共享这些教材，提供公平的教学机会，从而解决师资力量薄弱学校在教学上的困难。

因此，编写民俗体育教材势在必行，这不仅可以巩固民俗体育在学校教育中的地位，还有助于培养具有家国情感的新时代人才。

第三节　民俗体育与全民健身融合发展

在健康中国战略深入实施的新阶段，民俗体育与全民健身的融合发展呈现出新的时代特征。当前，随着全民健身国家战略的持续推进，健身活动已深度融入城乡居民的日常生活，成为践行"大健康"理念的重要载体。

这一发展历程凝聚着党和国家历代领导人的战略智慧，从毛泽东"发展体育运动，增强人民体质"的号召，到邓小平关于群众体育与竞技体育协调发展的论述，再到江泽民"全民健身，利国利民"的重要指示，为全民健身

事业发展奠定了思想基础。进入新时代,《"健康中国 2030"规划纲要》和《体育强国建设纲要》等政策文件进一步推动了全民健身与传统文化传承的有机结合。

值得关注的是,在乡村振兴战略实施过程中,民俗体育正焕发新的生机。自 2006 年"农民体育健身工程"试点以来,传统体育项目与现代健身需求不断融合创新。2019 年《体育强国建设纲要》特别强调要"传承发展民族民间传统体育",2021 年《全民健身计划(2021—2025 年)》明确提出要"推广民族传统体育项目",为民俗体育的现代转型提供了政策保障。

在广大民众广泛开展全民健身活动的过程中,民俗体育作为民众日常生活的一部分,也以增强全民体质为目的,融入民众生活,满足人们多种需求,获得广大民众的青睐。民俗体育具有地方习俗性、集体性、娱乐性、健身性、多样性等特征,符合开展民俗体育地区多数人的信仰、风尚习俗、观念、情趣、运动习惯和生活方式,常常被人们视为日常健身活动项目。风土味浓厚的民俗运动项目能唤起人们内心根深蒂固的家乡情结。在健身设施尚不完善的地区,民俗体育项目以秧歌、舞蹈、腰鼓、广场舞等多种形式成为人们健身、休闲、娱乐、改善自我的方式,这些项目"以人为本",是发展健身运动的载体,是实现全民"强身健体"目标的路径之一。

在重大节日、纪念日和庆典活动中,人们穿着盛装敲锣打鼓,表演着在当地具有代表性的各种民俗传统项目,如舞龙、舞狮、划龙舟、踩高跷、摇花灯、祭拜祖庙,这些民俗传统项目把具有不同人生观、价值观、审美观、意识形态、心理状态和兴趣爱好的人聚集起来,向他们展示充满活力的精彩表演,让人们享受生活、享受快乐、享受情感、分享喜悦,传达给人们"生命健康"的重要意义。

民俗体育一直以体育活动为形式和内容,为民间大众服务,其服务宗旨与全民健身的服务宗旨完全一致;以人的健康为出发点和最终目的,提高人们身心健康、生活质量,满足人们对美好生活的愿望。因此,在推进我国全民健身运动的过程中,要充分挖掘和整理民间喜闻乐见、生产生活气息浓厚的民俗体育项目,带动更多的人把健身活动引入生活中并形成锻炼习惯,让人们在休闲、快乐的民俗活动中分享身边具有民风民情的趣事。人们在健身中交流心得,拉近感情,呼朋引伴结成锻炼小团体,逐渐养成健康、文明、快乐的生活方式,达到"增强体质,增进健康,提高生活质量"的目的,进而落实全民健身战略,实现"健康中国"的宏伟目标。

第四节　乡村振兴战略背景下的民俗体育资源开发

一、乡村振兴战略背景下民俗体育资源开发现状

自改革开放以来，中国农村经济改革和社会发展发生了历史性变化，取得了历史性成就。党的十八大以来，党和政府高度重视农业农村改革发展，连续13年发布中央一号文件，聚焦"三农"议题，陆续推出一系列重农、扶农、惠农、强农政策，支持农业农村优先发展，帮助农民增收致富。一系列政策的颁布推动了农村在经济、居住、交通、文化生活等方面发生了巨大的变革。由于国家高度重视农村问题，农民的经济状况、身心健康以及农村体育事业的发展引起了学界的广泛关注。几千年来，根植于农村的民俗体育一直是农民生存和文化传承的重要精神基础。这种地方性、乡土性的生活与运动文化自然而然地成为新农村体育事业的一部分，也成为农民健身和休闲娱乐的不可或缺的组成部分。

新时代农民的健康水平如何提高？民俗体育资源在新的健身活动中、经济建设中是否发挥了应有的作用？这些问题的答案取决于民俗体育资源的开发程度。一些学者分别从影响、制约民俗体育发展的各种主客观因素入手，如国家相关政策，民俗体育在当代的价值，农村群众对民俗体育的认识、态度，民俗体育的传承状况，分析现在民俗体育发展面临的机遇和挑战，再通过田野调查、实证研究、定性与定量相结合等研究方法，在理论研究、现状研究的基础上，提出相关发展策略或民俗体育的开发模式。

由于我国农村地域范围非常广，较难进行细致入微的观察和深入研究，因此，只能对当代农村地区的民俗体育资源的保存状况、开发状况进行较客观的描述，如现存资源依然丰富，但只有少数地域特征较明显的项目得到创新、开发，发展势头良好，且经济效益明显，健身特色浓厚。多数项目呈边缘化发展态势，部分项目濒临或已经消失，在民俗体育资源的资金、人力、物力等各方面都相对比较匮乏，管理机构不健全，职责不明确等现实状况。多样的生产民俗、岁时民俗、精神民俗如何有效地渗透到广大农村居民的日常生活中，再次激发农村居民对乡土气息浓郁的民俗体育的依恋之情、对本地域民俗体育项目的喜爱之情，这是民俗体育资源开发与利用的艰巨任务。

二、乡村振兴战略背景下民俗体育资源开发的必要性

实施乡村振兴战略是我国政府统筹城乡发展，发展农村经济、缩小城乡差别、构建和谐社会的必然选择。"三农"问题是我国作为农业大国生存与发展

的根本，是实施乡村振兴战略过程中最关键的基础要素。"三农"问题的妥善解决对农村的长远发展具有现实的决定意义，党和政府一贯高度重视。据国家统计局最新数据，截至 2024 年末，我国农村常住人口仍有 4.65 亿，城镇化率高达 67%。全面建设社会主义现代化国家，最艰巨最繁重的任务仍在农村。民族要复兴，乡村必振兴。在乡村振兴战略背景下，农村居民素质的全面提高是实现现代化目标的信心和决心的表现。民俗体育起源于人们日常的生产、生活，与人们的生活息息相关。

所以，开发民俗体育资源对全面提高农村居民的素质，对新农村的系统化发展和长远发展都有明显的优势。

（一）农村民俗体育文化建设是我国和谐文化建设的重要组成部分

世界和谐、社会和谐是爱好和平的人们的追求。建设和谐文化是巩固社会和谐的思想道德基础，是实现共建共享和谐世界、和谐社会的关键。和谐文化是以和谐的内涵为理论基础的文化体系，它融思想观念、理想信仰、社会风尚、行为规范、价值取向为一体，关注人与自我、人与人、人与社会、人与自然之间的和谐相处，包含着对和谐社会的总体认识和评价，是当今世界最先进的思想文化，是创建和谐社会与创建和谐世界的前提条件。社会主义和谐文化建设对构建社会主义和谐社会极为重要，一方面能有效提高整个社会价值取向的一致性，有利于助推文化水准的高标准化，有助于培养高雅的精神气质和健康的生活方式；另一方面也能在和谐观念的引导下建立一系列调整利益关系、化解社会矛盾的制度设计和机制规范。

民俗体育文化源于我国民间社会生活实际，是民间的生活文化。民俗体育文化是我国社会经济、文化、历史发展与演变、沉淀的结果，是我国传统文化精华的一部分，深深地烙印在我国民族的性格中。民俗体育文化体现了人们的原始信仰，如崇尚自然、崇尚图腾、遵从节气，体现了"人与自然、人与人、人与社会、人与自我之间的和谐相处"的理念。民俗体育文化在其传承与发展的过程中，以其独特的原生态性、地域特色、风俗习惯、心理趋同等特点，规范着人们的理想信念、道德规范、行为准则，对群体共同体进行教育与自我教育，培养了群体的和谐意识、和谐精神、和谐行为，形成了共同的意识形态和社会规范，增强了群体的凝聚力和认同感，从而共同维护群体的和谐发展。

民俗体育文化作为各民族的精神动力和心理纽带，支撑着各民族薪火相传，是各民族赖以生存和发展的根基和血脉，对人类文明的进步做出了积极的贡献。因此，农村的民俗体育文化建设是我国和谐文化建设的重要组成部分，是建设社会主义和谐文化的宝贵资源。今天，我们在建设社会主义和谐文化的过程中，要坚持"以人为本"的原则，需继承和弘扬我国民俗传统文化的和谐思想观念，发挥民俗体育文化内涵中"千姿百态，融合发展"的精神魅力，提高全社会的文明程度，提高社会主义先进文化的整体实力，永葆先进文化的活力。这样才能在和谐文化的引导下，创造出和谐的政治与和谐的经济；才能让和谐文化培养出来的人去争当乡村振兴"领头雁"，共建和谐中国、和谐世界。

（二）农村民俗体育文化建设有利于加速社会主义精神文明建设进程

今天，我国的社会主义现代化建设是宪法规定的国家根本任务，其本质目标是实现民族的复兴、人民的富裕、国家的强盛。习近平总书记在党的十九大报告中指出，经过长期努力，中国特色社会主义进入了新时代，这是我国发展新的历史方位。这个新时代，是承前启后、继往开来、在新的历史条件下继续夺取中国特色社会主义伟大胜利的时代，是决胜全面建成小康社会、进而全面建设社会主义现代化强国的时代，是全国各族人民团结奋斗、不断创造美好生活、逐步实现全体人民共同富裕的时代，是全体中华儿女勠力同心、奋力实现中华民族伟大复兴中国梦的时代，是我国日益走近世界舞台中央、不断为人类做出更大贡献的时代。

社会主义现代化建设需要社会主义精神文明的保驾护航，社会主义精神文明以马克思列宁主义、毛泽东思想、邓小平理论、"三个代表"重要思想、科学发展观、习近平新时代中国特色社会主义思想为指导，为物质文明的发展提供精神动力和智力支持。社会主义精神文明建设又包括思想道德建设和教育科学文化建设，思想道德建设要解决的是整个民族的精神支柱和精神动力问题；教育科学文化建设是要解决整个民族的科学文化素质问题。思想道德建设的基本内容可以归纳为理想建设、道德建设和纪律建设三个方面。其中，理想建设是思想道德建设的核心；道德建设是思想道德建设的主体内容；纪律建设是思想道德建设的保证。思想道德建设是精神文明建设的灵魂，决定着精神文明建设的性质和方向。社会主义精神文明建设的根本目标，是在全社会形成统一思想、共同理想、凝聚人心、坚定信念，弘扬民族精神和时代精神，从而产生强大的凝聚力和战斗力。

我国历史悠久、内涵丰富的民俗体育文化是在民间生活方式中流传的文化形态，在传承、发展的方向上，总是与时代的发展和社会的进步紧密地联系在一起，在不同的社会中不断丰富、传承、更新、融合发展，符合过去各历史时期人们对自然界、神灵、祖先的崇拜，寄托人们心灵深处的夙愿，表达生活中的各种诉求，满足精神生活需要。民俗体育文化的原生态性和民间生活文化的基础性赋予民俗体育文化强盛的生命力，使其生生不息、流传至今。民俗体育文化蕴含着人类社会生产、生活的智慧，是人类社会各民族的民族发展、民族团结、民族精神的史志，具有极高的社会价值和文化价值。在内涵方面，民俗体育文化与社会主义精神文明内涵保持高度的一致，只是外延更倾向于广大农村地区。因此，加强新农村民俗体育文化建设，更能发挥勤劳勇敢的劳动人民的智慧和力量，加速社会主义精神文明建设。

（三）农村民俗体育资源的开发能加速农村地区体育事业的发展

在乡村振兴战略背景下，民俗体育资源的开发与利用成为推动农村体育事业发展的重要引擎。党的"十一五"规划期间，中央对统筹城乡经济社会发展，扎实推进社会主义新农村建设作了全面部署。2006 年 3 月，国家体育总局印发《关于实施农民体育健身工程的意见》，将农村体育发展纳入国家战略层面，对于增进农民健康、提升农村的文明程度和农民的文明素养，促进农村体育事业的发展有着重要意义。从"十一五"规划到《全民健身计划（2011—2015）》，再到《"健康中国 2030"规划纲要》，国家政策持续强化对农村体育事业的支持。

随着乡村振兴战略的深入实施，城乡融合不断深入推进，民俗体育作为乡村文化振兴的重要载体，其发展迎来了新机遇。当前，我国产业结构持续优化，居民消费结构加快升级，城乡居民人均可支配收入稳步增长，为乡村体育发展创造了优越的经济环境、政策环境和社会环境。这些深刻变化不仅显著提升了农民的生活质量，更推动农村居民对健康生活方式和体育文化消费的需求不断升级。

在"以农民为本"的发展理念指导下，民俗体育的创新发展不仅能够丰富农村体育文化内涵，更能通过"体育＋"模式带动乡村旅游、文化创意等产业发展，实现经济效益与社会效益的双赢。民俗体育的传承创新既要保持乡土特色，又要适应现代化需求。通过挖掘整理地方特色体育项目，培育乡村体育人才，建设乡村体育设施，打造具有地域特色的体育文化活动，可以有效提升农民健康水平，增强乡村文化自信，为乡村振兴注入新的活力。

民俗体育因其生活性、本土性等优势，更亲近民间大众的日常生活。民俗体育本是民间的健身娱乐活动，是体育的一部分，也是人们在传统节日中广泛表演的项目，增添了节日欢乐祥和的气氛。现今，部分民俗体育项目虽然存在边缘化发展趋势，但在国家非遗政策的保护下，很多具有地域特色的民俗体育项目依然活跃在人们的日常生活中，起到了加强人们的人际交往、情感交流，愉悦身心、陶冶情操，传播中华传统文化、弘扬民族文化，促进新农村经济发展，提高人们的身心健康等作用。

民俗体育因民间百姓的实际需要而产生，"以人为本"是其生存、发展理念，要继续秉承民俗体育"以人为本"的生存、发展理念，鼓励村民开展形式多样，灵活自由的民俗体育活动，使村民形成良好、健康的生活方式，特别是要保障老年人的健身娱乐活动，让民俗体育成为村民实现个人健康的途径之一，进而构成乡村健康社会的基础，发挥体育在人的体力和智力方面的积极作用。这是人与社会、人与自然协调发展的结果。民俗体育因"民俗"的娱乐性和"体育"的健身性，必将推动民间百姓的健康事业的发展，加速乡村文化振兴、民俗体育事业发展。

第七章

民俗体育文化的逻辑结构

2017年1月，中共中央办公厅和国务院办公厅印发的《关于实施中华优秀传统文化传承发展工程的意见》提出："加强中华文化研究阐释工作，深入研究阐释中华文化的历史渊源、发展脉络、基本走向"，并提出了明确的总体目标："到2025年，中华优秀传统文化传承发展体系基本形成，研究阐发、教育普及、保护传承、创新发展、传播交流等方面协同推进并取得重要成果"。

习近平总书记在党的十九大报告中强调，要不忘本来、吸收外来、面向未来，推动中华优秀传统文化创造性转化、创新性发展，继承革命文化，发展社会主义先进文化，更好构筑中国精神，中国价值、中国力量，为人民提供精神指引。习近平总书记在党的二十大报告进一步指出，中华优秀传统文化源远流长、博大精深，是中华文明的智慧结晶，其中蕴含的天下为公、民为邦本、为政以德、革故鼎新、任人唯贤、天人合一、自强不息、厚德载物、讲信修睦、亲仁善邻等，是中国人民在长期生产生活中积累的宇宙观、天下观、社会观、道德观的重要体现，同科学社会主义价值观主张具有高度契合性。

由此可见，对我国传统文化进行研究、传承、创造性转化，使之发扬光大，提高我国文化的软实力，是热爱我国传统文化、增强文化自信的具体表现，是向世界展示我国传统文化魅力的重要举措。

我国当前的民俗体育文化研究既缺乏自身的理论体系，也未能有效地学习和汲取与之关系密切的其他学科中的理论。胡小明先生曾指出，"人类学是民族传统体育学的母学科"，因此，当前我国民俗体育文化研究应更具"开放性"，应借助整合吸收各种人类学理论的精华，将民俗体育文化研究视为一个各种理论流派进行对话的学术场域，在民俗体育文化理论研究体系尚不完备的状况下，我们可以参考现代文化和文化现代化的三个判断标准：有利于生产力的解放和发展，又不破坏自然环境；有利于社会的公平和进步，又不妨碍经济发展；有利于人的解放和全面发展，又不损害社会和谐。将这三个判断标准作为研究民俗体育文化的三个维度。因民俗体育文化在现今依然有其突出的特

征、功能与价值，故依然有必要对其进行系统地研究，以期在民俗体育文化原
生态生存环境已不复存在、面临市场经济产业化冲击的情况下，民俗体育文化
能获得更好的传承与保护以及创新性发展，继续保持传统文化的特色与活力以
及本质特征，进一步发挥民俗体育文化在当代中国的功能与价值。

第一节　民俗体育文化的形态特质

一、地域性与民族性

民俗体育文化，在运动形态上，依托体育之形式；在行为起因上，源于民
间风俗习惯；在行动规范上，源于人们的生产生活。因此，它与各地的风俗人
情、生产方式、生活方式联系非常紧密。我国幅员辽阔、民族众多、气候多
样、地形复杂、地理环境差异显著，使得我国不同地域的人们的生活习俗不
同，民情风俗不同，生产方式不同，生活理念与追求也不同。各地区、各民族
人民创造的民俗体育活动的形式也差异较大，而且每项民俗体育活动都有着深
厚的群众基础。如蒙古族的生活离不开草原和马匹，形成了蒙古族"男儿三项
游艺"的民俗体育活动，即摔跤、赛马、射箭，这与蒙古族的地域环境、放牧
生活息息相关；又如藏族特有的赛牦牛、大漠的赛驼、北国的冰嬉、山地的竞
走等民俗体育项目，均具有鲜明的地域性和民族性特征，反映了各民族、各地
域的人们在长期的发展过程中、在相对固定的生活方式中，人们的心理状态、
民族意识、民族归属感，使每个民族成员都强烈地感受到自己属于"这个民族
而不属于那个民族"的心理定势。可见，民俗体育文化的民族性主要表现在它
的民族文化底蕴和民族心理认同感上，而民族文化底蕴和民族心理认同感又源
于民俗体育的地域性与民族性特征。

二、天人合一性

劳动人民创造和传承的民俗体育文化生动地再现了广大民众的精神诉求。
民俗体育文化久经沧桑，凝聚着历代劳动人民的智慧和情感，以群众喜闻乐见
的形式而传承下来，经久不衰；民俗体育文化依附于民间民俗事象，蕴含着人
与自然、人与社会、人与人之间"和谐共生"的理念。

"天人合一"的概念最早是由庄子阐述的，后被汉代儒家思想家董仲舒发
展为"天人合一"的哲学思想体系。"天人合一"的观点认为，宇宙自然是大
天地，人则是一个小天地。人和自然在本质上是相通的，故一切人事均应顺应
自然规律，达到人与自然的和谐。人们模仿自然界中的动物，创造了五禽戏、
鹿戏、大雁功、蛇拳等健身方法。这些健身方法简便、易行，人们在自然环境

中锻炼，呼吸自然界中的阴阳之气，调节人体的生理状态和身体状况，达到强身健体的目的。"思维反映存在，物质与人以及物质之间是和谐统一的"，是"天人合一"思想的主旨。很多具体的民俗体育事项，如清明踏青、重阳登高，是人们遵循"天地气交"的自然规律的体现，是"天人合一"思想的实际运用，是人与自然和平共处原则的体现，表达了人们热爱生命、热爱自然、回归自然的意愿。

三、民间规约性

民俗体育及其文化孕育、产生于人们的实践活动中，其演变受到民众的意识形态、行为方式的影响。民俗体育形成后，它不仅成了人们生活的一面镜子，照射出民众的精神文化、物质文化的生活状态，而且也是人们生活的重要组成部分，丰富了人们的生活内容。具体的民俗体育项目几乎都没有书面成文的活动规则，没有正式的裁判，国家力量也不干预，民俗体育活动之所以能自发地正常有序开展，就是因为人们共同遵从的文化习俗、乡规民约、宗族力量、民间组织在其中起着重要的调节作用。这使得民俗体育活动表演和比赛从活动的准备、场地的布置、选手的服装、道具、活动路径、经费筹集等各个环节被安排得井井有条，乡里乡亲和睦相处，且活动目的也符合当时人们的期望。民间规约性在人们的意识形态、心理层面烙下了深深的印记，民俗体育文化的影响力和凝聚力植根于人们的心灵，成为人们遵从约定俗成的活动规则的核心要素。宗族间、村民间的各种矛盾在民俗体育活动的仪式中得以化解，在中国传统的社会环境下，人们通过民俗体育活动，实现风调雨顺、安康幸福等共同的愿望与祈求。民俗体育及其文化成为凝聚人心、稳固关系、群族之间相互沟通的桥梁。

我国传统民俗体育依存于特定的历史和文化背景。在我国法律制度并不完善的多个历史阶段，法制法规并不能覆盖社会治理的方方面面。此时，民间开展的民俗体育活动即可作为社会治理的主要手段，通过人们共同认可的民间规约性，达到治理的目的。

四、民间礼仪性

民俗体育文化植根于我国农耕社会，与农耕文明息息相关，是劳动人民情感、信仰的载体，是劳动人民习俗，礼仪的传承载体。中国是一个崇尚礼节、注重礼节的国家，素有"礼仪之邦"的美誉。礼是一种美德，渗透于人们日常生活中的点点滴滴，具体涉及衣食住行、生死嫁娶等方方面面，且人自出生起，就在各种礼俗中成长，如出生时的"抓周礼"、成长至十八周岁的"成人礼"，老年人的"寿礼"。在社会生活中，父子间要"上慈下孝"，兄弟间要"兄友弟恭"，夫妻间要"相敬如宾"，朋友间要"谦恭礼让"，邻居间要"守望相助"等。

礼仪随着人类的活动、宗教的兴盛而得以广泛传播。民俗界认为，礼仪包括生、冠、婚、丧四种人生礼仪，祭祀之事为吉礼，冠婚之事为喜礼，丧葬之事为凶礼。每种礼仪皆有其具体的礼节规范、行礼秩序、服饰佩戴规矩等。民俗体育活动中的礼仪通过举行具体的仪式，如获得丰收要欢歌盛舞庆贺，遭到灾祸时要祭祀祈拜，以祈求神灵保佑。这些仪式传递着人们对幸福生活的向往，对内心宁静的祈盼、对痛苦悲伤的安慰等情感。民俗体育的礼仪文明，是中国传统文化的重要组成部分，对中国社会的发展起着广泛而深远的影响。在民俗体育活动中，民俗体育文化要求民众的言行举止做到礼貌、恭敬，对广大民众进行道德的教化、爱的传播、友谊的传递，继承传统礼俗，制约着人与神、人与鬼、人与人三大关系，从而实现民间的和平稳定发展。

五、享受娱乐性

民俗体育文化的产生、发展、繁荣，与人们的精神需求、心理需求、情感体验等因素高度相关。人们在生产、生活中的各种思想物化为民俗体育的产生、发展奠定了物质基础，这是文化创造的开始，是民俗体育文化内涵的精华部分，也是民俗体育文化产生的源泉和发展的动力。秧歌、腰鼓、采茶舞、踩高跷、射击、摔跤等都产生于人们的生产、生活中，满足了人民群众在创造物质财富过程中的精神需求，给予了人们精神享受，满足了人们的审美需要。广大民众在感受到身体运动的愉悦时，也体验到了民间民俗文化传递的和乐、和谐、礼让、团结、质朴等主题思想。

当人类在自然环境中开始文化创造活动时，即使是最粗糙的简单文化，也是从自然存在物的直接加工开始的，而文化成果又是建立在生产资料和生活资料的物质劳动的过程中，其技术、社会和价值方式都作为相当复杂的文化体系而存在。在社会的更迭、历史的发展中，人们在生产资料、生活资料的生产劳动中创造了内容丰富的民俗体育文化，民俗体育文化涵盖生产、生活、信仰、民风民俗、狩猎、骑射、渔业、商业、交通、服饰、饮食等方面，通过人类的代代传承，给人们提供娱乐享受。

六、传承性与变异性

农耕文化是我国早期各个时代的主要文化特征，人们在生产劳作之中、收获之际，以歌舞、鼓乐、角力、射击、打斗等形式自娱自乐或者相互娱乐，创造了内容丰富、形式多样的民俗体育活动，使得人们的思想交流更加便利与频繁，使意识形态达到一致性。在一定的区域范围内，民俗体育文化主要以口头传播的形式进行传承。如南宋淳熙《新安志》中就有"山限壤隔，民不染他俗"的说法，意即在相对封闭的地理环境中，农村居民逐渐形成了自己独特的风俗和习惯。

随着历史的变迁和社会的繁荣与衰落，人类在地域间不断迁徙，人类的迁移带来了经济、文化和技术的交流与融合。总体来看，生产力在不断提高，人们的物质生活越来越丰富，民俗体育活动逐步融入民众的日常生活中，民俗体育文化也日益兴盛。图腾文化是我国的古老文化之一，各种图腾信仰寄托了人们对大自然的崇拜与敬意，如龙图腾、马图腾、蛇图腾。龙是我国最著名的图腾之一，具有图腾的基本特征，它是各民族共同崇奉的图腾神，大多数民族都曾把龙视为保护神；对马的崇拜多流传于北方游牧民族与游猎民族中，满族有供奉马神的习俗；蛇是古越人的重要图腾之一，他们认为家蛇会保护人，家有了家蛇，米围里的米就会自行满出来而取不空。几千年来，民俗文化信仰在流传演变过程中不断丰富、发展，突破语言和宗教信仰等障碍，形成了不同风格和不同娱乐形式的民俗体育文化。

第二节　民俗体育文化的多元功能

一、承载中华优秀传统文化

广义上讲，文化是人类精神生活与物质生活的总和。我国的传统文化是相对于当代文化和外来文化而言的，它一般是指文明演化而汇集成的一种反映民族特质和风貌的文化，是各种思想文化、观念形态的总体表征。中国比较有影响力的传统文化有儒家、道家、墨家、法家等。儒家文化追求对人、对社会的认识，以及对社会行为规范的追求，即"仁、义、礼、智、信"。民俗体育文化以民间的思想、文字、语言、技艺等形式，融入民间人们的日常生活中。在传统节日、婚嫁礼俗、丧葬、祭祀等特定日子里，人们通过举行隆重的表演、庆祝活动和纪念活动，以民族音乐、戏剧、歌舞、杂技、对联、灯谜、酒令、歇后语、服装、饮食文化等内容，表达人们生活和乐、安康泰福以及人们的审美情趣和忠孝观念等，教化公民遵守社会公序良德、爱国爱家、平等友爱、和睦共处、乐观积极等道德品质。我国福建著名的妈祖民俗体育文化以妈祖信俗为核心。妈祖文化作为海洋文化的代表，与沿海地区的渔民密切相关，海神妈祖及其部下保护着海上渔民的平安，对渔民行善以及施行大爱精神。妈祖文化现已是印度尼西亚、马来西亚、菲律宾、新加坡、泰国、越南等 21 世纪海上丝绸之路沿线国家重要的民间信仰，推动着各个国家的文化交流与融合发展，民间对妈祖文化信仰的互信互敬也进一步推动着各国经济的深度合作。民俗体育活动承载着我国优秀的民俗体育文化，传播着传统的教化思想。今天，在我国发展社会主义先进文化的过程中，对民俗体育文化进行创新性传承与创造性发展，不仅能增强民众的凝聚力，还能进一步加强我国的物质文化、制度文化和精神文化的建设。

二、培养民族文化认同感

中国人在传统节日期间的传统习俗是举行隆重的民俗体育活动，增添节日祥和而热闹的气氛，传播团圆、忠孝、关爱、和睦、和谐、发展等民俗体育文化内涵。在伦理观念、价值观念相同的同一文化背景下，中国的传统习俗培养并形成了人们对民族文化的认同感，如春节期间的甩花灯、舞龙，舞狮，端午节划龙舟，中秋节舞火把，泼水节泼水，就是人们共同的文化认同感的直接体现。

中国人重情重义，尤其重视亲情、友情。在中国的传统节日里，中国人的情谊表现得浓烈而真挚，人们走亲访友，共同祝福，道喜问好，倾诉关爱之情。春节，全国人民共同庆祝国泰民安、祖国和平繁荣，家家贴对联、穿新衣、放鞭炮、请财神，农村处处呈现喜气洋洋的景象，举办各种民俗体育活动庆祝春节；端午节是纪念屈原的传统节日，追怀华夏民族的高洁情怀。人们在这一天吃粽子、赛龙舟，挂菖蒲、蒿草、艾叶，薰苍术、白芷，喝雄黄酒。2008 年，"端午节"成为国家法定节假日之一，并被列入世界非物质文化遗产名录；中秋节是中国人团圆的节日，赏月、吃月饼是人们公认的习俗，也是人们喜庆丰收、祝愿家庭团圆平安、民族团结奋进、国家统一安定、社会和谐稳定的佳节。

民俗体育活动是在民间普及广泛、民间本土居民擅长且喜爱的运动项目，人们参与的积极性较高，形成了共同的心理趋向性。久而久之，民俗体育文化浸入人们的心灵，并形成守护精神家园的文化自觉。罗伯特·史密斯（Robert Smith）在其研究中明确指出，民俗体育表演具有情感和认知等两个维度的心理建构功能。

鉴于民俗体育文化有培养民族文化认同感的强大功能等因素，2007 年 12 月 7 日，国务院审议通过了《国家法定节假日调整方案》，继春节后，中华民族新增了清明节、端午节、中秋节三个法定节假日。民俗体育文化在培养我国民众民族文化认同感方面的功能得到进一步加强。

三、弘扬民族精神

民俗体育活动是民间最普及的娱乐健体方式，也是民众精神寄托的主要载体，其内容涉及生产生活、社交娱乐、纪念先祖等多方面，表达了人们的祈盼、思想、信仰、道德、情感等，成为广大民众享受精神生活的重要途径。民俗体育文化记录着各地区、各民族丰富而多彩的社会生活文化内容，承载着我国数千年的农耕文明的文化成果。例如春节，春节是中华民族最隆重的节日，春节也是民俗体育行为文化活动形式最丰富最集中的时期，包括祭奠、礼仪、表演、技艺、艺术、游戏等方面，这些丰富多彩的行为文化又折射出民俗体育的物质文化和精神文化丰厚的文化内涵。

在日常生活中，人们进行民俗体育的健身、娱乐、表演等时，礼貌相待，谦逊有礼，语言交流讲究分寸，显示出和蔼、平等、宽容、接纳、谦让的民族情怀与精神品格。随着时间的推移，这些优秀品格成了人们性格的一部分。民俗体育汇集民智，宣传民德，尊重民意，凝聚民心，发展着本民族体育文化的个性，形成了本民族体育文化的特色，培养了人民眷恋乡土、热爱家园、和睦相处、互敬互爱的情怀，传播着尊重祖先、崇礼重教、遵循伦理道德、发扬传统美德的优秀民族文化，弘扬了不屈不挠、团结互助、勤劳苦干的民族品格和民族精神。

四、促进社会和谐稳定

民俗体育产生、发展于人类的生产实践，与人们的物质生产方式、思维方式、行为方式、生活习俗息息相关，并随着社会生产的发展和人们生活水平的提高而日趋丰富，且在人们的生活中发挥着越来越重要的作用。民俗体育活动尊重人的活动自主权，使人的身心在健康的体育生活方式中得到锻炼，使人感到舒畅、愉悦；同时也能缓解人们在劳作中的劳累感，使人们单调的生活内容有了改变，变得更丰富；还可以促进群体间的交往，拉近彼此的心理距离，让人在互帮互助中形成乐观开朗、积极向上的心态；有利于提升群体成员的人文素质，从而达到端正社会风气、抑制社会不良习惯产生的效果。

社会的发展中往往伴随一些不平衡、不和谐的问题，妥善解决这些问题往往能加速社会的健康发展，创造更和谐的生活局面。民俗体育活动往往是解决这些问题的载体。例如，乡村人的宗族观念根深蒂固，在遇到矛盾、纠纷时，会出现大姓宗族势力欺压小姓宗族势力的情况，纠纷多以不公平的结局而不了了之，人们心里的怨恨因此越来越多。再者，农民的文化水平、政治素养、人文素质相对较低，他们的处事方式、风俗习惯、兴趣爱好等存在较大差异，这也是影响人们和平共处的不稳定因素。因此，乡民间产生误解在所难免，误解之后是"解"还是"结"，这与人们的认识、态度、行为关系极大。

民俗体育活动，特别是节日期间的大型活动举行时，乡里乡亲共同参与，人与人之间的互助与合作拉近了人们之间的心理距离，"低头不见抬头见"的局面增加了人们之间的亲切感，可谓"一声恭喜，互泯恩仇"，无形之中淡化了人们之间的矛盾，化解了人们之间的误会。乡邻间的矛盾化解方式有很多，民俗体育活动因其共同的娱乐性、共同的心愿，更能促进人们之间的心理认同感，达成和谐的互助关系，使人们更愿意为本乡、本地区的荣誉而合作努力。民俗体育在满足人们的健身和审美需求时，以其天然的亲和力与感染力，教化民众热爱本土的风俗、文化，促进乡村社会的稳定与和谐发展。这些相对统一的活动行为模式较为集中地体现了社会调控的需要，并作为一种文化手段调控着社会关系。

第三节　民俗体育文化的价值重塑

一、文化传承价值

现今社会依然盛行的龙舟文化、舞龙舞狮文化、骑射文化、风筝文化、花鼓文化、妈祖文化等民俗体育文化，均源于我国农耕社会的劳动实践，是我国农业文明的文化见证。孕育于我国远古时代的民俗体育文化主要与当时的社会环境中人们的价值观念、宗教信仰、心理需求有关，也与当时的地理环境、生产力水平、生产方式、生活方式息息相关。一生致力于文化研究的马林洛夫斯基认为，"文化心理存在的基础是人的需要"。随着社会的发展变迁，社会形态也发生了改变，工业社会的工业文明、传统的农耕文化也在向现代农业等现代文明的方向转变，民俗体育赖以生存的基础环境也在不断变化。古老的村落、山寨变为新型社区、新农村，纯手工劳动被部分机械化、自动化生产方式代替，人们的生活方式也随之发生改变。然而，民俗体育在人们的创新、改造中依然呈现旺盛的生命力，项目繁多，内容丰富，深受人民群众的喜爱，说明了民俗文化传承功能的强大。如赛龙舟，规模庞大，仪式隆重，服饰讲究，热闹的氛围衬托出人们对"龙"的敬仰与崇拜，对龙文化的信仰与执着。民俗体育文化历经时世的不断变化，经过历代人的传承，依然扎根于人们的心灵深处，继续发挥功效，增强人们的民族自信心、自豪感。今天，在我国建设体育强国的进程中，民俗体育文化依然发挥着强大的文化传承功能，依然起着提升我国文化软实力的作用。

二、文化共享价值

文化是民族的血脉，是人民的精神家园，是推动社会发展的重要力量。我国勤劳、朴实的劳动人民在以地方和民族的礼仪和仪式等为重要内容的各种民俗事项中，创造了丰富多彩的、具体的生活文化。在特定的时空关系中，通过民俗体育表演、传媒、电影、电视等形式进行传播，表达了普通民众的诉求、信仰、喜悦、思想、道德、理想等，复述和延续着他们的集体社会记忆和情感。

民俗体育文化承载着地方的风俗、礼俗和民俗，记载着地方的历史，历经岁月洗礼，沉淀于人们的心灵深处，又与时代共发展，在传承中不断创新，被社会群体共享，促进社会发展。民俗文化元素通过科学、艺术的形式，融入现代经济，时尚等领域，成为在文化上受尊重的社会主体。

手工刺绣原是乡村地方传统的手工艺品，绣花枕头、衣服、绣花鞋等现在却被用在了 LV 的提包、苹果电子产品的保护套上，成为不同群体共享的公共文化。近十年，非物质文化遗产保护工作实际上可以简单概括为，大规模地依托国家体制从日常生活中发现公共文化的过程，大量民俗传统逐步成为非物质文化遗产，不断厘清风俗民俗与迷信的边界，让合法合情的传统民俗进入公共视野，成为公共文化。

中华民族是个骁勇善战、热爱和平的伟大民族，中国劳动人民向来具有勇敢、刚强、自尊、自爱、不屈不挠、开拓进取等精神品质，这种民族特性和民族精神得益于中华民族古老而传统的民族文化的浸润与滋养。民俗体育文化作为民族传统文化的有机组成部分，它们相互作用、彼此依托，为各族人民共享，起到树立民族自信心、增强民族自豪感的作用。

三、文化开发价值

民俗体育文化开发价值体现在：其一，体育文化是一种软实力，当体育文化与科技加工手段和商业营销理念糅合在一起的时候，它就会爆发出巨大的经济效益，成为一种硬实力；其二，民俗体育文化和其他文化一样反映了一个时代、一个国家或民族的特征，并规范着人们的体育行为，也影响着人们的价值观念；其三，民俗体育文化是带动地方民众参与体育运动的基础，是地方人民的精神支柱，也是人与人之间的联系纽带，使地方充满朝气。

在文化全球化背景下，民俗体育文化的民族性、传统性、多样性、趣味性将成为国家文化多样性的重要标志。民俗体育文化传承和传播的过程中，"人"

作为文化载体起关键作用，其文化创新成果为广大民众所享用，有利于提高人们的鉴赏能力与审美水平。民俗体育文化的产业化通过提供文化产品、文化消费服务的方式，融入人们的现实生活中，提高人们对民俗体育文化的认知程度与参与程度。民俗体育文化具有潜在的商业价值，通过开发与运用，能产生可观的经济价值与社会效益，为现代文化的发展注入新的生命活力，为实现体育产业的经济价值而发挥巨大的作用。

我国是一个多民族国家，异彩纷呈的民俗体育文化资源为体育文化的产业化发展提供了充足的条件。在国内外大力发展体育产业时期，民俗体育文化的产业化发展是时代赋予的使命，谋求民俗体育文化的产业化发展策略是民俗体育文化保持"话语权"的新思路，挖掘民俗体育文化的产业开发价值是传统民俗体育文化参与经济发展的创新发展路径。民俗体育文化走产业开发道路，将成为我国国民经济的新增长点，将对我国体育产业化的实现做出巨大贡献。

四、文化教育价值

文化教育是一种社会现象，是人们在长期生产劳动过程中形成的产物，同时又是一种历史现象。确切地说，文化是一个国家或民族的历史、地理、风土人情、传统习俗、生活方式、文学艺术、行为规范、思维方式、价值观念等的统称，是人类在社会历史发展过程中所创造的物质和精神财富的总和，它包括物质文化、制度文化和心理文化三个方面。

民俗体育文化育人的方式主要有三种，即物质文化的保障作用、制度文化的规范作用、心理文化的感染作用。物质文化与"非物质文化"相对，是指为了满足人类的生存和发展需要所创造的物质产品及其所表现的文化，包括饮食、服饰、建筑、交通、生产工具以及乡村、城市等，是一种可见的显性文化，如蒙古包、壮族的干栏建筑，窑洞，汉服、胡服、三国时的独轮车、殷商和西周时的两轮车等，这些是民俗体育文化中物质文化的表现形式。制度文化指生活制度、家庭制度、社会制度等。民间的礼仪俗规是民俗体育文化中制度文化的主要内容，以不成文的、具体的、非正式规范的方式，规范着社会群体中绝大多数人公认的行为准则，决定着个人或群体在特定的情况下应该做什么，不应该做什么，并对违反者有特定的惩罚。心理文化指文学、哲学、政治等方面的内容，如思维方式、生活方式、风俗习惯、宗教信仰，审美情趣等。民俗体育文化中的制度文化，心理文化属于不可见的隐性文化。在社会法治化不完善时期，其规范作用、感染作用是维持社会稳定、调节社群关系的主要手段。中国传统文化在处于半封闭状态下的大陆性地域发展了以个体农业经济为基础、以血缘宗法与高度专制统一的社会为背景、以儒家思想为核心的伦理性文化。

我国的民俗体育文化是传统文化的组成部分，在具体的活动中，倡导团结，倡导有秩序地组织化和群体化的生活，而维系这个群体的核心观念就是个人的修养——"德"。在各种民俗体育活动中，人们本能地重演先辈的活动模式，传承古老先祖的风俗，他们乐于表达自己的主观愿望，相信自己，也相信群体，相信对手，既维护了参与活动者的心理健康，又塑造了质朴而闪耀的人格精神，使仁义道德的教化作用代代相传。

文化、体育、教育的均衡发展，是时代发展的要求。在学校体育教育中，以体力和体能为本位的威慑力训练，将儒家所提倡的仁爱思想与体育运动有机地结合在一起，可以更好地培养年轻人的强者心态和爱怜众生的仁爱之心，学校体育教育提倡量力而行、诚信待人的为人处世原则，利于学生树立正确的人生观、价值观，发挥德育的功能。民间民俗文化进课堂，既丰富了课程的内容，又开拓了民俗文化的传承渠道，让更多的年轻人学习民俗体育文化，领悟其文化内涵，培养其民族精神品格，对于培养学生的爱国思想、爱民族情怀具有现实的教育意义；也有利于学生建立务实创新精神，建立"仁义"与"孝悌"的核心道德思想，建立人与自然和谐共生的精神追求，从而达到强化民族认同感、弘扬民族精神的目的。

第四节　民俗体育文化的现代流变

一、文化变迁概述

一般来说，文化变迁主要是指文化因内部发展或外部刺激所导致内容和结构在量上的缓慢变化过程。人类社会的发展史其实是一部文化变迁史，文化变迁史记录下了社会发展的历史进程。文化变迁也一直是人类学关注的主要课题之一。人类学研究认为，文化的稳定和均衡是相对的，变化发展则是"绝对"的，因此文化的变迁是文化发展的常态现象。从人类学诞生以来，各个学派都研究了文化变迁。传播学派侧重于文化的地理、空间、地方性变异，注重研究文化的横向散布，认为文化的变迁过程就是传播过程，文化主要在传播过程中发生变迁；早期进化学派用文化进化理论来说明文化发展的普遍性，认为人类文化普遍由低级向高级、由简单向复杂发展进化，形成一个发展顺序，涉及的主要是历史上的文化变迁；功能学派侧重于社会文化的功能和结构的研究，在研究文化变迁时着重探讨它的功能的变化、消失与替代，认为就研究文化变迁的过程来说，共时性研究优于历时性研究。文化是全人类的财富，是人类共同关注、研究的对象。在文化研究中，著名学者赫斯科维茨认为，文化变迁的过程就是文化重构的过程，且每一种文化都有其独创性和充分的价值，每个文化都有自己的价值准则，一切文化的价值都是相对的，对各群体所起的作用都是相等的。

二、民俗体育文化现代化的变迁特征

（一）变迁方向明确

文化全球化和现代化发展的趋势与格局为我国民俗体育文化未来的传承和发展指明了方向——现代化方向。从文化的物质文化层面、制度文化层面、心理文化层面分析我国民俗体育文化历史发展的"转向"，可以发现，民俗体育文化现代化演进的总方向是可预期的，在一定时间内的变化又是可逆的。文化的变迁过程是非线性的，不具备世俗的决定性，又与社会、经济、制度、自然环境等要素关系密切。民俗体育文化的现代化进程首先从神秘而封建的、传统而乡土的转向科学而象征化的、产业而遗产化的，然后再在后现代文化的现代化进程中再度转向，向人性而生态的、信仰而生活化的方向转换，在此民俗体育文化又转回它的原本。文化现代化和后现代化是其两个拐点，既负责民俗体育文化变化的转折，又相互连接着彼此。它们不分彼此，又泾渭分明，正是这种关系丰富了民俗体育文化的演进历程。

目前，我国的国内大环境和平而安定，经济增长迅速，制度上鼓励民俗体育文化走产业化和商品化道路，加强民俗体育文化的开发与创新，追求民俗体育文化的经济价值和品牌效应。在现代社会发展创新的理念下，人们不断探索民俗体育文化产业的发展模式，开发民俗体育文化市场适销的产品。同时，民俗体育文化的创意产品影响着人们的日常生活，它既作为物质载体传播传统文化，又满足了当代人们的文化消费心理需求，调节人们的心理健康水平，促使人们更加科学地传承民俗体育文化。可以说，在短时期内要素相对简单的情况下，民俗体育文化现实与未来发展的因果关系比较明显，其变迁方向明确而稳定。

（二）变迁路径具有依附性

民俗体育文化的民俗性是其本质属性，是民俗体育文化得以生存、发展、繁荣的根本所在。民俗体育文化与人们的日常生活联系紧密，浸透于日常生活中的各种民俗事象，依附于人们的起居、信仰、饮食、服饰、交通、娱乐等各个方面，也正是这些方面承载着民俗体育文化丰富的内涵，影响着人们的思想、行为，督促人们对民俗体育文化进行传播、创造，再通过具体的表演业、旅游业、培训业等将民俗体育文化发扬光大，以促进我国民俗体育文化事业的繁荣发展。

在我国民俗体育文化的具体事项中，有国际影响力的比较有名的文化当数我国福建的妈祖民俗体育文化。妈祖民俗体育文化不仅是我国历史悠久的民俗体育文化，也是东南亚沿海国家重要的信俗文化，是海洋文化的代表。妈祖被誉为海上女神，以妈祖信俗为核心的妈祖文化是海上丝绸之路的重要精神支柱，也是海上丝绸沿线国家文化交流、文明对话、经贸合作的重要媒介。

2009年，妈祖信俗被联合国教科文组织列入人类非物质文化遗产代表作名录，妈祖文化成为全世界的重要文化遗产。妈祖文化的文化表现方式有很多，如妈祖文化产业外围层，即生产妈祖文化相关产品的行业，外围层由两个层面组成：第一个层面主要由妈祖文化祭祀产品生产（妈祖宫庙用品、香、灯具、蜡烛等）、妈祖宫庙建筑产品生产、妈祖宫庙内设物品生产等组成；第二个层面是与妈祖文化有关联的生产性行业，例如妈祖服饰业（妈祖服装、鞋、帽、挂饰等）、妈祖食品业（妈祖宴菜、妈祖糕点、妈祖面、妈祖茶、妈祖酒等）、与妈祖文化相关的海洋文化产业、与妈祖文化有关的其他产业等。由此可以看出，民俗体育文化的变迁路径具有极强的依附性。

（三）文化平等性与发展不平衡性

文化既是一种社会意识，也是一种社会现象。同时，文化还是人类长期生活经历造就的精神产物，是具体民族的历史现象，是特定社会历史的积淀物。文化是凝结在物质之中又游离于物质之外的思想结晶，它能够传承具体国家或民族的历史、地理、风土人情、传统习俗、生活方式、文学艺术、行为规范、思维方式、价值观念等，是人类之间进行交流普遍认可的一种能够传承的意识形态。

从社会学的角度来说，民俗体育文化既是人们日常生活的信息积累，也是人们相互交流生活内容的结果。在不同民族相互交流与发展中，一方面，民俗体育文化表现出包容性、开放性、共享性，民族之间广泛吸纳其他文化，不断壮大自身文化内涵，保持文化的先进性和影响力，为每个人提供共享服务，促进民族内与民族间的和睦相处，形成一个相互尊重、和平相处的社会氛围，显示文化平等性的一面。另一方面，民俗体育文化存在的环境是一个生命力强盛的文化空间，其扩布性、流变性、生存环境与社会发展形态、科技发展水平、社会群体的流动性、客观载体形式等元素有关，其中，人的主观意愿、理想情怀、生活习性为主导影响因素，决定着民俗体育文化发展态势是繁花似锦还是萧条凋敝。

经过几千年的发展和人类的不断创新，民俗体育文化成为蕴含丰富、多姿多彩的文化形态，同时，在演进过程中表现出不同步性和不均衡性。如潍坊风筝节、泰山登山节的举办，其文化影响力波及全世界，彰显着民俗文化及其文化品牌的世界级水平。一些地方性的民俗体育文化产业的文化影响力就相对较弱，如徽州民俗文化及其产业，其在国内的影响力可谓一般。总之，人类的传统礼仪、仪式、游艺等内容和方式，在特定的时空关系中，利用相应的物质载体表达人们的思想、信仰、道德、理想等，丰富和发展了我国独特的民俗体育文化；而由于人的因素，民俗体育文化在现实中又表现出文化发展的不平衡性。

三、民俗体育文化的变迁规律

（一）"当时代"的社会变迁是民俗体育文化变迁的前提

文化是人类共同创造的智慧结晶，其发展变迁与人类社会的发展息息相关。我国的民俗体育文化可谓是文化的"次级文化"，是经过中国几千年民俗文化和体育文化土壤培育出来的文化，民俗体育文化包括传统文化、民俗文化和体育文化等诸多方面的文化因素，是一种"契合"型文化。因此，民俗体育文化的变迁与当时的生产力发展水平、自然环境、经济发展水平、政治生态环境以及当时人的生存环境等因素密切相关。

民俗体育文化是各个时期的历史文化的凝结，因此，它必然符合时代的发展需要，且其变迁方向与社会发展方向保持一致，只是可以不完全同步。对于人类社会来说，不管社会是动荡的、和平的还是缓慢发展的，只有促进人类文明进步的文化才能推动社会的进步和发展；对于民俗体育文化来说，民俗体育文化的变迁过程也是文化的发展和繁荣的过程，民俗体育文化只有在社会中传承下来才能不断向前发展，否则，就会逐步凋零、消失。因此，民俗体育文化只有符合"当时代"的社会历史现实，才具有生命力。

"当时代"是相对于"现时代"而言的，"当时代"是制约民俗体育文化变迁的前提条件。对于民俗体育文化的解读，我们不能以今天的文化精神去理解，而必须将其还原到当时的时代背景之中，才能理解民俗体育文化所蕴含的时代精神，文化主体的观念、文化价值、信仰体系等，才能了解文化的结构设置、主要载体、传播范围及传播对象等因素。如清末民初盛行于山东鲁西南地区的民俗体育项目"拜罗圈"，这个游戏由三个以上的女孩子手拉手围成一个圈，女孩们一边唱歌，一边从邻近者的腋下钻过，谁的手松开了就开始下一轮游戏。今天看来，这个游戏极其简单、锻炼价值低、缺乏创新性。然而，从"旧时代"的历史背景来看，在"三从四德"的封建思想的桎梏下，女子进行户外体育活动是不允许的。"拜罗圈"运动能够冲破旧礼制的束缚，传播到社会底层的妇女阶层中，这是一种巨大的进步，为"男女平等"思想的建立奠定了基础。民俗体育文化在文化层面显示出了"进步"的一面。因此,"当时代"的社会变迁是民俗体育文化变迁的前提,引领着民俗体育文化变迁的方向。

(二)超越和创新是民俗体育文化变迁的动力

人类学家格尔茨认为,文化与社会是在相同的现象中抽象出来的不同方面,前者为意义结构,行动者根据它来行动;后者则是社会互动本身以及它采取的一种稳定的方式。民俗体育文化源于民间劳动人民的生产实践和生活实际,反映了劳动者生存状况和劳动者所处社会的基本运行方式两个方面。民俗体育文化最初反映的是劳动人民本能地对自身安康的诉求和生命保护。在科学不发达的年代,人们遇到自身无法解决的问题时,总是通过一些祭祀活动祈求神灵庇佑、消灾降福;遇到自然灾害时,人们总是充满着对大自然的敬畏,再次求神拜佛,祈求五谷丰登、风调雨顺。

随着社会的发展,人们的生活越来越富裕,闲暇时间越来越多,人们对休闲娱乐和健身的关注度也越来越高,踏青、登高、玩花灯、舞龙、舞狮、龙舟竞渡等运动项目广泛盛行。民俗体育运动项目功能上的重大转变导致民俗体育文化表达的内涵也发生了质的飞跃,由敬畏神灵、自然界转变为对自我的一种信仰。人们在不断认识自己、超越自我中,实现了对民俗体育文化意义的创新,完成了对最初的民俗体育文化的超越和创造,推动着民俗体育文化的持续变迁。

自然环境与民俗体育文化有着密切的关系,自然环境的变化往往对民俗体育文化产生直接的影响。当一个地方的自然环境越来越恶劣,人们的生活难以维持时,大规模的迁徙、流亡现象就会发生。人是民俗体育文化的主体,而民俗体育文化又是人们的生活文化,在现实生活中直接影响了人们的思想、行为。因此,文化主体(人)的活动方式发生改变,他们的活动内容也会随之发生改变,他们的生活文化也会产生相应的变化。当自然环境发生变化时,民俗体育文化的主体会以新的方式对此做出反应,这也是民俗体育文化变迁的开始。如安徽凤阳的"凤阳花鼓",在明朝皇帝朱元璋的政策的鼓舞下,"凤阳花鼓"进入了鼎盛发展期;明朝末年,凤阳地区年年灾荒,大批凤阳农民外出乞讨,"凤阳花鼓"成为他们乞讨卖唱的谋生手段,"凤阳花鼓"出现了凋零、衰落的景象。与此同时,凤阳人的高歌演唱促使"凤阳花鼓"与其他地区的歌舞文化出现融合发展的新局面,出现了浙江温岭地区的《天皇花鼓》、山西的《晋南花鼓》等创新的花鼓形式,繁荣了我国的花鼓文化。

随着社会的发展,民俗体育文化与自然环境的联系有所减少,与社会环境的联系却越来越紧密。就安徽省歙县三阳乡叶村"叠罗汉"而言,在传统社会,"叠罗汉"是叶村人每年春节期间举行的一项既娱人又娱神的文化活动,

"叠罗汉"在叶村人日常生活中是不可缺少的一部分。在当代社会，随着社会现代化的发展，"叠罗汉"活动在叶村自然传承日渐式微，借助市场经济发展成为当地旅游文化活动的重要内容，其活动内容和表现形式等发生了变化。

总之，民俗体育文化主体的生存和社会的运行都离不开自然环境，人类对自身、对自然环境的超越和创新，是民俗体育文化变迁的动力。

（三）解构与重构是民俗体育文化变迁的方式

文化的发展变迁与人类社会的发展变化存在着分裂和统一的辩证关系。文化是人创造的，其思想和价值一旦被人共同享有、被人认可，文化体系也就形成了，也标志着人与社会的分裂和统一逐渐形成。民俗体育文化是人们的生活文化，只有依托一定的社会文化（政治文化、经济文化等）才具有存在的价值和意义；只有适应人类社会的发展变化，才能生存下来，才能获得进一步的发展和繁荣，即民俗体育文化意义的整合与社会的整合必须存在协调关系。

一般而言，当社会环境发生变化时，处于社会环境中具有主观能动性的人对环境变化会做出相应的反应，民俗体育文化主体的需求也会随之发生改变，原有的民俗体育文化就会发生相应的变化以适应文化主体的新需求。在这个过程中，原有的民俗体育文化所承载的旧功能通常会与主体的新需求发生矛盾和冲突，导致原有的民俗体育文化主体发生解构现象。在解构的过程中，一部分文化要素被移除，一部分文化要素得以保留或被进行重组与创新，通过转化、吸收、采纳等途径有选择地融入部分新文化要素，民俗体育文化经过文化主体的重构而实现了变迁。

叶村的"叠罗汉"在土地改革以前开展得很红火，在自给自足的小农经济模式下，其娱神、娱人的功能较强，在每年重阳庙会迎神时做护卫队，在路过的村落择地表演叠罗汉。这时期的民俗体育文化所承载的意义能够有效地满足村民的需求，传承方式几乎不变。到 20 世纪 90 年代，中国进入社会转型期，城市化、市场化开始快速发展，市场经济体制被引入农村，农村原先的小农经济大受冲击，村民们不再依仗神灵来保佑农业生产的风调雨顺。文化方面，现代科技文化、传媒文化等新兴文化进入人们的视野，原有的民俗体育文化所承载的意义已经不能满足新时期村民的需求。这样，社会变迁与民俗文化整合之间必然会出现不协调的局面。

在正规的制度化学校教育广泛普及，农村建立了新型的互动关系的情况下，"叠罗汉"等民俗体育文化功能减弱，随即就开始慢慢发生解构、分裂现象，与此同时，新时期的文化特质、文化模式、文化风格等渐渐融入民间民俗中，导致民俗体育文化进行重构，以适应新的社会环境的发展。中国历史上朝代更迭频繁，但民间的民俗体育文化依然不断地进行解构与重构，以顺应时代的发展，这显示了民俗文化与人类社会的辩证发展关系。

社会的现代化发展带动着文化向现代化方向发展变化，这也是我国民俗体育文化变迁的先天之本。我国今天的民俗体育文化变迁呈现出阶段性、地区性的特点，与经济的发展水平关联性较高。我国文化现代化经历了起始阶段（1840—1928年）、局部发展阶段（1928—1978年）、全面现代化阶段（1978年至今），民俗体育文化的发展变迁在时间上表现出与文化变迁、文化现代化部分重叠的关系。我国经济呈现东部发达、中西部相对落后的不平衡状态，民俗体育文化在东部沿海地区显示出数字化、信息化、科技化的时代特色；在中部地区保持农业和重工业并存的文化形态特征；在西北地区则以原生态文化形态为主。在内涵上，我国东、西、南、北的民俗体育文化形态表现出既有明显差异又协调发展的特点。

四、民俗体育文化的变迁路径

民俗体育文化的变迁与社会的发展历程相伴而生，且社会环境对民俗体育文化生存、发展的影响相当大。随着社会结构的改变，社会关系以及人们的生活方式、需求、价值观、审美观等也发生了变化。从文化角度来说，民俗体育文化作为社会民间基本样态的综合反映，具有非常稳定的自组织系统。随着社会的发展，民俗体育文化会在社会矛盾和自身矛盾的作用下，在形式、内容、功能方面不断进行变迁，实现自身体系的完善，更新与超越发展。

在没有外来文化影响和外来文化注入的情况下，特定民族或特定社会的基本文化价值体系会保持相对稳定的状态，但文化的自组织系统会随着社会的发展在自身矛盾运动的推动下不断实现自我完善、自我更新、自我超越。由于主导社会文化反映形式往往落后于社会发展，而特定民族或特定社会却会从自身内部产生出质疑、批判原有文化模式的新文化因素，并与原有的自在的和自发的文化模式发生冲突，进而引发文化的变迁。

（一）内容稳定，形式改变

民俗体育文化在社会相对稳定或发展缓慢的状态下，在没有外来文化影响和外来文化注入的情况下，其核心内容和结构改变不明显，而外在表现形式改变较为明显，如安徽凤阳民俗体育"凤阳花鼓"，"凤阳花鼓"文化演变为流亡、乞讨文化的内在动因是人们的生存危机。"凤阳花鼓"被周恩来总理赞誉为"东方芭蕾"，在安徽凤阳当地，是展示民俗体育原始原貌的经典项目，被视作民间瑰宝，600多年来，一直是凤阳人津津乐道、倾情表演的传统项目。据《凤阳新书》记载，朱元璋在看完家乡人专门给自己唱的花鼓戏后非常高兴，允诺家乡人："往后你们在家乡，有福的去做父母官，无福的就给我看守陵墓，种田的不要你们交租税，年老的只管逍遥自在地喝酒。一年三百六十天，你们就唱着过吧。"

在稳定和谐的政治环境中，凤阳人民心情愉悦，敲着花鼓小锣唱着歌。遇到节日或者有喜事时，凤阳人更是隆重庆祝，驾着彩车，骑着香马，花鼓敲得震天响，从民间唱到大明皇宫，赞誉朱明皇帝的丰功伟绩，歌颂凤阳人的幸福生活。后来，自然灾荒以不可抗拒的力量改变了明朝凤阳人和乐、安稳的生活。《明太祖实录》卷二五五记载，洪武三十年（1397年），"凤阳县自五月至八月不雨，禾稼不收"，洪武三十一年（1398年），"稼穑不收"；《缀白裘》《清稗类钞》中也记载了凤阳"十年倒有九年荒"的灾情；凤阳民间的"凤阳老歌"中同样有"三年水淹三年旱，三年蝗虫闹饥荒"的内容。连续多年的自然灾荒使得凤阳农村衰败、农民破产，凤阳人只能背井离乡、四处流浪，擎着"花鼓小锣走四方"，过着卖唱乞讨的苦难生活。"看前方雪白花花，母女相依守凄凉。尝尽人间辛酸事，饥寒交迫泪汪汪"的唱词道出了当时凤阳人辛酸悲惨的生活状况。

有史料记载，朱元璋当年定凤阳为中都，为了繁荣中都的文化与经济，便移江南富民十四万户和天下数千文人墨客到凤阳安家。这些江南地主或文人墨客不习惯淮河流域的自然环境、生活方式，想回乡重新夺回自己原有的势力与财富，常有人出仕。官府发现后，颁发禁令："凡逃跑者格杀勿论。"一些人便扮演逃荒者，唱着花鼓，敲着小锣，暗中外逃，踏上了回乡之路。"凤阳花鼓"的形式在这期间发生了改变，内容也发生了部分改变，但文化的本质功能却一直未变。

相传，其曲艺形态的表演形式是由一人或两人自击小鼓和小锣伴奏，边舞边歌。创始人最初在一个竹筒的两头蒙上羊皮，制成小鼓，又随意折两支树条当鼓槌，这就是今天双条鼓的雏形。后来，表演者的人数也发生了改变，由一两个人变为四人、六人。今天，凤阳花鼓变为群体演出，其打法、舞步、花势等也进行了一系列的创新，加入了现代歌舞的技巧，使得凤阳花鼓的观赏性更强。在"当时代"，随着逃荒者的四处奔走、演唱，凤阳花鼓发生了与其他地方文化融合发展的现象，但依然没有脱离其母体文化的本质，即项目形式发生了改变，但它依附的民俗文化母体没有发生根本性改变，依然保持着浓郁的原创特色，同时，该民俗体育文化所具有的主要内容和它承载的主要功能基本上得以保留。

（二）功能稳定，内容改变

民俗体育文化是我国各个历史时期民间生活文化的真实写照，其历史积淀深厚，艺术形态经历了由简到繁的过程，内容丰富多彩。经过几千年的发展，现在的民俗体育文化气息浓厚、活力四射而又具有强大的生命力。在传统的农耕社会时期，传统的农业社会背景是它赖以生存的基础。民俗体育文化的主题思想多以"驱邪祈福、风调雨顺"的祈愿为主，表达人们祈盼丰收、安康和乐的生活愿景，如板凳龙、踩高跷、跳钟馗、傩舞、仗鼓舞、扑蝶舞、叠罗汉等。

随着时代的变迁，一些民俗体育文化内容的外在表现形式发生了改变，但其功能并未发生改变。同一种民俗体育文化，其活动形式虽然不同，但功能相似，如同样是"叠罗汉"活动，不同地区的"叠罗汉"的活动内容不一样，且活动内容在变迁过程中也在不断变化。安徽泾县茂林镇风村的"祠山神会叠罗汉"是带有祭祀意义的助兴活动，叠罗汉者随神转场进行表演，下面的人做桩，其他表演者一层一层地在他身上往上叠，表演过程中有锣鼓、唱曲伴奏；浙江省义乌叠罗汉，起源于明朝嘉靖年间，因当时义乌一带崇尚练习南少林派的罗汉拳，故取名"叠罗汉"。后来，为了迎胡公、庆庙会、办大型喜事等，总会有几班或十几班的罗汉班相聚在一起，同场竞技，表演形式主要有走阵、滚叉、马术、刀棍术、叠罗汉等；浙江省仙居县陈岭乡的叠罗汉的表现形式分为"走阵""测势""罗汉台"三个部分，象征着正义的伸张以及消灾祈福；上述安徽省黄山市歙县的叶村，其特色项目叠罗汉，始于明代中叶，也是一项典型消灾祈福的民俗体育活动。

进入 20 世纪以后，社会发展迅速，生产力进一步提高，物质文明和精神文明飞速发展，各地叠罗汉的宗教性质和神秘氛围因而逐渐减弱，活动内容却更丰富，娱乐成分也增加了许多。如叶村叠罗汉的活动形式演变为系列活动，从正月初六到正月十八，共持续 13 天，活动内容增加了徽州地方的滚灯、五兽灯、舞狮、叠牌坊表演等项目，其中的叠牌坊项目，其表现形式由最初的"一柱牌坊"到最后的"六柱牌坊"。

进入 21 世纪后，社会生活方式变了，人们的观念也变了，民众的审美情趣和情感需求也随之发生了变化。传统的叠罗汉的表现形式难以为继，其结果导致叠罗汉的传承主体在内涵和外延两个方面产生分化。专业人员对叠罗汉活动进行了再创造，现代传媒代替口耳相传的原始模式，从传统叠罗汉传承的链条中分离出部分专职表演叠罗汉的"专业运动员"，同时增加了一些个性化程式，如"刘海戏金蟾""童子拜观音"。在社会的变迁过程中，叠罗汉的文化体系内部也处于动态的变化之中，其内容处于活跃的变化状态，并且在不断增加，但其文化结构、传承空间没有发生实质性改变，其核心的健心娱乐、教化等功能也没有发生实质性改变。

（三）形式、内容、功能均获得创新发展

我国向来以农业大国著称，社会发展相对平稳，社会结构相对稳定，农民的乡土意识浓厚。民间文化在地区间、民族间以相互交融和渗透的温和方式进行传承和演变，促进人们的沟通和交流，使各族人民团结、友爱。

中华人民共和国成立后，中国的政治、经济、文化等领域发生了翻天覆地的变化，各项事业获得了快速发展的新机遇，中国乡村更是发生了前所未有的巨变。改革开放后，中国的社会结构和社会阶层不断发生变化，1978年，我国农村开始推行家庭联产承包责任制，这标志着我国农村现代化建设进入新的阶段。经济方面，计划经济体制促进了城乡二元结构的形成和强化，使传统乡村文化存在的经济基础发生了变化，但农民的社会文化生活依然具有封闭性和保守性，导致乡村文化的发展落后于社会发展。改革开放后，市场经济改变了农村自给自足的经济模式，市场文化进入乡村社会，加之教育的普及和现代传媒的影响，从根本上改变了人们的思想观念、价值观念、思维方式、生活方式、交往方式，致使乡村社会文化的封闭性逐渐减弱。此外，外来文化"更新鲜，更便捷，更有诱惑力"的认知，对民间文化的冲击更为剧烈，使民间特色文化资源优势弱化或不断流失、消亡，此种情况已成为社会发展过程中的必然现象。

在这些内外因素的影响与牵制下，文化变迁中的矛盾和冲突一定程度上造成了民俗体育文化的边缘化发展态势，特别是"文革"期间，"破四旧"（旧思想、旧文化、旧风俗、旧习惯）活动对很多民间文艺活动造成了很大破坏，民俗体育文化也遭受到了很大破坏。随着社会的发展、经济的转型以及政府职能的转变，我国的民俗体育文化在停滞了一段时间后，在国家非遗立法及原生态保护理念不断增强的社会背景下，再次呈现出走向兴盛的繁荣景象。对于民俗文化事业来说，传统的民俗体育文化已经不能满足现代农村建设的需求，因此，在内容和形式上进行创新，在功能上进行拓展，促进文化的转型就是一种必然选择。

第八章

广东地区民俗体育文化的
现代化传承路径

第一节　民俗体育文化传承的制约因素

我国优秀的民俗体育文化既是民族振兴的精神动力，又与时代的使命与人民的追求息息相关。在经济全球化和发展社会主义市场经济的背景下，我国丰富多彩的民俗体育文化面临着其赖以生存的原生态环境遭到严重破坏的局面。很多民俗体育项目被冷落或呈现边缘化发展态势，只有少数项目成功发展为竞技比赛项目。下面从文化构成的三个层面，即文化的物质层面、制度层面、精神层面，来具体分析我国民俗体育文化的现代发展状况。

一、民俗体育文化物质层面存在的问题

民俗体育文化的物质层面是由物化的知识力量构成的，是人的物质生产活动及其产品的总和，是可感知的、具有物质实体的文化事物。民俗体育文化在传承的物质文化层面存在资源配置危机，主要影响因素包括财力、人力、活动空间三个部分，具体表现为资金短缺且难以到位、传承人匮乏或出现断代、文化生活空间减少。作为非物质文化遗产，我国的民俗体育要想获得抢救性保护和传承发展，就要有必要的资金支持，这是前提条件，而且在很大程度上影响着它的传承效果。

联合国教科文组织设立了"世界遗产基金"，我国印发了《国家非物质文化遗产保护专项资金管理办法》，各省也非常重视非物质文化遗产项目的资金投入问题，制定了相关条例对传承人进行津贴补助。可在现实中，非物质文化遗产项目众多，资金投入难以面面俱到，特别是偏远的农村地区、山区和一些少数民族地区，普遍存在保护经费不足的现象。专项保护资金难以维持非遗项目的正常开展，有些非遗项目走向边缘化发展态势或逐渐消失。民间组织的资金来源也很有限，农村地区的非物质文化遗产项目保护活动难以得到赞助商的

经费资助。

　　据在传承人方面的统计，大部分传承人收入不高，年收入在 1 万元以下的约占 32%，1~3 万的约占 47%，3~5 万的仅占 12%。45.5% 的传承人没有社保，27.6% 的传承人没有医保，这极其不利于非物质文化遗产的传承和保护。民俗体育的传承方式向来以"口传身授"为主，传承人是民俗体育传承的关键。现代社会的多元化经济发展模式打破了以农耕经济为主的单一经济模式，年轻人不再以耕作为主，而是外出创业或打工，这使得民俗活动的人才储备不足。年轻人接触更多的是现代文化，其传统文化的传承意识较中老年人更为淡薄，他们对下一代人在民俗体育活动方面的影响也越来越弱，几乎不会要求孩子去学习传统文化，因此，传承人数量的不断减少就不足为奇了。民俗体育有的技艺并非一朝一夕就能习得，需要多年系统地学习与磨炼，才能掌握项目厚重的文化内涵和技术要领，才能融入时代要素，进行适当创新，否则，很难达到非物质文化遗产保护传承的目的和要求。另外，传承人一旦过世，就会把技艺带走，传承人断代也就不可避免。传承人是非物质文化遗产传承与发展的重要保障，传承后继无人，这对于非物质文化遗产民俗体育的传承是极其不利的。

　　从文化的生存空间来说，民俗体育文化的传承对环境、开展条件、场地设施等也有诸多要求。古时，原生态的自然环境、农耕劳作、生活习俗、图腾崇拜、神灵崇拜、宗教信仰等是民俗体育文化产生、发展、流传肥沃的土壤，人们祈求神灵的庇佑的意识形态是民俗体育文化传承强大的精神动力。现如今，现代化、科学化、信息化改变了民俗体育原生态文化的生存和发展的环境。强势的现代传媒弱化了民俗体育文化的"使用价值"，且影响了人们的娱乐方式和思维方式。从空间层面来说，民俗体育活动的空间是民俗体育多样性、地域性的决定因素，如水域、沟壑、平原、田野等。在大面积水域上开展的赛龙舟活动，在平原、田野上尽管可以开展赛龙舟活动，却不如水上龙舟那样让人震撼和富有激情，因而很难盛行。对场地要求不高的一些项目，无论在哪都易于开展，如有深厚群众基础的武术项目，其流变状态就很好，我国多地享有"武术之乡"的美誉。对场地要求较高的民间舞蹈项目，如起源于泉州、流行于闽南地区的拍胸舞，或称"乞丐舞""地农舞"，起先是农夫围着草裙，伴着清唱，在耕作之余以休闲娱乐为目的所跳的一种田间舞蹈。随着农村环境的改变和人们生产、生活方式的改变，拍胸舞依存的文化空间越来越窄，此项传统民俗活动逐渐退出历史舞台。

二、民俗体育文化制度层面存在的弊端

　　民俗体育文化的制度层面是由人类在社会实践中建立的各种社会规范构成

的，包括法律制度、社会经济制度、婚姻制度、家族制度等。在我国，法律制度是保证民俗体育工作顺利开展的最强有力的保障措施，是人们行动的指南。2011年，我国颁布了《中华人民共和国非物质文化遗产法》，其总则中明确说明，该法是为了继承和弘扬中华优秀传统文化，促进社会主义精神文明建设，加强非物质文化遗产保护、保存工作而制定，于同年6月1日起施行。其后，各省制定并出台了相关民族民间文化保护条例。各级政府组织越来越重视我国的非物质文化遗产的传承与保护工作，非物质文化遗产的普及、开展工作也取得了显著成效。各地方具有显著特色的民俗体育项目是非物质文化遗产的传承与保护工作的重点，一般是由地方文化部门、非遗传承人负责，宣传和谐、人文、生态、文明的民俗文化，让民俗体育走进百姓的日常生活。

因为得到了政府的大力支持，非遗项目的传承和发展明显好转，同时还建立了各具特色的民俗文化品牌。由于保护工作起步不久，相关法律法规尚不健全，实质性的保护政策和相应的保障机制仍需细化。在纵向关系上，中央、省级、地级市、县级市存在上下位阶关系，省级及以上的保护单位更多的是起主导作用，地（县）级的基层单位是项目传承的具体执行者。可是，在现实中，法律的衔接尚存在缺乏实际操作性、管理细则模糊、具体保护任务不明确等现象，导致保护主体的工作效率不高、主动性不强。另外，对于非遗体育项目的保护和开发工作，国家体育总局、文化和旅游部、国家文物局等多个政府行政管理部门都不同程度地涉及、参与其中，宏观上存在统筹协调能力不足、各自为政的现象，微观上存在具体保护管理措施不到位、管理效率低下等问题。此外，基层单位存在没有专职保护人员编制，缺少专业人才、资金，项目传承人数量不足等情况，一些工作难以有效开展。如何建立切实可行的长效保护机制，这仍需要各级政府部门、学者、研究者的共同努力，在实践中探索与完善切实可行的具体措施。

三、民俗体育文化精神层面面临的困境

民俗体育文化的精神层面是人类在社会实践和意识活动中长期孕育而形成的价值观念、思维方式、道德情操、审美情趣、宗教情感、民族性格等，是人类文化心态在观念上的反映，是文化的核心部分。我国民俗体育文化是我国民间传统文化的宝贵财富，通过民风民俗、宗教信仰、祭祀活动、庆典仪式等方式表现出来，是各民族美德、性格特质的载体，"老祖宗传下来的规矩"是人们内心对秩序的认同，是人们凝心聚力、共同奋进的动力。

近现代的中国发展经历了波澜起伏，民俗体育在此期间面临着认同危机、需求危机甚至生存危机，人们生活方式的转变也给民俗体育的生存带来了危

机。民俗体育文化曾被视为"旧文化",人们无法顺利开展民俗体育活动,民俗体育文化的传承和发展一度中断甚至遭到严重破坏,民俗体育活动曾在一段时期逐渐消失在村民的日常生活中,"老祖宗传下来的规矩"也显得越来越不灵验。

改革开放后,随着经济建设、新农村建设等一系列发展政策的制定和实施,民俗体育文化再次复苏,但人们的积极性却大大降低了。现在,农耕生活模式已不再是人们赖以生存的典型生活模式,务农、养殖、打工、创业等多种生活方式并存,人们的价值观也发生了变化。民俗体育在经济利益的驱使下,自然发展的"本真性"被"人工化"改造,民俗体育文化工作的重点只放在项目的经济功能的开发上,缺少对多种民俗体育文化蕴含的意义的思考和认识。人们对民俗体育文化的态度变了,对民俗体育文化的保护意识减弱了。

与此同时,在全球一体化的背景下,强势的外来文化冲击着弱势的"本土文化",西方现代体育项目深受人们的喜爱,很多民俗体育项目呈现明显的边缘化发展的趋势。相比,篮球、排球、足球这些项目已普遍进入各级学校成为青少年的主要活动方式,健身操成为中老年人的广场舞内容之一,然而,民俗体育项目多出现在节日期间,生活类的民俗体育失去古朴的原生态农耕生活土壤,年轻人表达丰收愉悦的心情,不再以民俗活动方式为主;游戏娱乐类民俗体育项目的娱人娱神功能大大降低,祈盼神灵庇佑的愿望也消失殆尽。在中小学校,中小学生以现代体育项目为主要的活动方式,几乎感受不到民俗体育活动的魅力,也缺乏对民俗体育活动的热情,民俗体育就这样被人们逐渐淡忘,民俗体育的生存和发展空间不断缩小,其传承越来越艰难。经济全球化的发展使得文化趋同现象越来越突出,外来文化冲击着本土文化,情人节、圣诞节等西方节日不断受追捧,而中国传统节日的氛围却越来越淡薄,一些依赖于传统节日的民俗体育也受到影响,与人们渐行渐远。因此,在内忧外患共存的环境中,民俗体育文化的传承和发展问题亟待解决,其传承路径也需要各级政府和研究人员共同努力、积极探索。

第二节　民俗体育文化传承危机的社会根源

广东地区构建了以粤东、粤西、粤北以及珠三角等区域文化体系为主体的粤文化,这种地理空间上的不连续性却构筑了文化上的共性,是具有一定共性的文化景观构成的文化地理区域。广东地区得益于丰富的海洋文化内涵、厚重的土著文化底蕴以及开疆文化的遗泽,已经彰显了它迥异于其他区域文化的个性与品质。但随着农村社会的急剧变革以及中国传统乡土社会的变迁,同时受到西方竞技体育与竞技思想的冲击，广东地区丰富的民俗体育文化事项受到前所未有的冲击。鉴于此，拟以"文化结构理论"为分析框架，从精神文化、制度文化、器物文化、行为文化四个层面揭示广东地区民俗体育文化传承危机的历史内因和社会环境变革对其影响的社会外因，形成当前发展现状的理论机理。

一、精神文化迷失消减了民间体育的生存空间

民俗体育是以风俗习惯、行为规范、道德观念、人文精神等为内核的精神文化，是民众精神流变与生活历程的"活态"展现，对基层社会民众的生活方式、生产实践方式及情感样式有着深刻影响，使其在长期赓续发展中孕育出独特的价值传统，这种独具特色的价值传统正是人们精神文化生活的核心，其逐渐由传统单一性的价值立场向多元化的心理倾向转变，体现了人们对民俗体育传承至今的心理图景、生活愿景和道德观念。

广东地区作为中国传统的体育文化发源地之一，长期以来一直保持着丰富而多元的民俗体育传统。然而，近年来，随着社会变迁和现代化进程，精神文化的迷失逐渐成为威胁广东民俗体育传承的重要社会根源之一。其一，传统价值观的转变使得广东地区民俗体育文化逐渐边缘化，传统的民间体育文化是建立在一定的社会价值观和文化基础之上的。然而，随着社会的变迁和发展，传统的价值观逐渐失落。年轻一代更加注重个人利益和自由主义价值观的追求，而忽视了传统文化价值观的传承和发展。这种传统价值观的失落导致了年轻一代对传统民间体育文化的认同感和归属感减弱。不仅影响了民俗体育文化的高质量发展，也削弱了社区凝聚力和文化认同感，进而消减了民俗体育生存空间。其二，随着农村社会的演进以及现代生活方式的普及，现代科技的发展为人们提供了更多的娱乐方式和选择，传统民俗体育文化已无法满足现代化社会的多元诉求和基层民众多样化的精神文化需求，民俗体育文化的影响力逐渐衰退导致了传统民间体育文化的生存空间逐渐缩小。

二、制度文化的变迁制约了民间体育的区域性开展

一方面，以政府为主要支撑作用的正式制度无法有效落地，虽然我国已经相继出台了《全民健身计划条例》《全民健身计划纲要》等正式体育制度，但多元利益诉求的不均衡发展影响了体育制度的落地实施。另一方面，民俗体育文化是由世代村民共同维系的非正式社会组织的制度文化，既是传统乡土社会的重要组成部分，也是维稳村落社会秩序的隐性制度保障，以此为基础而形成的道德规范和社会规范对全体民众都具有规范和约束作用。民俗体育的制度文

化主要体现在民俗体育的技术规则、管理体制与组织形式等方面。同样以徐闻藤牌功班舞为例，藤牌功班舞的组织形式由原先的三年两拜改为每年必拜，技术规则缩减了武术对抗性元素、增加了舞蹈内容，管理体制由村民自治逐渐演变为政府主导状态，藤牌功班舞的演绎程式、技术规则与管理体制的现代化流变，使其从原始时期抗争海寇所使用的"藤牌功班阵"发展为彰显藤牌武功特质的"藤牌功班武"，最后演变为具有现代性舞蹈风格"藤牌功班舞"，这一系列的形态重构过程其实就是通过有形的器械、实物等物化设置和无形的精神、制度设置来表达。这种制度流变不仅是对传统的延续，更是对当代社会需求的适应与回应。但随着传统农村社会的制度变迁以及中国式现代化进程的加快，民俗体育文化所承载的文化功能、精神价值难以满足民众的多元理性诉求，这种非正式组织的制度缺失、规范遗失等失范现象进一步制约了民间体育文化的发展。

三、器物文化的衰退解构了民间体育的社会功能

民俗体育的赓续发展有赖于器物的静态保护与人的活态传承，但随着现代化进程的加快，尤其在"村改居"后，民俗体育赖以生存的生态语境和传承场域逐渐被肢解，体育器物的自然属性不断削弱、实用功能不断"虚化"，使其由器物文化逐渐演变为观念文化。民俗体育文化所使用的主要器械，如徐闻藤牌功班舞所使用的藤牌、单刀、大铁叉、关刀、双刀、长链球、钩镰等器械，是中华优秀传统文化积淀出的珍贵器物文化。器物文化作为民俗体育的外在发源层，直观反映了我国民间传统的技艺文化、技艺水平，同时被赋予了特定的象征意义和社会功能。例如，藤牌功班舞操演所使用的藤牌器械是英雄先祖为了抵御海寇的侵袭而集体创造，而制作藤牌所使用的藤条属亚热带灌木系列，多分布于广西藤县、广东阳江一带，已濒临灭绝，现主要使用普通荆条作为原材料。同时，能够制作藤牌的传统艺人仅有两人，且年事已高，加之原始制作工艺复杂，其制作工艺也已濒临失传。不难看出，为适应藤牌功班舞的现代化发展需求，藤牌器械不断发生形制变迁与功能演变，其作为日常生活中的器物属性逐渐演化为社会属性，这种技艺传承人和制作工艺的骤变，使得民俗体育的器物文化走向流变和消亡。综上，民间体育器物的变异会因其使用空间的不同而使其器物的形式和功能逐渐单一化，解构了民俗体育所隐藏的价值理念和社会功能。

四、行为文化的衰退移转了民俗体育的传承场域

民俗体育的传承场域正随着社会转型发生深刻变化。首先体现在演绎程式

的简单化。传统藤牌功班舞曾深度嵌合于宗族祭祀体系，展演前需完成进香、鸣炮、祭牲等十余项仪式，而今为适应舞台展演，弱化了祭祀流程。尤其是作为藤牌演练的标志性阵势——蛇形阵，由于阵势变化复杂、学习难度大也逐渐退出展演的舞台，使其由仪式性的身体展演逐渐演变为程式化的舞台展演。其次是身体展演"娱神"价值的改变。原本承载族群信仰的"娱神"价值，在商业逻辑下演变为取悦观众的"娱人"表演。原来传统藤牌功班阵中武术的对打、对抗、击技元素逐渐淡化，转而倾向于体操化、舞蹈化、艺术化。原始以村落为传承场域，以村落宗族男子群体为传承主体的藤牌功班舞，逐渐从仪式性的乡上社会中剥离出来，转向于商演舞台的场域，成为舞台上的"艺术品"。非遗认定过程中，"藤牌功班武"更名为"藤牌功班舞"，加速了武术对抗元素的消褪，却强化了舞蹈韵律美感。当藤牌阵从村庙广场转向商演舞台，其服装、动作等都发生置换，原本凝聚宗族认同的武术体系，最终蜕变为民俗舞台艺术的表演范例。由于社会环境的改变，在民俗体育的现代化发展进程中，藤牌功班舞不可避免地发生了从乡土仪式到剧场展演的场域迁移。

第三节　民俗体育文化现代化传承路径

我国的民俗体育文化是一种民间的生产、生活文化，与广大民众的生活息息相关，在一定程度上反映了我国的社会、历史、政治、经济、文化、宗教、心理、风俗、习俗等文化特征。由于社会环境、法律制度、经济发展等一系列的变化，民俗体育文化存在危机与机遇并存的局面。要想有效地保护我国的民俗体育文化，就要国家、社会、个人多方共同努力，坚持科学传承，做到与时俱进，才能保证民俗体育文化走规范化、科学化、普及化之路，继续发挥优秀文化的作用。

一、加强政府部门的主导作用，保障民俗体育文化的有效传承

《世界文化多样性宣言》从文化多样性与国际团结的角度提出："单靠市场的作用是做不到保护和促进文化多样性这一可持续发展之保证的。为此，必须重申政府在私营部门和民间社会的合作下推行有关政策所具有的首要作用。"因此，发展民俗体育事业、传承民俗体育文化的关键是政府的参与和引导。

首先，政府部门要发挥政策指导作用。政府部门不仅要在国家层面制定民俗体育发展的全局性蓝图，市、县（市）级的基层单位也要制定相关的政策、制度，从根本上保证其保护、传承的合法性，这有利于约束和指导各职能部门的具体工作。根据职能部门的不同，科学、客观地制定行为准则，让各部门有

行动的事实依据。对不同部门取得的成效，要定期进行认定，给予奖励与鞭策。

其次，为推广民俗体育项目提供必要的财政支持。我国民俗体育的非物质文化遗产名录已初步建立，搜集了我国真实、珍贵、具有重要价值的文化信息资源，记载了各族人民世代相传、与群众生活密切相关的各种传统文化和文化空间，是我国文化多样性的具体体现。仅靠民间团体、传承人的个体力量，民俗体育文化的传承和保护，收效甚微，其决定性因素是资金，资金匮乏导致资源配置不合理、资源利用效率低下。政府的资金扶持能在宏观上更有效地进行资源的合理、均衡配置，给予民俗活动资金补助。在具体活动中，经费的支持可直接解决活动所需的道具、服装、舞台布置等现实问题。

因此，政府的参与和指导是民俗体育传承和发展的重要力量，政策的指导和经费的扶持将促进整个民俗体育文化的生态平衡和可持续发展，将更加有效地保障民俗体育的传承和发展。

二、学校体育教育应发挥教育传承作用，保障民俗体育文化传承的人才储备

学校体育教育是以青少年学生为参与主体，通过培养学生的知识、技能、情感、体魄、意志力等来增强学生的整体素质，促进学生的身心健康的素质教育。学校体育教育内容体系的选择要符合健身性、娱乐性，并要适应学生身体发育的阶段特征。学校将中国本土民俗文化中丰富的"体育元素"开发成课程，为民俗体育进课堂、学生接受地域性传统健身项目创造了条件。

对学生来说，将民俗体育融入学校体育教育的内容体系之中，通过体育教师的传授，学生通过学习或练习的方式了解或掌握民俗体育的思想、形式、内容、方法等，在自愿接受、他人传授的过程中，形成相应的行为模式，这是民俗体育"创新性发展，创造性转化"的路径之一，也为我国民俗体育这一弱势项目的传承、发展争取了一席之地。

民俗体育自身具备的身体教育素材与精神教育价值，不仅能增强学生的体质和心理健康水平，还有助于加强民俗体育后备人才的培养。民俗体育的民俗性与当地居民的生活方式、生活习性保持高度一致，且产生强大的辐射效应，对人们"文化习惯"的养成、"适时而动"意识的建立具有强大的感染力与渗透力，让学生在不知不觉中感受协调、流畅的时间节律与自然属性，如上元狂欢、清明踏青、端午竞渡、重阳登高。从学生的认知层面来看，学生通过学习民俗知识，能更加了解不同国度、不同地域的民俗节律在现实生活、社会、文

化中的意义。正如《礼记·曲礼上》所说："入境而问禁，入国而问俗，入门而问讳。"对于不同的礼俗知识，学生能从文化认同、习俗认同的角度去解读，就能在一定程度上增加学生的人文知识的底蕴。

对于年轻一代来说，"老祖宗传下来的规矩"显得越来越不灵验了，因为他们的生活已远离"老祖宗"了。把民俗体育纳入学校体育教育的内容体系之中，学生即可近距离地接触我国存在已久的民间民俗内容，学习本民族的传统文化和美德。年轻一代学习、推广和传播民俗体育及其文化，具备民族文化底蕴，就有了民族底气，就能从容面对外来文化的渗透。民俗体育是我国传统体育文化宝库中的一颗明珠，越来越多的专家、学者已认识到推广和传播民俗体育及其文化的重要性，我国部分地区已经实施了民俗体育进课堂的策略，使民俗体育在学校体育教育中走规范化、科学化、普及化之路，为民俗体育文化培养后备人才，推动民俗体育文化的可持续性传承与发展。

三、发挥媒体的传播作用，增强广大民众保护非遗的意识

大众媒体具有影响面广、影响力大、时效性强等优势。现阶段的媒体包括报社、广播、电视、互联网等形式，发布的信息具有虚拟、海量、快速等特点。媒体能够把人们喜闻乐见的信息及时推送出去，满足人们获取知识的需要。针对民众的民俗体育文化保护意识淡薄这一状况，借助融媒体快速传播信息、知识的优势，加大对民俗体育活动报道的力度，传播各民族文化，普及民俗体育知识，让广大民众直接或间接地感受到民俗事项时时在自己身边，这不仅能调节民众的生活节奏，而且还能丰富民众的生活内容。

在具体的民俗活动传播过程中，声、光、画面的结合能带给人们身临其境的感受，如舞龙、舞狮、民族舞蹈，加以古琴、马头琴、二胡等乐器伴奏和书画等传统艺术的展演等，不仅增添了浓浓的节日氛围，还增加了民俗体育的魅力。另外，可通过建立民俗体育的相关网站，传播民俗体育知识，实时播报民俗活动开展实况，不仅能开阔人们的眼界，使人们看到独具特色的各地民俗活动项目，而且能激发人们主动参与运动的热情，激发人们对本土文化的热爱之心、对异域文化的喜爱之情。网站对国内外最新的民俗体育活动动态的关注，对精彩纷呈的民俗体育活动赛事的及时转播，能促进多元文化之间的交流与对话。利用网站时时更新和传播民俗体育活动与生活、节气密切相关的知识，让人们体会顺应节气变化适时而动的道理。人们通过媒体了解到更多的民俗体育文化知识，了解我国民俗体育文化的宝贵价值，从而提高保护我国非物质文化遗产的意识，传承和发扬我国的民俗体育文化，有利于我国民族体育文化的传承和发展。

四、充分发挥基层体育组织与非遗传承人主体作用，营造良好生活氛围

民俗体育自产生起就融入人们的日常生活中，它依托各种民俗事项，满足人们生存、发展、娱乐、健身等多种需求。在远古时代，由于科学落后、生产力低下，民俗体育如影随形地相伴在人类的生产生活中，广泛流传且深受人们的喜爱。随着社会的转型以及文化的变迁，民俗体育更多地活跃在传统的岁时节日中，通过仪式、表演等方式增强人们的凝聚力，增添节日的喜庆气氛。

现今，由于生活方式的改变以及外来文化的入侵，民俗体育的发展出现城乡不平衡现象，民俗体育文化盛行于农村地区，但农村地区的民俗体育文化不如经济发达地区的繁荣，民俗体育的原生态性慢慢被竞技性所取代，表现出发展的功利性、目的性。植根于农村地区的一些民俗体育项目已经出现边缘化发展趋势，有的民俗体育项目甚至已经消失。

面对即将失传的民俗体育，每个炎黄子孙都有责任和义务去保护我国的民俗体育文化，去传承和挽救我国的民俗体育文化。非遗传承人是传承和保护民俗体育文化的首要人选。1993 年，联合国教科文组织为抢救和保护非物质文化遗产，建立了"人类活财富"工作指南；1994 年启动该项目的行动计划，专门针对"人"——对社会有突出贡献的非物质遗产"持有人"或"传承人"的保护而设立。

民间艺人或传承人是民俗体育活动的爱好者和积极分子，技艺娴熟，德高望重，人们愿意在他们的言传身教中学习和传承民俗体育文化。在关于非遗传承人的责任和义务等法规条例尚不健全的情况下，他们仍意志坚定地克服种种困难，胸怀"传播文化，服务人民，造福社会"的志向，坚定"传承、保护、延续、发展"我国民俗文化瑰宝的信念，坚持担负起传播本土文化的职责，不遗余力地开展活动，让民俗体育亲近民众、亲近生活，再次在民间传播开来。

另外，要重视发挥基层体育组织的主体作用，让组织做好榜样，激起民众内心的渴望，主动、自愿参与民俗体育文化的传承工作。基层体育组织遍布于民间社会，与民众距离较近，是民众参与社会活动的直接引导者。每逢遇到较大的民俗节日，基层体育组织要派专人担当主要的组织者，统筹安排，组织活动，让当地民众积极热情地主动参与到家乡的传统民俗活动中来；在平时的健身活动中，基层体育组织要着重培养部分民俗活动积极分子，让他们引领广场舞爱好者多跳家乡的传统舞蹈，让更多人在日常生活中感受到地域民俗风情特色，营造民俗体育文化在人们日常生活中的传播氛围。

五、发挥市场的产业推动作用，弘扬民俗体育文化

民俗体育要想表现出强有力的生命力，必须依靠自身特色，寻找可持续发展之路。20 世纪 90 年代以来，在经济发展迅猛、全球一体化的背景下，我国传统的农耕文明逐渐与工业、旅游业相结合，不断在现代农业、新型工业、休闲娱乐业、旅游业等领域朝着现代化方向迈进。市场经济理念不断融入民众生活，第一产业（农业、林业、牧业、渔业等）已不再是人们发展经济的唯一出路，第二产业（采掘业、制造业、水电油气、医药制造和公用工程等）、第三产业（商业、金融、服务业等）成为人们追求经济效益的有效途径，得以大力发展，三大产业均取得了显著的成就。因此，可以参考产业发展的成功经验，依据美国经济学家罗斯托的"扩散效应最大准则"，对民俗体育进行商业包装。产业化发展道路是人们对优秀民俗体育资源进行再开发、再利用的有效途径。

民俗体育文化有着广泛而又深厚的民间文化基础。民俗体育文化因其厚重的地域文化底蕴和优秀的民间文化精髓，被作为地方形象的代表，与旅游业、服务业等第三产业融合发展，不断开拓新市场，振兴地方经济，并促进相关产业的协同发展。民俗体育文化已成为各地亟待传承、保护与推广的特色文化资源。各地大力举办具有地方特色的"旅游文化节"，利用地域特色吸引游客，这已经成为世界各地发展旅游业的一种新模式与新趋势。这种模式现已取得了较好的市场效益、经济效益，同时也直接或间接地调整了国家的经济结构、基础设施，完善了相关法治建设，提高了人口素质，促进了社会的发展。

目前，我国一些地方的民俗体育文化资源的开发和利用已取得了较显著的成就。潍坊国际风筝节是我国最早冠以"国际"二字并被国际社会承认的大型地方节会。在节会举办期间，有来自世界各地的 30 多个国家和地区参赛。潍坊已成为中国特色魅力城市之一。但是，很多地方的民俗特色节会规模较小，招商引资能力并不强，仍在不断探索值得推广的具有可行性的成功经验。主导的支柱产业或产业集群并未确立，对社会发展的影响力仍需加强。今后，通过民俗体育的产业化发展，来保护和弘扬我国的民俗体育文化，这是民俗体育文化可行的发展路径之一。借助社会产业的推动作用，助推民俗体育的产业化道路可持续、可复制、可拓展，振奋民族精神，实现社会和谐与文明进步。

参考文献

安东尼·吉登斯，2000. 现代性的后果 [M]. 田禾，译. 南京：译林出版社：18－24.

常天恺，齐骥，2022. 文化记忆视角下讲好黄河故事的理论逻辑与现实路径 [J]. 理论月刊 (8)：78－85.

陈寅，2022. 中国电视文艺晚会的"政治—抒情"传统及其演变创新 [J]. 民族艺术研究，35 (4)：70－78.

崔涛，2021. 民俗体育助推乡村振兴价值审视与实施路径 [J]. 体育文化导刊 (12)：58－65.

段友文，2020. 从失忆到重建：《夸父逐日》神话的族源记忆与文化修复 [J]. 文化遗产 (2)：97－107.

段友文，郑月，2015. "后申遗时代"非物质文化遗产保护的社会参与 [J]. 文化遗产 (5)：1－10，157.

樊永强，2021. 文化生态视阈下社火民俗体育的发展困境及共生路径 [J]. 西安体育学院学报，38 (4)：478－483.

冯国超，2006. 中国传统体育 [M]. 北京：首都师范大学出版社.

葛耀君，张业安，张胜利，2017. 传播学视域下中华民族传统体育文化的认同 [J]. 北京体育大学学报，40 (4)：139－145.

顾希佳，2003. 社会民俗学 [M]. 哈尔滨：黑龙江人民出版社.

郭学松，2020. 记忆、认同与共同体：两岸宋江阵演武文化中民族传统体育身体展演与话语叙事 [J]. 体育科学，40 (7)：79－87.

郭永平，行晓荣，2022. 晋陕豫黄河流域高质量发展中非物质文化遗产的传承创新 [J]. 云南民族大学学报（哲学社会科学版），39 (2)：58－65.

胡娟，2007. 龙舟竞渡流变历史中的现代发展 [D]. 北京：北京体育大学.

胡小明，2005. 民族体育 [M]. 桂林：广西师范大学出版社.

黄聪，李金金，2018. 村落民俗体育文化传承问题的社会根源及解决对策 [J]. 北京体育大学学报，41 (12)：123－129.

黄益苏，史绍蓉，2000. 中国传统体育 [M]. 长沙：中南工业大学出版社.

黄振华，常飞，2022. 从乡土中国到乡愁中国：理解中国社会变迁的一个视角 [J]. 理论月刊 (10)：48－55.

雷军蓉，王世友，2022. 遗产化进程中民俗体育展演共识的探赜——基于交往理性视角 ［J］. 北京体育大学学报，45（8）：133-145.

李鸿江，2000. 中国传统体育导论 ［M］. 北京：中国书籍出版社.

李美希，胡晓红，2019. 新时代中华民族精神的内涵阐释 ［J］. 思想政治教育研究（1）：126.

李玉文，白晋湘，2022. 新发展阶段中华民族传统体育的时代机遇与路径选择 ［J］. 体育文化导刊（10）：57-64.

刘德琼，2004. 中国民族传统体育发展研究 ［M］. 桂林：广西师范大学出版社.

刘晓春，2019. 探究日常生活的"民俗性"——后传承时代民俗学"日常生活"转向的一种路径 ［J］. 民俗研究（3）：5-17.

刘旭东，王亚勇，2003. 十四种竞技——中国少数民族传统体育运动会竞赛项目赏析 ［M］. 银川：宁夏人民出版社.

刘雨，陶朔秀，杜俊儒，2022. 赋能与援应：体育强国建设中民间体育的发展路向 ［J］. 成都体育学院学报，48（6）：63-67.

卢元镇，2001. 体育社会学 ［M］. 北京：高等教育出版社.

卢元镇，2005. 中国体育文化纵横谈 ［M］. 北京：北京体育大学出版社.

卢元镇，2010. 体育社会学（第三版）［M］. 北京：高等教育出版社.

罗夏梓平，2022. 高考"送考文化"解读——兼论民众日常生活的"民俗性"［J］. 湖北师范大学学报（哲学社会科学版），42（3）：39-44.

罗湘林，邱芬，2018. 脱域与重构——现代化进程中的传统体育演化 ［J］. 体育与科学，39（3）：75-81.

罗瑛，2022. 生态民俗传承促进生物多样性保护——以兰坪县普米族田野调查为例 ［J］. 文化遗产（2）：142-150.

马德浩，2020. 我国"村改居"社区公共体育服务治理机制的问题分析与优化对策 ［J］. 山东体育学院学报，36（4）：47-52.

马俊毅，2015. 论多民族国家精神共同体的建构及价值 ［J］. 中央民族大学学报（哲学社会科学版），42（6）：13-22.

彭春兰，龙佩林，白晋湘，等，2021. 新时代我国民俗体育治理体系构建及地方性策略选择 ［J］. 武汉体育学院学报，55（10）：20-26.

瞿明安，2013. 象征人类学视野中象征的构成要素 ［J］. 贵州社会科学（8）：40-43.

全国高等学校体育教学指导委员会，2001. 体育保健学 ［M］. 北京：人民体育出版社.

谭可可，王香群，2023. 数字经济发展语境下媒介叙事的多维创新——基于纸质媒介叙事 ［J］. 中国编辑（3）：69-73.

汪雄，聂锐新，崔家宝，2017. 身份呈现与认同：体育非物质文化遗产传承人的口述史考察 ［J］. 原生态民族文化学刊，9（2）：128-133.

王伯余，郭学松，2021. 血缘理性·共同体·祖赋人权：两岸宋江阵演武叙事 ［J］. 台湾研究（6）：102-110.

王伯余，郭学松，赵少聪，2021. "故事"何以讲述？——民族传统体育宋江阵演武叙事 [J]. 体育与科学，42（3）：76-81，105.

王岗，2005. 民族传统体育发展的文化审视 [M]. 北京：北京体育大学出版社.

王娟，2002. 民俗学概论 [M]. 北京：北京大学出版社.

王克友，2003. 北京民间风俗百图 [M]. 北京：北京图书馆出版社.

王若佳，张璐，王继民，2019. 基于扎根理论的在线问诊用户满意度影响因素研究 [J]. 情报理论与实践，42（10）：117-123.

王彦章，2008. 民俗传统与现代生活 [M]. 合肥：合肥工业大学出版社.

王在亮，2014. 改革开放以来中国区域合作理论研究 [D]. 东北师范大学.

韦晓康，蒋萍，2016. 民俗体育文化在社会治理中的作用研究 [J]. 中国体育科技，52（4）：31-37.

吴莲花，2022. 边界与融合：关刀文武灯阵仪式体育参与者的身体展演与话语叙事 [J]. 成都体育学院学报，48（4）：71-76.

吴应广，李志伟，2017. 村落民俗体育的本土特征与启示：以湖南省双胜村为例 [J]. 首都体育学院学报，29（6）：498-500，536.

习近平，2018. 在北京大学师生座谈会上的讲话 [N]. 人民日报，05-03.

习近平，2018. 在第十三届全国人民代表大会第一次会议上的讲话 [N]. 人民日报，03-21（2）.

习近平，2021. 十九届中央政治局第三十次集体学习的讲话 [N]. 求是网，06-03.

肖红兵，2018. "根亲文化"视阈下的"光州固始"移民研究论析——基于闽人与中原之关系的思考 [J]. 理论月刊（8）：63-69.

徐金尧，2000. 民族传统体育学 [M]. 北京：人民体育出版社.

徐勇，2018. 实证思维通道下对"祖赋人权"命题的扩展认识——基于方法论的探讨 [J]. 探索与争鸣（9）：42-48.

许卢峰，2023. 放火的皇帝与革命的会党：清末民初"火烧少林寺"神话的再解析 [J]. 民俗研究（2）：68-80，158-159.

许昕然，李琼，2023. 从文化空间到元宇宙：传统文化空间的数字化再生产 [J]. 广州大学学报（社会科学版），22（2）：62-70.

闫艺，2015. 历史人类学视域下西北少数民族传统体育文化流变研究 [J]. 南京体育学院学报（社会科学版），29（1）：32-40.

杨建营，2018. 对接"国之大事"的武术发展战略调整 [J]. 上海体育学院学报，42（6）：51-56.

杨建营，2021. 基于民族复兴目标的武术教育之价值定位：培育刚健自强精神 [J]. 天津体育学院学报，36（3）：293-299.

杨琪，马永庆，2023. 中国共产党领导自信的逻辑本源与实践指向——基于历史思维视角 [J]. 北京社会科学（2）：13-21.

杨向东，2000. 中国古代体育文化史 [M]. 天津：天津人民出版社.

俞婷，丁俊萍，2019. 意识形态的话语体系建构路径思考［J］. 学习与实践（11）：23-28.

袁年兴，2015. 族群的共生属性记忆逻辑结构：一项超越二元对立的族群人类学研究［M］. 北京：社会科学文献出版社.

曾于久，刘星亮，2000. 民族传统体育概论［M］. 北京：人民体育出版社.

张国栋，2021. 中国上古神话中的民族精神及其当代价值［J］. 山东农业大学学报（社会科学版），23（4）：163-170.

张洪潭，2004. 体育基本理论研究［M］. 桂林：广西师范大学出版社.

张继生，刘冬，彭响，等，2021. 隐喻·交融·枢纽：民俗体育活动仪式中的象征符号功能表征——以罗锦社龙舟竞渡为个案［J］. 武汉体育学院学报，55（1）：33-39.

张士闪，2016. 礼俗互动与中国社会研究［J］. 民俗研究（6）：14-24.

张彤，杨嘉民，常华，2015. 神圣与世俗的组构：仪式体育的身体操演变迁［J］. 体育与科学，36（6）：53-57.

张选惠，2006. 民族传统体育概论［M］. 北京：人民体育出版社.

赵东玉，2002. 中华传统节庆文化研究［M］. 北京：人民出版社.